蔣余浩

著

認識中國與探尋進步

世界視野下的中國發展

U0108735

商務印書館

責任編輯：楊賀其

裝幀設計：涂　慧

排　　版：肖　霞

印　　務：龍寶祺

認識中國與探尋進步 —— 世界視野下的中國發展

作　　者：蔣余浩

出　　版：商務印書館 (香港) 有限公司
　　　　　香港筲箕灣耀興道 3 號東滙廣場 8 樓
　　　　　http://www.commercialpress.com.hk

發　　行：香港聯合書刊物流有限公司
　　　　　香港新界荃灣德士古道 220-248 號荃灣工業中心 16 樓

印　　刷：寶華數碼印刷有限公司
　　　　　香港柴灣吉勝街勝景工業大廈 4 樓 A 室

版　　次：2024 年 6 月第 1 版第 1 次印刷
　　　　　© 2024 商務印書館 (香港) 有限公司
　　　　　ISBN 978 962 07 6752 4
　　　　　Printed in Hong Kong

目　錄

序　世界視野下的中國「進步」

　　如何理解中國國家治理與中國共產黨體制，是當前放在國際學術界面前的一大難題。在近年，中國共產黨官方文件對中國政治體制及其在社會主義革命、建設時期和改革開放以來取得的重大成就形成了系統論述，[1] 但是，西方學者和評論家關於中國體制的認識，多數仍停留在要麼專制精英主義復歸，要麼新型獨裁政制興起的想像上。[2] 當下，西方國家民粹主義勢力高漲，許多媒體對中國體制的抹黑和歪曲，已經到了混亂的地步。這種狀況迫切需要我們從理論層面深入刻畫中國共產黨體制的基本特徵，講清楚中國共產黨體制的優勢所在以及面臨的問題；尤其需要回答，中國體制能否在世界範圍的人類文明視野下得到很好的理解？中國制度的未來發展方向應該是甚麼？

（一）「可能的進步」與人的自我肯定

　　伴隨着中國等新興經濟體的崛起，弗朗西斯 • 福山（Francis

1　如中國共產黨十九屆四中全會通過的《中共中央關於堅持和完善中國特色社會主義制度，推進國家治理體系和治理能力現代化若干重大問題的決定》。

2　See James Hankins, "Confucianism and Meritocracy: Light from the East", *American Affairs*, Fall 2018 / Volume II, Number 3. James Hankin, "Regime Change with Chinese Characteristics", *American Affairs*, Winter 2020 / Volume IV, Number 4.

Fukuyama）主張的那種歷史終結於西方民主體制的論調已經宣告破產了。國際學術界如今普遍承認多個文明體共存、現代性存在多樣的發展路徑，[3] 長期影響欠發達國家政策路線的現代化單線進步觀，喪失了理論解釋力和政策動員力。但是，對「單線進步觀」的拒絕是否就意味着應擁抱「文化相對論」，從而無法對某種具體的治理實踐給予價值上的評議？[4] 要理解中國共產黨體制，需要努力同時擺脫奉西方話語為圭臬的仰望式論述與自說自話的封閉式論述，在人類共同面對的問題和實施的實踐中展開思考。德國當代最重要的哲學家之一漢斯‧布魯門伯格（Hans Blumenberg）通過他的巨著《現代的正當性》（The Legitimacy of the Modern Age），揭示了一條超越流俗的普世主義與相對主義二元對立思維的思考，為我們從整個人類解放史的角度思考制度進步問題給予了啟發。[5]

布魯門伯格的主旨是回應對於現代性發展的悲觀主義批判。在後者看來，所謂現代性發展或者歷史進步觀念，是基督教末世論的世俗化，以歷史目的取代了對人的生存意義的探討，近世的種種

3　[德] 多明尼克‧薩赫森邁爾、[德] 任斯‧里德爾、[以]S. N. 艾森斯塔德編著：《多元現代性的反思：歐洲、中國及其他的闡釋》，郭少棠、王為理譯，北京：商務印書館，2017 年。

4　如極端保守主義思潮就秉承了這種立場。對此立場的細緻辨析，見 [意] 艾愷（Guy Salvatore Alitto）：《世界範圍內的反現代化思潮 —— 論文化守成主義》，貴陽：貴州人民出版社，1991 年。

5　需要承認，本書作者尚無力真正討論布魯門伯格的深刻論述，這裏僅借用其思想片段。我的老師、清華大學公共管理學院崔之元教授近期對布魯門伯格的評述，揭示了許多有益的思想線索，參見崔之元：《現代精神是靈知主義還是對它的第二次克服？ —— 沃格林和布魯門伯格關於現代性的爭論》，崔之元：《布魯諾、無限性與三位一體 —— 布魯門伯格「現代性」理論述評之二》。

暴虐衝突和血腥屠戮，無不是這種進步觀念的必然結果。[6] 布魯門伯格同樣拒絕歷史目的論，但他沒有因此否認「現代性發展」本身的意義。他提出，歐洲中世紀並不如同啟蒙運動以來許多史學家所描述的那樣「黑暗」，在科學和藝術等許多領域其實都出現以科學方法和理性探究為指引的合作型探索，從而在相當範圍內取代了傳統上佔主流地位的強調自上而下規劃和指導的「亞里士多德式科學理念」的地位。在這種社會思想背景下，醞釀出一種新穎的關於「進步」的觀念，即以實現人的自我肯定（Self-assertion）為標尺的非必然性的「可能的進步」（Possible Progress）觀。布魯門伯格指出區別：將「進步」視為某種潛在力量支配下的必然性過程（Inevitable Progress），無論出自神聖恩典、自然法則或是理性設計，都墮入目的論，看不到人的解放力量；以「自我肯定」為標尺的進步並非一種預設的安排，而是一種歷史性的變化可能性。簡言之，布魯門伯格也支持對單線進步論的批判，但沒有反過去擁抱相對主義而墮入虛無主義，他揭示的是以人的自我肯定為標尺的「可能的進步」。如他所說，人的解放力量在「可能的進步」中得到高度強調：

> 「這裏的『自我肯定』並不意味着通過自然可用的手段對人類有機體進行赤裸裸的生物學和經濟保護。它意指一種生存方案，根據該方案，人將自己的生存放置在歷史狀況之中，並向自己表明他將如何處理周遭的現實，以及他將如何利用向

6　參見 [德] 卡爾・洛維特：《世界歷史與救贖歷史：歷史哲學的神學前提》，北京：生活・讀書・新知三聯書店，1996 年。

他開放的諸種可能性。」[7]

只有基於以自我肯定為標尺的「可能的進步」，我們才能夠獲得一種超越諸如文明、文化、民族國家等人造物，直面人類生存實踐的眼光。中國近現代以來的革命經歷和國家治理經驗，應當在這樣的崇尚人的解放性力量的視野下予以觀察和評議。這樣的理解視角，不會是一種枉顧歷史傳統的虛無論，因為它不會遺忘既往經驗形成的對於當下的羈絆和啟發，同時當然也不可能陷入庸俗的辯護士立場，因為對人的解放性力量的認可使它能清晰了解，無論作為個體還是集體，「人」不會只依照任何既定的劇本去行為。[8] 從根本上說，中國共產黨的發展觀契合一種以實現人的自我肯定為最高準則的理念，如中國共產黨的十九大報告表述過：「我們要在繼續推動發展的基礎上，着力解決好發展不平衡不充分問題，大力提升發展質量和效益，更好滿足人民在經濟、政治、文化、社會、生態等方面日益增長的需要，更好推動人的全面發展、社會全面進步。」對人的全面發展和社會全面進步的關注，是崇尚人的解放的現代性社會理論的共同立場。

無論如何，簡單的說，從人的自我肯定來看待歷史的「可能的進步」，實質便是要求我們回到毛澤東在 1945 年中共七大的開幕詞中所講的，「人民，只有人民，才是創造世界歷史的動力」，由此來閱讀歷史，觀察現狀和思考未來。

7　Hans Blumenberg, *The Legitimacy of the Modern Age*, Cambridge: The MIT Press, 1983, p.138.

8　對這一點認識的闡發，see Roberto M. Unger, *The Religion of The Future*, Cambridge and London: Harvard University Press, 2014.

（二）共產黨的能動性與使命性

中國是一個幅員極其遼闊、地區間發展嚴重不均衡的大國，而且地緣政治關係十分複雜，在國際權力結構中所處的地位相當微妙，經常受到十分巨大的牽制和影響。但是，中國共產黨始終能維持獨立自主和安寧穩定，並通過戰略重心的調整，在屢次遭遇國內外重大經濟政治社會危機時重新煥發建設能力。從中蘇大論戰之後中國堅持走自己的道路，到 1970 年代末推行改革開放，再到 2001 年 12 月正式加入世貿組織，中國共產黨領導中國以獨立的姿態全面融入全球化進程；從 1999 年實施西部大開發戰略，到 21 世紀初建構相對完善的社會保障體系，再到近年大力推動「精準扶貧」攻堅戰略和佈局全面建成小康社會，中國共產黨致力於削減地區間發展不平衡和日益惡化的貧富差距，實現社會公平和正義，這些努力又都取得了舉世矚目的顯著成效。我們在此需要追問，中國共產黨領導中國人民在一定階段上實現的制度進步，是如何產生的？其制度建設努力蘊含着怎樣的理論意義？

共產黨面向實踐問題的能動性及執政的使命性，是其領導中國人民取得制度進步成就的根本原因。

眾所周知，古典社會理論（馬克思、韋伯和涂爾幹）將歷史發展理解為一種「必然性」的進程。即使是《共產黨宣言》，論述無產階級是人類社會的最先進階級，無產階級的勝利仍是一種歷史必然性的體現：「資產階級無意中造成而又無力抵抗的工業進步，使工人通過結社而達到的革命聯合代替了他們由於競爭而造成的分散狀態。於是，隨着大工業的發展，資產階級賴以生產和佔有產品的基礎本身也就從它的腳下被挖掉了。它首先生產的是它自身的掘墓

人。資產階級的滅亡和無產階級的勝利是同樣不可避免的。」[9]

但是，中國的社會結構並不是經典作者描述的那種工業革命後的狀況，中國共產黨在其建立之初及革命和建設時期，都不是以產業工人為主體，而是集合了農民、工人、知識分子、其他城鄉小資產階級等多樣羣體，如何能承載那種被寄託在產業工人身上的必然性的歷史使命？中國共產黨的理論家通過討論一個通常被稱為「馬克思主義經典理論與中國實踐相結合」的問題，應對了這一理論困境。毛澤東在 1930 年代後期指出，中國革命的任務以及面臨的困難，決定了中國共產黨應當扮演的歷史角色，中國革命的性質並非工人階級對資產階級的鬥爭，而是「對外推翻帝國主義壓迫的民族革命和對內推翻封建地主壓迫的民主革命，而最主要的任務是推翻帝國主義的民族革命。」[10] 毛澤東分析，這個革命的過程，包含了資產階級民主主義性質的革命（新民主主義的革命）和無產階級社會主義性質的革命兩重革命任務。在比較分析當時中國社會各階級之後，毛澤東指出：「（領導）這樣兩個偉大的革命到達徹底的完成，除了中國共產黨之外，是沒有任何一個別的政黨（不論是資產階級的政黨或小資產階級的政黨）能夠擔負的。」[11]

出此，毛澤東用中國共產黨在承擔革命領導任務的積極性和先

---

9 《共產黨宣言》，北京：人民出版社，2014 年，第 40 頁。在古典社會理論家中，韋伯的經濟史分析展現出了相對更強的豐富性和複雜性。對於「必然性」社會理論的批判，可以參加 Roberto M. Unger, *False Necessity: Anti-Necessitarian Social Theory in the Service of Radical Democracy*, London and New York: Verso, 2001.

10 《中國革命和中國共產黨》，載《毛澤東選集》第二卷，北京：人民出版社，1991 年版，第 637 頁。

11 《中國革命和中國共產黨》，載《毛澤東選集》第二卷，第 652 頁。

鋒作用這種「能動性」要求，轉化了經典著作中強調的歷史必然性：

> 「共產黨員應在民族戰爭中表現其高度的積極性；而這種
> 積極性，應使之具體地表現於各方面，即應在各方面起其先鋒
> 的模範的作用。我們的戰爭，是在困難環境之中進行的。廣大
> 人民羣眾的民族覺悟、民族自尊心和自信心的不足，大多數民
> 眾的無組織，軍力的不堅強，經濟的落後，政治的不民主，腐
> 敗現象和悲觀情緒的存在，統一戰線內部的不團結、不鞏固等
> 等，形成了這種困難環境。因此，共產黨員不能不自覺地擔負
> 團結全國人民克服各種不良現象的重大的責任。在這裏，共產
> 黨員的先鋒作用和模範作用是十分重要的。」[12]

在建國後的整個執政過程中，這種能動性又轉化為中國共產黨
領導下實施的一系列應對經濟社會發展難題的靈活性舉措，譬如改
革開放以來，既有改革黨和國家領導制度的政治體制改革，又有建
立經濟特區試驗田、變通適用法律法規等硬性約束、激勵地方政府
間發展競爭等經濟體制領域的創新，還有近年實行的以強大的整合
能力和再分配能力調配資源的制度建設，如大規模反腐敗、黨政機
構改革、精準扶貧以及近期的平台反壟斷等等。德國學者韓博天
（Sebastian Heilmann）和美國學者裴宜理（Elizabeth J. Perry）認為，
這種種創新決策，是中國共產黨對革命時期游擊隊經驗的提煉和發
揚，表現了靈活施政和適應變化的能力。[13]

---

12 《中國共產黨在民族戰爭中的地位》，載《毛澤東選集》第二卷，第 521-522 頁。
13 Sebastian Heilmann, Elizabeth J. Perry, eds., *Mao's Invisible Hand: The Political Foundations of Adaptive Governance in China*, Cambridge: Harvard University Asia Center, 2011.

在能動性—靈活性的要求之下作為保障的，是共產黨對於中國人民和中國社會的責任感或者「使命性」。如同鄭永年指出，在理論上，對於當代世界各國的政黨，有很多不同的分類，但有一種分類方法被強調得不夠，卻十分重要，即民主選舉制下的政黨是「競爭性政黨」，而中國共產黨是「使命性政黨」。[14] 競爭性政黨為了獲取執政機會，會制定競選綱要，提出中短期的政策主張，但由於不能確保長期執政，因此通常不可能形成針對重大的、帶有根本性意義的問題的規劃。比如在美國，幾乎所有政治家都明白，種族問題、醫保問題、貧富分化問題是撕裂美國社會的痼疾，但是觸及這些問題往往會影響相當一部分選民的利益，因此無論民主黨還是共和黨都不會給出明確的有針對性的解決方案。在其他民主選舉制國家也一樣，例如在巴西、墨西哥、印度等，城市中都有規模極為龐大的貧民窟，而他們的政治家們為了換取選票，寧可不斷花心思採取些修繕貧民窟住房、加多供水供電、增加公共設施等短期見效的策略，也不願思考解決問題的長遠方案。中國共產黨的「使命性」則既是中國共產黨作為唯一合法執政黨長期執政的現實所決定的，又是保證中國共產黨有能力長期享有「領導權」的要求。

有研究者指出，中國共產黨的「使命性」與中國傳統政治文化中強調「惟克天德」「皇天無親，惟德是輔，民心無常，惟惠為懷」「天視自我民視，天聽自我民聽」、「民之所欲，天必從之」、「天之生民，非為君也。天之立君，以為民也」的「天命觀」和「民本思想」一脈相承，在當代社會表現為中國共產黨以其執政的績效贏得

14　鄭永年：《大趨勢：中國下一步》，北京：東方出版社，2019 年，第 58-61 頁。

民眾支持和服從。[15] 這個觀點不能說錯誤，但不足以幫助人們理解中國共產黨「使命性」的豐富內涵。績效合法性僅是共產黨某個治理階段的承諾和任務，因為中國共產黨還明確承諾了經濟社會發展指標之外更大的責任，即領導中國各族人民建成現代化強國和實現中華民族偉大復興（來自近代史上中國積貧積弱的歷史教訓）、建設人類命運共同體（來自世界互聯互通、全球化一體的現實經驗）。換言之，僅從績效合法性來理解中國共產黨的執政，就無法理解中國共產黨為何還要提出如兩個一百年的奮鬥目標等遠大的政治理念。[16]

在十九大報告中，習近平描繪了走向未來的藍圖：從十九大到二十大，是「兩個一百年」奮鬥目標的歷史交匯期。十九大報告中，對從 2020 年到 2050 年之間 30 年的現代化目標再做出兩階段具體規劃：第一個階段從 2020 年開始，在全面建成小康社會的基礎上，再奮鬥 15 年，基本實現社會主義現代化；而第二個階段，從 2035 年到本世紀中葉，在基本實現現代化的基礎上，再奮鬥 15 年，把中國建成「富強、民主、文明、和諧、美麗」的社會主義現代化強國。這個將持續 30 年的新「兩步走」規劃，就是習近平新時代中國特色社會主義發展的戰略安排。從這個藍圖裏，我們可以讀出對中國共產黨在不同歷史時期設定的任務的連續性和發展：連接了毛澤東時期的建國，改革開放之後相繼提出的「三步走」戰略、「兩個

---

15 有關「績效合法性」，參見趙鼎新：《「天命觀」及績效合法性在古代和當代中國的體現》，載他的文集《合法性的政治：當代中國的國家與社會關係》，台北：台大出版社，2017 年。

16 關於中國共產黨的「合法性」超越「績效」的分析，See Ci Jiwei, *Democracy in China*, Cambridge: Harvard University Press, 2019, pp.40-43. 感謝崔之元教授指出這一點，並推薦 Ci Jiwei 教授的著作。

一百年」目標、全面建設小康社會，又加以延展，並且制定出更宏觀部署、更嚴格和落實在操作性上的規劃步驟，形成新時代的戰略安排。這種決策及其指導理念的連續性和持久性，是競爭性政黨無法做到的，也超越了績效合法性所能體現的短期而具體的執政任務。[17]

「使命性」還要求中國共產黨的幹部羣體對社會變化和公共輿論的回應能力建設。在近年，要求黨員幹部「不忘記初心」已經成為塑造黨員幹部道德倫理的核心要求。許多西方人無法想像中國這樣的一個非民選官員的治理體，如何能夠密切關注和回應社會的變化以及老百姓的需求，但是事實上，在中國，對於各級官員監督的嚴厲程度，比西方民主制國家有過之而無不及。如有官員因為被偶爾發現戴了一塊與其合理的正當收入明顯不符的名錶而觸動審查制度，也有幹部因為被曝光了在私人場合講出一些違反政策的話而丟掉官職。同樣，某個領域的工作產生民眾抗議的後果，會對該地方政府一把手和具體負責官員實行問責，甚至一些不是由於政府行為直接引起的抗議，最後也會產生免掉一批在整個應對過程中表現不力的官員的可能性。總之，中國共產黨的「使命性」使得她對於其黨員幹部，尤其是其中掌握較重要權力的那部分人 —— 即黨的紀律政策中經常強調的「關鍵少數」—— 有更高的要求和更嚴格的監控。在近年，基於這種「使命性」而加強黨員幹部道德倫理建設，已經成為黨的主要工作之一。

瑞典哥德堡大學政治學教授博・羅斯坦（Bo Rothstein）提出一個問題，中國改革開放以來有一個讓國際學術界百思不得其解的

---

17 鄭永年：《大趨勢：中國下一步》，第 59-60 頁。

「悖論」：根據許多國際組織的指標體系測評，中國現代化治理能力並不強，存在大規模的結構性腐敗、法治水平低、政府管理效率不高等種種問題，但中國的經濟發展與社會進步速度之快卻又是舉世公認的。羅斯坦教授自己給出解釋：正是中國共產黨黨員幹部對組織政策方針的強烈忠誠甚至熱心，根據不同情況有針對性地予以貫徹實施，實現了改革開放以來的「發展奇跡」。[18] 這個解釋認識到了，是共產黨黨員幹部領導人民的開拓性作為創造了成就，但缺乏一定的「前瞻性」，即沒有揭示當前面對的問題。中國共產黨實際很清楚自身的體制優勢和問題所在，習近平在多個場合不斷強調「打鐵還需自身硬」「以刮骨療毒、壯士斷腕的勇氣把反腐進行到底」「黨要勇於自我革命」等等，就是為了解決黨員幹部紀律鬆散、組織意識不強的問題。在共產黨的正式制度建設中，近年實施了大量相應的努力，如中共中央在十八大之後相繼出台《中國共產黨廉潔自律準則》《中國共產黨紀律處分條例》《關於新形勢下黨內政治生活的若干準則》《中國共產黨黨內監督條例》《中國共產黨問責條例》《黨政領導幹部選拔任用工作條例》《關於加強黨的政治建設的意見》等一系列重要政策，並且通過在十九屆二中全會修訂憲法，專門增加「監察委員會」的制度設計，加強對權力運行的制約和監督，[19] 這表

18　Bo Rothstein, *The Chinese Paradox of High Growth and Low Quality of Government: The Cadre Organization Meets Max Weber, Governance: An International Journal of Policy, Administration, and Institutions*, 28(4), 2015.

19　用中國共產黨的官方語言說，確立監察委員會憲法地位，「探索出一條黨長期執政條件下實現自我淨化的有效路徑，這關乎黨和國家事業成敗，關乎我們能否跳出歷史周期率」。紀軒聞：《以確立監察委員會憲法地位為契機健全黨和國家監督體系》，載中央紀委監察部網站，http://www.ccdi.gov.cn/toutiao/201803/t20180312_166069.html。

明中國共產黨對自身「使命性」的認識和堅持。對於這一點，博・羅斯坦等國外學者已經有所體會，但理解得還頗為不夠。

（三）理性化與人民性相銜接的建設要求

從以自我肯定為標尺的「可能的進步」來認識，中國共產黨領導中國人民實現中華民族的偉大復興，是一種新的現代性發展路徑的嘗試和努力。

現代性發展不止當代西方一種模式，艾森斯塔特（Shmuel N. Eisenstadt）等提出「多元現代性」範式，開啟將非西方文明因素納入有關現代性構成之思考的路徑。[20] 但是，如果僅將中國當前的治理實踐視為一種對中國傳統經驗的復甦，則看低了當代中國共產黨人領導中國人民實施（並將繼續實施）的開拓性創舉。

當前一種頗有影響的理論觀點，是重新闡釋中國儒家傳統理念的「賢能政治」（Meritocracy）理想，強調中國幹部體制系依照「賢能」（或「德性」）高低而非科層系統本身來分配政治權力，各種制度設計的目的是確保有一定德性和能力的人掌握相應的權力。[21] 這一理論的倡導者指出，中國共產黨繼承這種賢能政治下的官員選拔機制，一方面以長期保持穩定的選拔標準和維護官員良好聲譽的激勵來使政府官員培養出長遠的眼光，另一方面也給予官員積累經

---

20 多明尼克・薩赫森邁爾、任斯・里德爾、S. N. 艾森斯塔德編著：《多元現代性的反思：歐洲、中國及其他的闡釋》，郭少棠、王為理譯，北京：商務印書館，2017年。

21 貝淡寧：《賢能政治：為甚麼尚賢制比選舉民主制更適合中國》，北京：中信出版社，2016年。

驗的機會，不斷從經驗中汲取教訓，提升自身能力。[22] 他們認為，與西方民主選舉制相比較，賢能政治的最大長處是保障官員不受民眾短視要求的干擾，從而幫助官員能有自信是為社會的長期利益工作。[23] 然而，賢能政治只是一種理想，即使在中國帝制時期也遠不能說已經得到了實現；[24] 而且這種理想無法兼容中國共產黨從革命到建設時期領導中國人民開創的平等主義理念，從而更無法指引我們去批判性思考當前出現的某些問題，進一步探索的制度建設方向是甚麼。

　　中國已經步入高度複雜的現代工商業社會，傳統儒家理想官員那種諳習風俗、通達人情的品質很難滿足建設現代化強國的需求。當然，賢能政治的理想（或者簡潔地說，是儒家傳統的「仁政」理想）不能被完全拋棄，因為現代科層制度化或理性化所要求的官員僅對於形式主義理性規則本身的遵從，也與共產黨需要的有德、有能、有為的黨員幹部不盡一致，對黨的幹部的要求始終強調獨特的「德才兼備」，並且給予更多的實踐工作中的鍛煉機會。[25] 如何使持

22　姚洋、席天揚主編：《中國新敘事：中國特色政治、經濟體制的運行機制分析》，上海：上海人民出版社，2018 年。

23　姚洋、席天揚主編：《中國新敘事：中國特色政治、經濟體制的運行機制分析》，第 43 頁。

24　貝淡寧教授也承認：「此處描述的尚賢制理想與當今中國的現實之間存在很大差距」。貝淡寧：《賢能政治：為甚麼尚賢制比選舉民主制更適合中國》，第 65 頁。

25　如習近平在 2013 年 6 月全國組織工作會議上的講話中傳遞出的強烈信念：「我們黨歷來高度重視選賢任能，始終把選人用人作為關係黨和人民事業的關鍵性、根本性問題來抓。好幹部要做到信念堅定、為民服務、勤政務實、敢於擔當、清正廉潔。黨的幹部必須堅定共產主義遠大理想、真誠信仰馬克思主義、矢志不渝為中國特色社會主義而奮鬥，全心全意為人民服務，求真務實、真抓實幹，堅持原則、認真負責，敬畏權力、慎用權力，保持拒腐蝕、永不沾的政治本色，創造出經得起實踐、人民、歷史檢驗的實績。」《習近平：建設宏大高素質幹部隊伍 確保黨始終成為堅強領導核心》，載人民網，http://cpc.people.com.cn/n/2013/0630/c64094-22020855.html.

掌公權力的各級官員既遵從黨的紀律和國家法規（理性化的建設要求），又保持高度貼合社會需求的積極性和能動性（人民性的建設要求）？這是新的歷史時期對中國共產黨建設提出的迫切要求。中共二十大提出「中國式現代化」的戰略理念，正是對於時代要求的響應。

但當前尤其需要警惕黨員幹部羣體脫離人民大眾的危險，這一點在中共高層中已是共識，如同習近平一再指出的：「我們黨來自人民、植根人民、服務人民，一旦脫離羣眾，就會失去生命力。」中國有過強的「官治」傳統，[26] 隨着官僚體系技術治理能力的空前加強，脫離社會具體需求而實施決策成為中國社會健康發展的最大威脅。[27] 實踐中，我們已在基層社會的許多領域，發現了僅依靠幹部羣體的治理能力和績效考核，而脫離民眾具體且真實的需求的問題。

20 世紀 90 年代以來，中國財政支農的總體規模不斷擴大，從 1990 年的 307 億元增加到 2014 年的 14002 億元，增長了 45 倍有多。[28] 特別在近年，伴隨中央層面對於「三農」問題的高度重視，政策指引力度加大，各級政府和各企事業投入農村的資源也日益增多。在這種持續大力投入的支持之下，農民基本收入連年增長，農

---

26 北京大學歷史學系閻步克教授認為專制、人治 (Rule by man) 和法制 (Rule by law) 等範疇不能用來理解解釋古代中國成熟的治理體系，他從哈佛大學法學院昂格爾 (Roberto M. Unger) 教授早期著作有關「官僚法」的論述獲得啓發，提出「官治」的理論概念。閻步克：《中國傳統政體問題續談》，《北京大學學報（哲學社會科學版）》2017 年 3 月，第 54 卷第 2 期。

27 相關理論分析，見渠敬東、周飛舟、應星：《從總體支配到技術治理 —— 基於中國三十年改革經驗的社會學分析》，《中國社會科學》2009 年第 6 期。

28 陳錫文、韓俊主編：《中國農業供給側改革研究》，北京：清華大學出版社，2017 年，第 113 頁。

xiv 認識中國與探尋進步 —— 世界視野下的中國發展

村硬件設施建設不斷得到改善。然而卻有研究發現，資源的大量流入並沒有同步激發農村集體行動能力的提升以及釋放農民自主性；相反，農民鄉土歸屬感的下降、參與公共事務意願的薄弱，導致出現農村硬件建設成績顯著與基層公共事務治理危機並存的「農村發展悖論」。[29] 各地普遍出現的農村地區水土資源加速惡化、農田水利常年失修、抗旱抗災能力低下、人文環境難以修復，正是基層自主發展意願得不到充分尊重的集中表現。

我們曾在某省中部的一個農村看到，多年來，鄉鎮和村幹部在各類重大事項上從來沒有徵詢過村民意見，造成了村民的嚴重牴觸情緒。村民認為村幹部貪污腐化，並且在沒有真憑實據的情況下，多年來一直在進行集體上訪，要求罷免村幹部。在另一個村莊裏，我們得知，該村幹部長期與本地一位民營企業家有生意合作，通過後者的「義務捐助」把整個村莊的硬件設施建設得相當不錯，而且從未向村民徵收過費用或要求多提留集體收入，但是仍擋不住村民對村官怨聲載道，整個村子的衛生狀況和人文環境都非常差——我們調研之時，村幹部向我們抱怨，這裏的農民自私得「連『各掃門前雪』的意識都沒有」。[30] 中國農村治理的案例清楚表明：沒有得

29 王亞華、高瑞、孟慶國：《中國農村公共事務治理的危機與響應》，《清華大學學報（哲學社會科學版）》，2016 年第 2 期。

30 蔣余浩：《保障基層制度性參與：激發鄉村自主發展意識成長的路徑》，載中國智庫網（國務院發展研究中心主辦），https://www.chinathinktanks.org.cn/content/detail?id=sslp2o2o。學術文獻中討論這種參與性缺失的問題，See Lily L. Tsai," Friends or Foes? Nonstate Public Goods Providers and Local State Authorities in Nondemocratic and Transitional Systems", *Studies in Comparative International Development*, Volume 46, pp.46–69 (2011)；周雪光：《中國國家治理的制度邏輯 —— 一個組織學研究》，北京：生活・讀書・新知三聯書店，2017 年，第 9 章。

到有效參與公共事務的鍛煉機會，難以培育出「人的自我肯定」的意識。

在當前，尤其重要的是，伴隨新一代信息通信技術的突飛猛進，對外科技競爭、對內科技治理的壓力驟增，高度的社會複雜性和不確定性要求更廣大範圍的政治參與和民主審議。以領導人民開創解放事業為使命的共產黨幹部，應更着力於貼近羣眾及動員羣眾。這種人民性的建設要求，並非來自古代士大夫的為政情懷，而是中國共產黨始終堅持的「羣眾路線」的內在主張。1943 年，毛澤東首次在《關於領導方法的若干問題》一文中系統論述了「羣眾路線」的基本內容：「凡屬正確的領導，必須是從羣眾中來，到羣眾中去。這就是說，將羣眾的意見（分散的無系統的意見）集中起來（經過研究，化為集中的系統的意見），又到羣眾中去作宣傳解釋，化為羣眾的意見，使羣眾堅持下去，見之於行動，並在羣眾行動中考驗這些意見是否正確。然後再從羣眾中集中起來，再到羣眾中堅持下去。如此無限循環，一次比一次地更正確、更生動、更豐富」。[31] 1987 年，中共的十三大在《黨章》中加入「一切為了羣眾，一切依靠羣眾，從羣眾中來，到羣眾中去，把黨的正確主張變成羣眾的自覺行動。」習近平多次強調：「羣眾路線是我們黨的生命線和根本工作路線」。總之，中國共產黨始終強調的相信羣眾、依靠羣眾，是其「人民性」的本質。

無論如何，從以人的自我肯定為標尺的「可能的進步」來認識中國治理實踐，能發現中國的制度進步的成就，也能體會到其在當下面臨的問題和需要做出的持續努力。面向新時期的發展，共產黨

---

31 《關於領導方法的若干問題》，載《毛澤東選集》第三卷，第 899 頁。

制度的「可能的進步」需要基於同時進行的科層理性化建設和人民性倫理重建。也就是說，需要通過將官僚體系對專業技術能力和組織能力的強調和有效應用，納入人民性的政治理念的監控之下，使各級黨員幹部有能力和有空間在充分尊重羣眾需求的前提下運用公權力。這種制度建設的方向，既絕不是對西方現代化路線的模仿，也並不意味着中國古代賢能政治理想的復歸，而且其具體的制度形式依然是開放的，有着豐富的可能性。它可以稱之為是中國共產黨在新時代的「科層理性與人民性的有機銜接」，這是中國共產黨持續有效維繫和推進其「使命性」的內在要求，也可以成為中國治理實踐對世界範圍內的人類制度文明做出的獨特貢獻。

理解中國共產黨體制

摘要

　　中國政治體制顯然不同於西方的自由民主政制，也與中國傳統皇權政制迥然有異。但是，這樣說並不意味着，一方面，當代中國政治體制既與西方政治文化沒有任何聯繫或者相似點，也對豐富和完善現代政治哲學和政治理論沒有幫助；另一方面，當代中國政治體制是與傳統政治文化、行為習慣、治理機制等完全割裂的新異事物。本文通過觀察分析中國共產黨的意識形態及其權力運作方式，闡釋中國共產黨體制的特徵，指出中國共產黨對歷史經驗的繼承以及在習近平提出的新時代中的制度進步的意義，為深入認識中國政治體制的發展歷程和進一步理解其在當前的改革任務提供理論基礎。

一、理解中國共產黨的意義與方法

　　如何認識當代中國政治體制，是國際學術界面對的一個大難題。西方學者早期用「威權主義」（Authoritarianism）或者「全能政體」（Totalitarianism）這些概念來描述中國政治體制；隨着認識的不斷拓展，西方學者又相繼拋出「碎片化威權主義」、「官僚多元主義」、「親市場的諮詢型政府」、「柔性威權主義」、「彈性威權主義」等等術語。但是，在主要概念——「威權主義」或「全能政體」——的前面加上許多限制性形容詞，這個作法本身就表明，中國政治體制根本不是西方學術界通常理解的那種威權主義、全能政體或者官僚政制。

　　在近年，中國共產黨的官方文件對中國政治體制及其在社會主義革命、建設時期和改革開放以來取得的重大成就已形成了系統論述，[1] 當下理論研究的緊迫任務應當是從政治哲學和政治哲學的角度來刻畫這個體制的基本特徵，講述中國的故事，用西方學者能夠聽得懂的學術語言回答諸種令國際學術界困惑的問題。例如：中國人為甚麼認同中國共產黨作為唯一執政黨的統治？中國政治權力體系

1　最新近的系統闡述，集中體現在中國共產黨十九屆四中全會通過的《中共中央關於堅持和完善中國特色社會主義制度，推進國家治理體系和治理能力現代化若干重大問題的決定》中。

的組織模式是甚麼？中國官員的選拔機制和問責機制是怎樣的？中國領導人在當前全力推動的「黨的自我革命」具有怎樣的理論和現實意義？這種變革會引領中國走向何方，會對世界產生怎樣的影響？

中國政治體制顯然不同於西方的自由民主政制，也與中國傳統皇權政制迥然有異。但是，這樣說並不意味着，一方面，當代中國政治體制既與西方政治文化沒有任何聯繫或者相似點，也對豐富和完善現代政治哲學和政治理論沒有幫助；另一方面，當代中國政治體制是與傳統政治文化、行為習慣、治理機制等完全割裂的新異事物。西方批評中國共產黨「一黨專政」的評論家們其實忘記了，在西方民主政治傳統中，也有一大批具有遠見卓識的政治家曾反覆揭示「黨爭」的弊端，支持「一黨制」，只是由於現實條件的不允許，這些政治家的卓越洞見難以在實踐中落地。[2] 觀察西方政治傳統中的爭論和探索，而不是局限在評論家們對西方現實體制的辯護意見，我們能夠看到中國共產黨的政治領導經驗對於拓展政治哲學和政治理論相關認識的貢獻，並且能夠更深入體會中國政治體制的核心內涵、顯著特徵以及它相對於世界各國人民的政治經驗所呈現的創新意義。同樣的，中國傳統政治文化已經塑造了中國人對於政治統治、國家權力、官員倫理道德和責任、治理機制運作方式的內在認識，中國共產黨不可能完全切斷與傳統政治認識相聯繫的文化臍帶，相反，承認當代中國政治體制與傳統政治文化的聯繫，通過推動傳統政治文化各種重要因素的重組和現代性轉化，能使中國共

2　譬如說，英國最著名的保守主義政治家愛德蒙‧伯克，被稱為美國「建國之父」的漢密爾頓和麥迪遜，都曾明確反對多黨制。

產黨以嶄新的面貌更好地走向世界，為世界人民所認識、理解。總而言之，只有在與西方實踐、理論和中國傳統政治文化的比較分析中，我們才能更好認識當代中國政治體制，更好向世界講述中國故事，不把中國政治體制看作人類政治實踐的歷史長河中既沒有可比物，又沒有文化基因的偶然性人造物（Accidental Artifact）。[3]

理解當代中國政治體制，核心任務就是理解中國共產黨。中國共產黨與中國國家的關係、與中國社會（人民）的關係究竟應如何解釋，一直是西方學者無法想得清楚的謎團。美國學者弗朗茨·舒曼（Franz Schurmann）在上世紀六十年代中期曾完成一部影響很大的著作，非常正確地提出了從中國共產黨的「意識形態」和「組織」這兩個維度來認識當代中國政治。他指出，中國共產黨重建中國的基本工具正是意識形態和組織：

> 「中國共產黨以革命的方式掌握政權並建立了現在的中華人民共和國……他們重建了一個偉大的國家，訓練它的人民，改善了人民的生活狀況，並為發展奠定了基礎……共產黨中國就像一座由不同種類的磚塊和石頭建造起來的大廈一樣，不論這些磚石是如何堆砌起來的，這座大廈確實是樹立起來了。把

3　任何文明大國都應承擔論證它的政制並非產生自偶然和運氣、而是深思慎行和自由明辨的成就的理論勇氣及使命。在美國聯邦制的奠基文獻《聯邦黨人文集》開篇，美國的建國之父們就明確強調了這個使命：「這一點經常被提及：這個國家的人民似乎需要用他們的行動和示範來解決這樣的重要問題，即人類社會是否真有能力通過反思和選擇去建立一個良好的政府，還是他們永遠注定憑靠偶然和強力來決定他們的政治命運（political constitutions）。如果這句話不無道理，那麼我們也許可以理解我們當前的危機是應該作出這種決定的時刻；以此看來，假使我們做了錯誤選擇，這個不幸也是整個人類的不幸。」*The Federalist*, ed. by Terence Ball, Cambridge: Cambridge University Press, 2003, p.1.

它凝聚在一起的正是意識形態和組織。」[4]

　　舒曼認識到了共產黨建設新中國的核心努力，他認為正是共產黨領導的革命摧毀了以儒家倫理綱常、士大夫階層和宗法制度為支柱的傳統帝制，並用新的意識形態和組織方式重構中國社會。[5]這個正確觀察使得舒曼的思考能夠符合中國的實際。而在舒曼之後，由於中國社會風起雲湧的變化，尤其是九十年代以來伴隨着改革開放的深入，個體漸漸從原來的單位體制（以及農村組織）中被釋放出來，許多西方學者錯誤地以為共產黨逐步失去了對中國社會的統治能力，於是出現很多着重強調中國公民社會崛起、國家與社會分離、中國向民主制過渡的論述。但是，這些論調都有一個簡單的「線性思維」的問題存在，即把中國和西方國家看成是走在同一條道路上，二者只是在階段上有差異，中國永遠跟隨着西方國家的歷史腳步亦步亦趨。實際上，在過去幾十年裏，中國的快速發展和社會進步已經遠遠超出了這些線性思維學者的想像，中國共產黨在政治經濟社會各個領域中發揮的作用以及構建的制度性創新，也激起

4　Franz Schurmann, *Ideology and Organization in Communist China*, Berkeley and Los Angeles: University of California Press, 1968. 轉引自鄭永年：《大趨勢：中國下一步》，北京：東方出版社，2019 年，第 49 頁。

5　Franz Schurmann, *Ideology and Organization in Communist China*, p.7.

了國際學術界關於「現代化發展道路多樣性」的嚴肅討論。[6] 無論如何，無視共產黨在中國社會中的存在和作用，是理論視角上的嚴重錯誤，弗朗茨・舒曼在上世紀六十年代的著述對我們依然有啟發，他的思考可以作為我們向國際學術界講述中國故事和中國共產黨「故事」的理論起點。也就是說，我們能夠從意識形態和組織這兩個維度入手，論述中國共產黨是如何領導中國人民對國家和社會實施領導，以及如何在這種政治實踐中不斷強化自身的權威的。

當然，舒曼的研究也有比較大的局限性：他關於意識形態和組織的看法太過「靜態」，過多受美國當時主流學術界結構功能主義研究範式的影響，而且他也畢竟不可能看到中國社會以及中國共產黨近幾十年來的巨大變化。我們認為，要理解中國共產黨，還需要增加「權力運作」這個新的維度，對中國共產黨的意識形態和組織是如何滲透進社會肌理之中以及共產黨如何通過自我變革持續保持其引領經濟社會發展的動力和創造力，展開動態分析。中國是一個幅員極其遼闊、地區間發展嚴重不均衡的大國，但是中國共產黨始終能維持政治穩定，並通過戰略重心的調整，在屢次遭遇國內外重大經濟社會危機時重新煥發建設能力，而且從 1999 年的西部大開

6　例如，諾貝爾經濟學獎得主約瑟夫・斯蒂格利茨 (Joseph E. Stiglitz) 提出「後華盛頓共識」，基辛格諮詢公司常務董事喬舒亞・雷默 (Joshua Cooper Ramo) 提出「北京共識」，共同反對新自由主義理論家主張的經濟發展必須依賴私有化、私有產權嚴格保護、有限政府等制度條件的「華盛頓共識」，從而揭示了在新自由主義（如里根和撒切爾夫人的政策）之外的多樣的現代化發展道路。同時，應該指出，無論斯蒂格利茨、雷默，還是其他具有相當影響力的海內外學者，如提出「財政聯邦主義」的錢穎一和巴里・溫加斯特 (Barry Weingast)，「新結構經濟」的林毅夫，「M 型結構」的錢穎一、許成鋼和埃里克・馬斯金 (Eric Maskin)，「官員競賽競標賽」的周黎安、「縣域競爭」的張五常等等，雖然深刻解釋了中國近幾十年來經濟發展道路上的制度創新，但都僅是分析描述中國經濟體制的獨特性，而沒有宏觀把握中國共產黨體制的根本特徵。

發戰略開始，到近年全面推動的扶貧攻堅戰略，中國共產黨致力於削減地區間發展不平衡和日益惡化的貧富差距，實現社會公平和正義，已經取得顯著成績。此外，在整個執政過程中，中國共產黨實施了一系列應對經濟社會發展難題的靈活性舉措，譬如建立經濟特區試驗田、變通適用法律法規等硬性約束、激勵地方政府間發展競爭、以強大的整合能力和再分配能力調配資源 —— 德國學者韓博天（Sebastian Heilmann）和美國學者裴宜理（Elizabeth J. Perry）認為這是中國共產黨對革命時期的遊擊隊作戰經驗的提煉和發揚。中國共產黨如何能在中國這個龐大複雜的治理體中長期維護其權威？為甚麼始終能，而且必須，面對變動着的社會作出回應？中國共產黨的黨員幹部，與帝制時期的君主和士大夫，以及西方民主制下的政治家和官僚有甚麼相同點和不同點？不觀察共產黨進行決策的具體過程，不分析具體的權力運作，則無法較全面地認識中國共產黨實現其領導權的方式。

本文通過觀察分析中國共產黨的意識形態及其權力運作方式，闡釋中國共產黨體制的特徵，指出中國共產黨對歷史經驗的繼承以及在習近平提出的新時代中的制度進步的意義，為深入認識中國政治體制的發展歷程和進一步理解其在當前的改革任務提供理論基礎。

二、中國共產黨的意識形態

眾所周知，《中華人民共和國憲法》第二條確認了人民主權原則：「中華人民共和國的一切權力屬於人民」，全國和地方各級人民代表大會是人民行使國家權力的機關。但中國共產黨對中國各族人民的「領導」，是人民主權原則得以貫徹實施的保障。《憲法》序言多次提到在歷史關鍵時期「中國共產黨領導中國各族人民」取得的成就和需要完成的任務：中國共產黨領導中國各族人民，取得中國新民主主義革命的勝利，建立新中國；中國共產黨領導中國各族人民，實現了由新民主主義到社會主義的過渡，取得社會主義建設事業的成就；中國各族人民將繼續在中國共產黨領導下，堅持改革開放，實現中華民族偉大復興；在中國共產黨領導下，團結各民主黨派和各人民團體；中國共產黨領導的多黨合作和政治協商制度將長期存在和發展……《憲法》是以法律形式對中國共產黨領導下「中國各族人民奮鬥的成果」的確認。認識中國共產黨的意識形態，首先需要分析這種「領導權」的理論意義。

中國共產黨的「領導權」，可以藉助西方馬克思主義理論家、意大利共產黨員葛蘭西（Antonio Gramsci）提出的概念「hegemony」加以理解。我們通常把 hegemony 翻譯成「霸權」，但這個概念並不如同中文詞語「霸權」那樣僅突出自上而下的支配性，而是隱含着的兩層不同含義：以強力支配為核心的「政治統治權」與以實現共

識為目的的「文化領導權」。[7]葛蘭西精闢指出，無產階級接管了對政治和經濟生活的指導、建立起自己的秩序，並不就等於已經建立了社會主義，因為「社會主義是一個歷史過程，是從一個社會階段發展到另一個更富有集體價值的階段」，[8]只有通過在政治上建立起自己的秩序，並且同時通過在文化上使人民大眾自主地發展這種集體價值，才可能真正實現社會主義。由此，如同一位西方學者指出的那樣，葛蘭西認識到，「統治階級若非在它實施對於敵人的支配（專政）的同時，也維持所聯合的社會力量的共識（因此需要一種大致同質化的社會和經濟基礎），否則不可能進行統治。支配與共識同為領導權的目的。」[9]我們可以看出，葛蘭西的見解與古代中國儒生的那句著名話語，「馬上得天下，安能馬上治之？」（語出《史記・酈生陸賈列傳》），在道理上是相通的：「領導權」的實現既需要有指引方向的強力為保障，也需要有便於形成合力的共識。在和平發展時期，「強力」往往隱而不現，「共識」表現得更為重要。當代西方的自由民主主義理論家僅強調民眾的「同意」是統治「合法性」（legitimacy）的來源，[10]似乎只有建立在每個人的「同意」基礎上（制度表現為一人一票的選舉）的政體才是正當的、合法的。這種觀念

7　Massimo Salvadori, *Gramsci and the PCI: two conceptions of hegemony*, in *Gramsci and Marxist Theory*, edited by Chantal Mouffe, London: Routledge & Kegan Paul Books, 1979, pp.237ff.

8　葛蘭西：《葛蘭西文選（1916-1935）》，中共中央馬恩列斯著作編譯局國際工運史研究所編譯，北京：人民出版社，1992 年，第 31 頁。

9　Massimo Salvadori, "Gramsci and the PCI：two conceptions of hegemony", in *Gramsci and Marxist Theory*, edited by Chantal Mouffe, p.249.

10　Jean-Marc Coicaud, *Legitimacy and Politics: A Contribution to the Study of Political Right and Political Responsibility*, Cambridge: Cambridge University Press, 2004.

實際上連解釋西方自己的政治實踐也不行，因為它沒有揭示任何政治權威都必定以某種強制力為保障，否則無法獲得秩序和安全，無法推行政策，無法提供公共物品 —— 這是如韋伯（Max Weber）、埃爾斯特（Jon Elster）等一大批更「真誠的」西方理論家深刻闡釋過的。美國政治理論家霍爾姆斯（Stephen Holmes）指出，單純強調被統治者「同意」的理論言說是一種「冷戰哲學」，即為了表現西方自由主義陣營相對於前蘇聯社會主義陣營的優越性，故意把「投票選舉」誇大為「西方政制是民眾自由選擇的結果」。霍爾姆斯提醒他的理論界同仁，觀察西方政治體制，必需看到「強大的國家能力」（包括未經「同意」的某種決斷能力）這個要素已經作為立國根本埋在了土壤之下。[11] 我們在這裏希望討論的是，中國共產黨是如何在理論上確立那種保障支配與共識相並行的「領導權」的？

　　我們從中國共產黨的自我表達開始分析。在《中國共產黨黨章》，總綱第一段作出一個明確的自我定位：「中國共產黨是中國工人階級的先鋒隊，同時是中國人民和中華民族的先鋒隊，是中國特色社會主義事業的領導核心，代表中國先進生產力的發展要求，代表中國先進文化的前進方向，代表中國最廣大人民的根本利益。黨的最高理想和最終目標是實現共產主義。」這段自我定位，明確了三個關鍵詞，先鋒隊、領導核心、代表，分別確定中國共產黨意識形態的三個屬性要求：先鋒隊的定位意味着中國共產黨必須堅持「先進性」；領導核心的定位要求中國共產黨承擔一個「使命性政黨」的角色；三個代表原則的確立，將中國共產的「人民性」屬性

11　Stephen Holmes, "Can Weak-state Liberalism Survival?" *Liberalism and Its Practice*, ed. by Dan Avnon and Avner de-Shalit, London: Routledge, 1999.

內容加以具體化。此外，「黨的最高理想和最終目標」的規定，是將共產黨執政的歷史、現在與未來聯接在一起，形成一個具有歷史哲學意味的圖景。總之，通過這段自我表達，中國共產黨建立了自身的政治哲學，明確了黨在中國社會和歷史時間中的位置：「領導」中國各族人民實施國家建設和社會建設，最終實現最高理想。

中國共產黨以先進性、使命性、人民性的「三性」為享有「領導權」奠定理論基礎。

其一，「先進性」是中國共產黨持有領導權的前提條件。

中國共產黨強調其自身所具有的那種「先進性」，蘊含着歷史哲學意義上的「必然性」與政治理論意義上的「積極作為」的雙重含義。馬克思（Karl Marx）在最早發表於 1848 年的《共產黨宣言》中論述了無產階級是人類社會的最先進階級，無產階級的勝利是一種歷史必然性的體現：「資產階級無意中造成而又無力抵抗的工業進步，使工人通過結社而達到的革命聯合代替了他們由於競爭而造成的分散狀態。於是，隨着大工業的發展，資產階級賴以生產和佔有產品的基礎本身也就從它的腳下被挖掉了。它首先生產的是它自身的掘墓人。資產階級的滅亡和無產階級的勝利是同樣不可避免的。」[12]

但是，中國共產黨在其建立初期和革命及建設時期，都不是以產業工人為主體，而是集合了包括知識分子、農民、其他城市小資產階級等多種身份的羣體，如何能承載這種被寄託在產業工人身上的必然性的歷史規律？這裏涉及到一個通常所說的「馬克思主義經典理論與中國實踐相結合」的問題，早在革命時期，中國共產黨的

---

12 《共產黨宣言》，北京：人民出版社，2014 年，第 40 頁。

領導人已經着手在理論上應對這個難題了。毛澤東在 1930 年代後期就曾撰文指出，中國革命的任務以及面臨的困難，決定了中國共產黨應當扮演的歷史角色。中國革命的性質並非工人階級對資產階級的鬥爭，是「對外推翻帝國主義壓迫的民族革命和對內推翻封建地主壓迫的民主革命，而最主要的任務是推翻帝國主義的民族革命。」[13] 毛澤東分析，這個革命的過程，包含了資產階級民主主義性質的革命（新民主主義的革命）和無產階級社會主義性質的革命兩重革命任務，在比較分析當時中國社會各階級之後，可以明確，領導「這樣兩個偉大的革命到達徹底的完成，除了中國共產黨之外，是沒有任何一個別的政黨（不論是資產階級的政黨或小資產階級的政黨）能夠擔負的。」[14] 根據他對中國社會實際狀況的剖析，毛澤東用中國共產黨在承擔革命領導任務的「積極性」和「先鋒作用」這種主觀能動性要求，轉化了馬克思經典著作中強調的歷史必然性：

> 「共產黨員應在民族戰爭中表現其高度的積極性；而這種積極性，應使之具體地表現於各方面，即應在各方面起其先鋒的模範的作用。我們的戰爭，是在困難環境之中進行的。廣大人民羣眾的民族覺悟、民族自尊心和自信心的不足，大多數民眾的無組織，軍力的不堅強，經濟的落後，政治的不民主，腐敗現象和悲觀情緒的存在，統一戰線內部的不團結、不鞏固等等，形成了這種困難環境。因此，共產黨員不能不自覺地擔負團結全國人民克服各種不良現象的重大的責任。在這裏，共產

---

13 《中國革命和中國共產黨》，載《毛澤東選集》第二卷，北京：人民出版社，1991年，第 637 頁。

14 同上，第 652 頁。

黨員的先鋒作用和模範作用是十分重要的。」[15]

我們閱讀毛澤東之後中國共產黨歷任最高領導人的論述，很容易地發現，這種要求共產黨以其積極作為來保證「先進性」的觀念是一以貫之的。2017 年，習近平在中國共產黨十九次全國代表大會上，就明確警示全黨：「全面從嚴治黨永遠在路上。一個政黨，一個政權，其前途命運取決於人心向背。人民群眾反對甚麼、痛恨甚麼，我們就要堅決防範和糾正甚麼。全黨要清醒認識到，我們黨面臨的執政環境是複雜的，影響黨的先進性、弱化黨的純潔性的因素也是複雜的，黨內存在的思想不純、組織不純、作風不純等突出問題尚未得到根本解決。要深刻認識黨面臨的執政考驗、改革開放考驗、市場經濟考驗、外部環境考驗的長期性和複雜性，深刻認識黨面臨的精神懈怠危險、能力不足危險、脫離群眾危險、消極腐敗危險的尖銳性和嚴峻性，堅持問題導向，保持戰略定力，推動全面從嚴治黨向縱深發展。」只有保持黨的先進性，才有作為先鋒隊的資格去領導中國各族人民實施對於國家的領導權，這是中國共產黨歷任最高領袖反覆強調的意識形態要求。

其二，「使命性」是中國共產黨實施領導權的能力要求。

針對當代世界各國的各個政黨，理論上有很多不同的分類方法，其中有一種分類被強調得不夠，但卻十分重要，也就是：民主選舉制下的政黨是「競爭性政黨」，而中國共產黨是「使命性政黨」。競爭性政黨為了獲取執政機會，會制定競選綱要，提出中短期的政策主張，但由於不能確保長期執政，因此通常不可能形成針對重大

---

15 《中國共產黨在民族戰爭中的地位》，載《毛澤東選集》第二卷，第 521-522 頁。

的、帶有根本性意義的問題的規劃。比如在美國，幾乎所有政治家都明白，種族問題、醫保問題、貧富分化問題是撕裂美國社會的痼疾，但是觸及這些問題往往會影響相當一部分選民的利益，因此無論民主黨還是共和黨都不會給出明確的有針對性的解決方案。而且，即使提出了這樣的方案也經常沒有用，奧巴馬任期快到的時候推出了一個醫改計劃，特朗普一上台就馬上把它廢除了。在其他民主選舉制國家也一樣，如巴西、墨西哥、印度等，都有規模極其龐大的貧民窟，而他們的政治家們為了換取選票，寧願不斷花心思採取些修繕貧民窟住房、供水供電、增加點公共設施等能短期見效的策略，也不願投入思考解決問題的長遠方案。中國共產黨的「使命性」既是中國共產黨作為唯一合法執政黨長期執政的現實所決定的，也是保證中國共產黨有能力長期享有「領導權」的要求。有研究者指出，中國共產黨的「使命性」與中國傳統政治文化中強調「惟克天德」、「皇天無親，惟德是輔，民心無常，惟惠為懷」、「天視自我民視，天聽自我民聽」、「民之所欲，天必從之」、「天之生民，非為君也。天之立君，以為民也」的「天命觀」和「民本思想」一脈相承，在當代社會中表現為中國共產黨以其執政的績效贏得民眾支持和服從。這個觀點不能說不對，但仍不足以幫助人們理解中國共產黨「使命性」的內容。中國共產黨的合法性來自於其是否能夠兌現向社會作出的許諾，這裏不僅有中國共產黨承諾領導中國各族人民建成現代化強國和實現中華民族偉大復興（來自近代史上中國積貧積弱的教訓）、建設人類命運共同體（來自世界互聯互通、全球化一體的經驗），而且要求中國共產黨有能力、有策略去實現這樣的使命。

中國共產黨的長期執政規劃最能體現其「使命性」，表現出連

接整個執政歷程的連續性和持久性。在十九大報告中，習近平描繪了走向未來的藍圖：從十九大到二十大，是「兩個一百年」奮鬥目標的歷史交匯期。十九大報告中，對從 2020 年到 2050 年之間 30 年的現代化目標再作出兩階段具體規劃：第一個階段從 2020 年開始，在全面建成小康社會的基礎上，再奮鬥 15 年，基本實現社會主義現代化；而第二個階段，從 2035 年到本世紀中葉，在基本實現現代化的基礎上，再奮鬥 15 年，把中國建成「富強、民主、文明、和諧、美麗」的社會主義現代化強國。這個將持續 30 年的新「兩步走」規劃，就是習近平新時代中國特色社會主義發展的戰略安排。從這個藍圖裏，我們可以讀到對中國共產黨在不同歷史時期設定的任務的繼承和推進，連接了毛澤東時期的建國，改革開放之後相繼提出的「三步走」戰略、「兩個一百年」計劃、全面建設小康社會，又加以延展，並且制定出更宏觀部署、更嚴格和落實在操作性上的規劃步驟，形成新時代的戰略安排。這種決策的連續性和持久性，是競爭性政黨無法實現的。

「使命性」還體現在中國共產黨對社會變化和公共輿論的回應中，而且，要求黨員幹部「不忘記初心」已經成為塑造黨員幹部道德倫理的核心要求。在許多西方人的心目中，無法想像中國這樣的一個非民選官員的政體，如何能夠密切關注和回應社會的變化以及老百姓的需求，但是事實上，在中國，對於各級官員監督的嚴厲程度，比西方民主制國家有過之而無不及。如有官員因為被偶爾發現戴了一塊與其合理的正當收入明顯不符的名錶而觸動審查制度，也有官員因為被曝光了在私人場合講出一些違反政策的話語而丟掉官職。同樣，某個領域的工作產生民眾抗議的後果，會對該地方政府一把手和具體負責官員進行問責，甚至一些不是由於政府行為直接

引起的災難，最後也會產生免掉一批在整個應對過程中表現不佳的官員的可能性。總之，中國共產黨的「使命性」使得她對於其成員，尤其是掌握權力的那部分人（所謂「關鍵少數」）有更高的要求和更嚴格的監控。在近年，基於這種「使命性」而加強黨員幹部道德倫理建設，已經成為黨的主要工作之一。

瑞典哥德堡大學政治學教授博·羅斯坦（Bo Rothstein）認為，中國改革開放以來存在着一個讓國際學術界百思不得其解的「悖論」：根據許多國際組織的指標體系測評，中國現代化治理能力並不強，存在大規模的結構性腐敗、法治水平低、政府管理效率不高等種種問題，但中國的經濟發展與社會進步速度之快卻又是舉世公認的。他提出一個認識：是共產黨的黨員幹部對組織方針的強烈忠誠甚至熱心，在不同情況下有針對性地實施具體政策，實現了改革開放以來的「發展奇跡」。[16] 中國共產黨也很清楚自身的優勢和問題所在，習近平在多個場合不斷強調「打鐵還需自身硬」、「以刮骨療毒、壯士斷腕的勇氣把反腐進行到底」、「黨要勇於自我革命」等等。為此，十八大之後，中共中央相繼出台了《中國共產黨廉潔自律準則》、《中國共產黨紀律處分條例》、《關於新形勢下黨內政治生活的若干準則》、《中國共產黨黨內監督條例》、《中國共產黨問責條例》、《黨政領導幹部選拔任用工作條例》、《關於加強黨的政治建設的意見》等一系列重要文件。這表明中國共產黨對自身「使命性」的認識和堅持。

16　Bo Rothstein, "The Chinese Paradox of High Growth and Low Quality of Government: The Cadre Organization Meets Max Weber", *Governance: An International Journal of Policy, Administration, and Institutions*, 28(4), 2015.

其三，「人民性」是中國共產黨享有領導權的根本保障。

中國共產黨是一個羣眾性政黨。早在 1922 年的中共二大上，當時的中共中央領導集體就形成了共識：「我們既然是為無產羣眾奮鬥的政黨，我們便要『到羣眾中去』，要組成一個大的『羣眾黨』」，並提出「黨的一切運動都必須深入到廣大的羣眾裏面去」。延安時期，毛澤東把緊密聯繫羣眾提煉為黨的三大優良作風，並且把是否堅持羣眾路線作為中國共產黨區別於其他政黨的根本標誌之一。在世紀之交，面對中國社會發生的複雜變化，如私營、外資、合資企業中年輕的高層白領人數的擴大，成為一股不容忽視的社會中堅力量，中國共產黨需要將這些新興社會階層納入治理範圍，並且換取他們的政治忠誠，中共中央確立了「三個代表」原則，指出「三個代表」是「中國共產黨的立黨之本、執政之基、力量之源」。「三個代表」原則擴大了中國共產黨的代表性，黨員中企業管理人員、社會組織管理人員、專業技術人員的數量大幅增加（見圖 1-1）。黨員代表面的擴大為中國共產黨推動在多個領域內「黨員起模範帶頭作用」建立了基礎。

對一些西方評論家而言，中國共產黨在近年重提「黨政軍民學，東西南北中，黨是領導一切的」，表現了一種「新全能主義政制的回歸」。這個認識是不準確的。中國共產黨對於中國各個領域的領導一直以來都是客觀存在的事實，並不需要誇張和扭曲這種領導權的宣示，中國法律關於財產、自由、生命安全的保護也日益系統、完善，不可能回到權力恣意侵犯普通公民日常生活的狀況。與西方評論家的觀察不同，生活在中國土地上的人們還經常能發現，在許多需要更嚴格實施管理的地方，黨和政府的規範化力量進入得還不夠，因此造成了一些引起「民怨」的案件（如不久之前曝光的

圖 1-1　中國共產黨黨員職業構成情況（2000-2018 年）

人數（單位：萬人）	2000年	2008年	2012年	2018年
■ 學生、其他職業人員、離退休人員	1298.2	2189.7	2517.6	2726.7
■ 企事業單位和社會組織管理人員、專業技術人員	1394.5	1687.6	2019.6	2380.7
■ 黨政機關工作人員	592.3	620.8	715.7	756.4
□ 工人、農牧漁民	3166	3094.8	3259.8	3195.4

數據來源：中組部網站（製圖：吳璧君）

雲南孫小果案件）。要理解中國共產黨的「人民性」，理解近年來高調強調的「黨領導一切」，需要首先體會「『領導』包含着『支配』和『共識』雙重含義」這個葛蘭西命題的意義。我們可以簡要介紹一個案例，說明通過黨建工作能夠在基層社會建立民眾對於黨的領導權的「共識」，而沒有處處展現其支配性權威的必要。

　　廣州市增城區的下圍村在 2014 年之前是廣東地區出名的「問題村」，支持村支書的一派與支持村委會的一派多年來為了集體土地、集體資產等利益掙得不可開交，村民多次組織上千人的上訪隊

伍到省政府請願，要求撤換書記或者村長，每次村委換屆選舉更是成了村內派系鬥爭的主戰場，即使鎮黨委屢屢委派黨委委員兼任村支書，也難以協調村民之間的矛盾。2014 年，一位多年在外地經商的年輕村民當選為村委會主任，並且在區黨委和鎮黨委的支持下，擔任了村支書。這位年輕的村支書在村內開展起黨建活動，一方面選任一些年輕、有幹勁、與各個村內派系關係不是很緊密的青年黨員加入村「兩委」，組建成一個比較公正又積極肯幹的領導班子，另一方面在村內建立「村民議事會制度」，規定公共事務必須經過村民大會或代表大會協商議事決定，並且在協商議事過程中給予在村內居住的非本村民表達意見的機會。經過這種「黨建引領的村民自治」，下圍村奇跡般的在很短時間內就緩和了多年來勢不兩立的派系衝突。2019 年 5 月，我們在該村進行了實地調研，村民反映：現在村務財務一律透明公開，村幹部與村民的關係相當融洽，村民對村幹部不再有猜忌和攻訐，村民之間也很少發生矛盾衝突，已經連續數年作到了「零上訪」，對村民而言更重要的是，集體資產在這種和諧的氛圍下被很好的盤活，每年為集體經濟增加 50 多萬收入，村內還建立了老人福利基金，每個月給予補貼。

我們闡述中國共產黨的「人民性」，正是想要強調，共產黨行使其領導權並非單純依靠自上而下的強力，而是在很多領域更善於調動民眾的主動性和積極性。這其實是中國共產黨始終堅持的「群眾路線」的展現。1943 年，毛澤東首次在《關於領導方法的若干問題》中論述了「群眾路線」的基本內容：「凡屬正確的領導，必須是從群眾中來，到群眾中去。這就是說，將群眾的意見（分散的無系統的意見）集中起來（經過研究，化為集中的系統的意見），又到群眾中去作宣傳解釋，化為群眾的意見，使群眾堅持下去，見之於行

動，並在羣眾行動中考驗這些意見是否正確。然後再從羣眾中集中起來，再到羣眾中堅持下去。如此無限循環，一次比一次地更正確、更生動、更豐富」。[17] 1987 年，黨的十三大在《黨章》中加入「一切為了羣眾，一切依靠羣眾，從羣眾中來，到羣眾中去，把黨的正確主張變成羣眾的自覺行動。」習近平也同樣多次強調，「羣眾路線是我們黨的生命線和根本工作路線」。在「三個代表」原則確立之後，黨員覆蓋面、代表範圍的擴大，使得中國共產黨在社會多個領域落實其「人民性」變得更有抓手。

綜上述，中國共產黨先進性、使命性、人民性的「三性」是其實現「領導全國各族人民」從事革命和建設事業的基礎及保障。在這裏，中國共產黨不是一個懸置在中國社會之上的權威，而是一個生發自中國社會內部，必須依靠中國社會，同時又引領中國社會發生變化的權威。在領導權的實施過程中，構建政治支配與文化共識兩手都不可或缺，而在和平的現代社會，面對社會複雜程度的加劇，國內外事務中潛在風險的激增，中國共產黨需要更善於運用創建共識的領導策略，用如德國社會理論家盧曼（Niklas Luhmann）所倡導的「以複雜應對複雜」的方法，通過吸引更多人自覺認同現代化中國的建設事業，更多利用社會力量，來協助中國共產黨完成其實現中華民族偉大復興與建設人類命運共同體的歷史任務。

---

17 《關於領導方法的若干問題》，載《毛澤東選集》第三卷，第 899 頁。

第二章

向心力大國治理——
「大一統」文化的創造性轉化？

摘要

　　中華文化蘊含有非常深厚的「大一統」傳統，在這種傳統下，西方經濟學奉為圭臬的分權集權理論並不起作用。中國改革開放的經驗表明，充分藉助「大一統」文化傳統下的動態調整手段，是激發地方活力和保障頂層設計的有力機制。在當前，必須充分激活我們「大一統」文化傳統的創造性優勢，在形成更強的中央監控能力的同時，為大力激發地方積極性探索出制度創新方案。本報告相應提出了加強區域協同發展以帶動不同地區和城鄉共同發展、創造基層自主探索激勵機制等建議。

　　從 19 世紀開始，世界多數地區被拖入西方式現代化進程，多個農耕文明帝國都因經受不起現代化變革的巨大衝擊而土崩瓦解。中國是迄今唯一一個在經歷了劇烈的政治革命和社會革命之後，仍大體保持農耕帝國時期疆土面積和文化連續性的文明大國。習近平總書記在出席 2023 年 6 月召開的文化傳承發展座談會時強調：「中國文化源遠流長，中華文明博大精深。只有全面深入了解中華文明的歷史，才能更有效地推動中華優秀傳統文化創造性轉化、創新性發展，更有力地推進中國特色社會主義文化建設，建設中華民族現代文明。」在當前，百年未有之大變局加速演進，舊有的經濟全球化模式已經難以為繼，各國的現代化道路都面臨重大調整，中國如何實現文化傳統的創造性轉化、創新性發展，在新發展形勢下探索出持續保持活力和增長的制度創新方案，是放在我們面前的重大課題。

一、「大一統」文化傳統下的動態調整

中國是一個擁有「大一統」文化傳統的大國。從公元前 221 年秦建立統一的中央集權國家之後,雖然經過大量的內亂、分裂、民族戰爭和改朝換代,但是,由統一的文教體系、統一的意識形態、統一的紀年、統一的文字、差異並不十分顯著的民間信仰系統等等因素所維繫的大一統體制和思想格局,一直綿延至今,甚至在出現大規模內亂、分裂或外敵入侵後還不斷得到強化,「中國不絕若線」(《公羊傳・僖公四年》)。

按照復旦大學歷史地理學教授葛劍雄的計算,從秦統一六國到 1840 年的兩千多年裏,統一(以基本恢復前代疆域,維持中原地區和平安定為標準)的時間合計為 940 年,分裂時間合計為 1120 年,中國歷史上的分裂要比統一還多出 180 年。[1] 然而,正是出於對漫長的分裂時期裏各個政權之間殘酷戰爭的歷史記憶,中國人的「人心思治」很自然的寄託在全國範圍內建立統一政權體制上。因此,如同饒宗頤老先生曾指出的:「向來說者以『正統』之義,本於一統。」在中國文化中,非常大的程度上,「統一」象徵着正統、安定和「治」,而「分裂」則多與異端、背叛、大逆不道、「亂」等負面評價相聯繫 —— 這就是中國「大一統」文化傳統的內涵。

1　葛劍雄:《統一與分裂:中國歷史的啓示》,北京:商務印書館,2013 年。

當然，大有大的難處。中國幅員遼闊，區域差異巨大，地區之間發展極不平衡，各地需求不可能在同一層次上，難以用整齊劃一的規則加以管理。民國時期的歷史學名家呂思勉先生因此指出，古代中國在大一統政府下同時具備「集權」與「自治」的兩面性，以此來應對統一管制與因地制宜之間的矛盾。呂思勉先生說：「秦漢而後，幅員太大了，中央政府的權力，無論其為好壞，都不易無孔不入。即將依附之貴族、官僚、嬖幸一併算入，亦還是如此。所以秦漢以後，中央政府之影響，所能及於社會者實微」；「政府所加以干涉，求其統一者，只在一極小的範圍內，而其餘悉聽各地方之自由。」按他的總結，中央集權的事項內容主要集中在官員管理、軍事、外交、財政和賦稅等制度方面，而對於諸多領域的民政事宜，則依據治理的需要給予寬嚴不等的「自治」權，如戶婚田土鬥毆相爭等「細故」由民間自理。通過同時維持中央「集權」與民間「自治」，中國大一統王朝既能獲得穩定和完全，又能激發基層社會的運行活力。

　　新中國成立之後，出於當時的國際形勢和種種歷史原因，民間自治的空間被極大壓縮，使得經濟和社會的發展長期處於停滯狀態。但是，即便如此，中央層面仍然提出了如何更好發揮央地「兩個積極性」的問題，屢次通過集權與放權的動態調整來推動現代化建設，如在 1960 年代，毛澤東曾發動大規模的放權運動，動員地方積極性。進入改革開放階段，鄧小平給予了地方探索極大的支持，以較大的放權舉措來激發地方活力，為地方政府提供了動力以推進改革和發展。

　　不過，在「大一統」文化傳統的影響下，集權話語有更多的正當性，而主張向地方大規模放權以及加強地方基層的自主探索，則

經常會被視為挑戰上級、挑戰權威，這也是事實。今天，我們回顧不同歷史時期的許多故事，能夠感受到，在具有較強「大一統」文化傳統的制度環境裏，有利於自上而下實施監管的政策和制度更容易獲得認可，而為地方爭取靈活施政的空間，則要克服更多的阻礙。因此，在通過郡縣制的廣泛推行而加強中央集權之後，如何保障地方靈活施政就成為主要的問題。明代後期的著名知識分子顧炎武曾給出一個精闢的：「封建之失，其專在下。郡縣之失，其專在上。有聖人起，寓封建之意於郡縣之中，而天下治矣。」如何在現代技術和制度條件下，實現「寓封建之意於郡縣之中」，是我們推動文化傳統創造性轉化的目標所在。

近年，從中央到省、地市，逐級下放了一大批管理權限，體現了因應經濟社會發展條件變化而動態調整地方積極性的決策意圖。但是，就目前下放的權力而言，還多為「事權」（即在公共事務和服務中應承擔的責任及任務）而少有「資源配置權」（即分配資源要素的權力）。尤其是基層政府，沒有多少配置土地、財政、科技、教育、醫療等重要資源的權力。「事權」多而「資源配置權」少，使得基層政府權責不匹配，這導致了基層幹部「不願改革，不敢改革，不會改革」。要改變這種現狀，必須充分激活我們「大一統」文化傳統的創造性優勢，在形成更強的中央監控能力的同時，為大力激發地方積極性探索出制度創新方案。

二、重新認識集權或分權對於中國發展的作用

　　理解並思考如何進一步規範中國體制下央地關係的動態調整，首先需要打破有關集權與分權二元對立的思維範式，這種思維範式簡單地把集權等同於計劃經濟和經濟社會停滯，把分權等同於市場經濟和經濟社會發展。

　　在經典的西方自由主義經濟學理論中，分散化決策是實現市場機制作用最好的制度保障，因此，經濟發展與分權、私有產權保護、放鬆規制、減稅、縮減福利等制度安排緊密相聯。哈耶克（Friedrich A. von Hayek, 1899-1992）為這套理論提供了論證：對於經濟社會發展有益的知識是分散存在於不同的個人的，沒有人有能力為所有的他人立法或制定計劃，不同的個人在有限理性和傳統習俗的指引下自由行動（競爭與合作），才能獲得經濟的增長和社會的發展。[2] 英國撒切爾夫人和美國羅納德·列根都是這套理論的擁躉，加上前蘇東各國的社會主義建設探索在 1990 年前後宣告失敗，與高度集權的計劃經濟體制相競爭的分散化市場經濟理論被宣揚為最正確的甚至唯一可取的經濟社會發展模式 —— 如撒切爾夫人那句著名的口頭禪表明的「你別無選擇（There Is No Alternative）」。

2　Friedrich A. von Hayek, *Individualism and Economic Order*, Chicago: The University of Chicago Press, 1948.

中國的發展經驗挑戰了所謂「別無選擇」的發展模式，而且進一步揭示了集權、放權與經濟社會發展之間更複雜的關係。關注中國近幾十年發展奇跡的海內外學者已經注意到，在全球範圍內地緣政治環境發生劇變的背景下（兩極化世界終結），中國之所以不但維持了政權穩定，而且取得驚人的經濟增長成就，就在於中國兼具一統體制與地方蘊藏驚人靈活性這兩大特徵，前者使中央領導者有能力掌控整個轉型過程，後者使中國的轉型能充分使用大規模地方試錯的策略，即使局部的失靈也不易引發系統性崩塌。現任教於清華大學的經濟學教授錢穎一等用「財政聯邦主義」這個術語來刻畫中國獨特的分權制度，認為從 20 世紀 80 年代開始實施的財政包乾形成了中央政府建立和維護市場的「可信承諾」：財政分權綁住中央政府干預地方和市場的手腳，加強了地方政府和企業投入市場活動的信心。[3] 錢穎一和許成鋼合作論文指出，中國體制所謂「條條塊塊」的制度形態實際上是形成了中國經濟的「M 型決策機制」（即水平面上多頭決策機制），與蘇聯計劃經濟體系採用的 U 型模式（垂直面上分工機制）並不相同，這使中國計劃體系既從未達到過蘇聯的精度，也不易陷入蘇聯經濟系統出現全面崩塌的危險。[4] 錢穎一、張五常等經濟學家都指出，在財政分權的激勵下，地方政府（塊塊）

3　Qian Yingyi, Barry Weingast, Federalism as a Commitment to Preserving Market Incentives, *Journal of Economic Perspectives*, Fall 1997, 11(4), pp. 83-92.

4　Qian Yingyi, Xu Chenggang, M-Form Hierarchy and China's Economic Reform, *European Economic Review, Papers and Proceedings*, April 1993, 37, pp. 541-548. Qian Yingyi, Xu Chenggang, Why China's Economic Reforms Differ: The M-Form Hierarchy and Entry/Expansion of the Non-State Sector, *Economics of Transition*, June 1993, 1(2), pp. 135-170.

成為推進市場經濟的主力軍，這是中國取得巨大經濟成就的體制秘密。[5] 錢穎一和他的合作者提出，中國式的分權制度是「保護市場的財政聯邦主義」。這一系列認識已經在某種程度上突破了「集權與分權二元對立的思維範式」，因為財政聯邦主義強調的是「財政上放權與人事上集權」，通過這種放權與集權的有機組合，中國可以同時獲得「以財政分權激勵地方政府積極性」與「以人事集權幫助中央（或上級政府）有力推動改革」兩項收益。

在一定範圍內，上述理論文獻的分析是正確的，而且尤其符合改革開放前期階段的經驗事實：在 1980 年代至 1990 年中期，國民經濟正規部門之外的鄉鎮企業在各地基層政府的創辦、經營或控制扶持下異軍突起，是為這個階段改革開放的主力；地方政府在這時的表現更像是一個「地方的國家公司」（local state corporatism）：在財政分權激勵的增收需求下，地方基層政府對其鄉鎮企業實現相對嚴格的預算約束，像真正的市場主體那樣行為。但是，隨着發展形勢的變化，情況更加複雜：進入 1990 中期年代之後，鄉鎮企業不再起那麼大的作用，在很多地方開始衰落或者改制，地方政府此時推動經濟發展的首要方式轉變為更大力地盤活、引進、利用國內外資本（含港台資本），「經營城市」成了城市官員經常使用的概念，「招商引資」成了考核地方官員的主要指標 —— 正如北京大學經濟學教授周黎安認識到的：「如果說從 80 年代初至 90 年代中期，地方政府最重要的工作是經營企業，通過擴大企業的產值和利潤增加地方的 GDP 和利稅收入，那麼，90 年代中期以後，地方政府的工作重心已經開始轉移，經營城市成為地方政府重置和盤活城

5　張五常：《中國的經濟制度》，北京：中信出版社，2009 年。

市資產、招商引資、創造財政收入、提高城市經濟競爭力的重要手段。」[6] 此時，僅停留在「財政分權激勵地方政府積極性」，已經不足以認識央地關係的複雜化程度了。各地各級政府在中央或明示或默示的許可（及禁止）下採取種種「變通」政策，比如稅務減免、土地支持、政府扶持企業等等，地方政府與不斷拓展的市場相互促進，一道催生出更為獨特的發展經驗。在這整個發展階段，中央仍然維持着高度集中的權力，在其領導下，地方分權持續為追求外來投資和土地等資源價值的上漲而實施突破性政策。[7] 市場活動高度發達，地方政府的積極性空前高漲，同時，中央的權威和控制力也並沒有受實質性威脅。耶魯大學政治學系的拉德里（Pierre F. Landry）由此稱這種新型發展體制為「分權的威權主義」（Decentralized Authoritarianism），[8] 提示了比通常理解的「集權等同於計劃經濟和經濟社會停滯，分權等同於市場經濟和經濟社會發展」更錯綜複雜的國家、社會與市場關係構圖。

從以上關於中國經驗的簡要敍述可以得知，並不是如同自由主義經濟學理論認為的那樣，分權就能給中國帶來經濟增長成就，在改革開放的早期階段，分權激發了地方和企業的活力，進入發展縱深期之後，中央政策、地方政府、市場力量等等多種因素結合在一起，以非常複雜的互動方式共同推動經濟發展，在這其中，集權

---

6 周黎安：《轉型中的地方政府：官員激勵與治理》（第二版），上海：格致出版社、上海三聯書店、上海人民出版社，2017 年，第 228 頁。
7 黃宗智：《超越左右：從實踐歷史探尋中國農村發展出路》，北京：法律出版社，2014 年
8 Pierre F. Landry, *Decentralized Authoritarianism in China: The Communist Party's Control of Local Elites in the Post-Mao Era*, New York: Cambridge University Press, 2008.

或者分權本身並不是決策者的首要關注。而且，我們能夠更進一步說，在中國極其錯綜複雜的國家、社會與市場關係構圖面前，無論主張集權化還是分權化政策，都可以找到一定理據，但也都僅能解決一部分問題，關鍵還是要為決策者留出動態調整央地關係的選擇空間。

在 80 年代，由於放權戰略的推動，地方政府有了較大的財政自主權，經濟活力迅速展現，因此「放權」在當時成為改革策略的主音符。但由於稅制混亂和監管缺位等原因，中央政府財政收入佔國內生產總值的比重逐年下降（1978 年為 30.78%，持續下滑至 1995 年的 17%），中央的財政調控能力相當孱弱，出現所謂「諸侯經濟」現象：各級地方政府、事業行政單位和國企及其主管部門掌握龐大的預算外資金，而中央需要向地方「借錢」來應對中央財政收入增長乏力的問題。對於各地出現投資過熱、大包乾體制下企業承包實際上「包盈不包虧」、偷稅漏稅盛行、攤派成風等亂象，中央沒有足夠的財力和物力加以監管。王紹光教授等在 90 年代初期基於與東歐前社會主義國家轉型面臨社會混亂問題的事實狀態的對比，提出了加強國家能力建設的倡議。他認為國家能力孱弱的表現主要在兩個方面：一是地方政府用其掌握的財力追求局部利益，二是中央政府缺乏必要的財力，無法進行宏觀調控。他因此建議「集中財力」，主張中央財政收入應佔整個財政收入的大頭。80 年代中央財政無力的嚴重情形使王紹光及其合作者的意見顯得格外有說服力，總之無論是不是學者的倡議起到了實質推動作用，中央在 1994 年實行了分稅制財政體制改革，包括國企的稅利分流改革、稅制改革和分稅制財政體制改革等內容，目的就在於強化中央的財政汲取能力。原財政部部長劉仲藜老先生在 2009 年發表文章回顧了當時

改革的決策意圖：[9]

> 「1993 年設計分稅制改革方案時，恰逢我國經濟過熱，固
> 定資產投資失控，金融秩序混亂，通貨膨脹嚴重。在經濟環境
> 並不寬鬆的情況下，既要達到提高『兩個比重』的目標，又要
> 致力於改善宏觀環境。因此，在劃分稅種時是費了一些心思
> 的：明確將維護國家權益和實施宏觀調控所必需的稅種劃分
> 為中央稅；為鼓勵地方發展第三產業、農業和效益型經濟，
> 將主要來源於這些領域的稅收，例如營業稅等劃為地方稅；為
> 淡化地方片面追求 GDP，防止地區封鎖，減少重複建設和盲
> 目建設，將國家控制發展的一些消費品，比如煙、酒、高級化
> 妝品實行消費稅，而消費稅 100% 歸中央；當時最紅火的加工
> 製造業的流轉稅，改革前主要屬於地方稅源的產品稅，改為增
> 值稅以後實行共享，中央拿大頭；同時，為體現資源國有，國
> 家要保留對資源稅的分享權，考慮到大部分資源集中在中西部
> 地區，資源大省一般都是財政窮省，大部分資源稅全部留給地
> 方，個別品種如海洋石油資源稅劃歸中央。」

分稅制實施後，財政收入佔國內生產總值比重止跌回升，中
央政府財政收入佔國內生產總值比重更是持續上升，1994 年僅
為 10.83%，2007 年上升到 20.56%，與此同時，中央與地方財
政收入之比發生了變化，1993 年該比例為 22:78，1994 年變為

9　劉仲藜：《1994 年財政體制改革回顧》，《百年潮》2009 年第 4 期。其中的「提高
　『兩個比重』」指的是，提高財政收入佔國內生產總值的比重和中央財政收入佔全
　國財政總收入的比重。

55.7:44.3，2007 年為 54.1:45.9，形成了財政收入上中央佔大頭，地方佔小頭的局面。1994 年財稅改革的直接目標，即提高「兩個比重」，得到了實現。在中央財政力量增強之後，中央政府通過大量財政轉移支付，保證地方政府的正常運轉。按照國內財政專家的計算，中央大致可以用 30% 的財政收入來調控地方，遠超原先預計的 20%，中央財政對於地方財政有了較強的調控能力。[10]

但是，分稅制在增強中央財政能力的同時，又產生了新的問題。地方政府的財政收入佔全國財政收入的比例從 75% 驟降到 53%，而地方財政支出佔全國的比例卻從 70% 躥升到 85%，在公共財政支出的最大頭「教育」中，地方負擔達到 90% 以上。而且，1994 年財稅改革僅規範了中央與地方的分稅體制，沒有就省以下各級地方政府之間的關係作出規定，地方政府也學習中央集中財力的方法，實行「層層分稅」，向上集中財力，這種做法最終導致基層財政困難。據研究，1998 年底、1999 年底和 2001 年 3 月底，全國欠發工資的縣分別為 344 個、779 個和 1001 個，纍計欠發工資額分別為 32.45 億元、112.8 億元和 205.32 億元，欠發工資的縣佔全國縣和縣級市（含市轄區）總數分別為 13.84%、31.34% 和 35%。[11] 基層政府在「吃飯財政」（保工資）的壓力下，不得不繼續向下轉移其財政困難，在 90 年代後期出現了異常突出的農民負擔問題和更加惡化的地區不均衡問題。有社會學家基於詳實的實證研

---

10 楊志勇：《財稅現代化：大國之路》，上海：格致出版社、上海人民出版社，2018 年，第 9 頁。
11 王軍等：「關於當前縣鄉財政困難問題的調查和思考」，張佑才主編：《財稅改革縱論 2002 —— 財稅改革論文及調研報告文集》，北京：經濟科學出版社，2002 年。

究指出了中央財政能力加強後非常複雜的後續反應：「分稅制在集中了地方財政的收入、提供了中央財政佔財政總收入的比重之後，通過稅收返還和轉移支付補助的形式來彌補地方財政的支出缺口。從全國總的形勢來看，基本是成功的。但是分地區來看，則存在着比較嚴重的地區不均衡現象。這無疑與分稅制制度設計的初衷是有差距的。所以我們可以說，分稅制實行十年以來，提高『兩個比重』和『國家能力』的目的基本達到了，但是弱化地區間因發展速度帶來的財力不均、公共服務水平不均的問題卻不但沒有能夠解決，反而在一定程度上更加嚴重了。」[12] 財稅制度改革對地方政府造成的壓力，迫使地方政府通過發展建築業和增加預算外的收費項目以及非預算資金來尋求新的生財之道，這也就是我們前面提到過那種「經營城市」的新的發展經驗之所以得以形成的「制度誘因」。眾所周知，在進入 21 世紀後，這種新發展經驗一方面實現了更快的經濟增長和更高密度的城市建設行動，一方面又引發嚴重的社會危機：基層相當規模的環境惡化、失地農民抗爭、信訪洪峰和日益加劇的貧富分化。2019 年 10 月，國務院印發《實施更大規模減稅降費後調整中央與地方收入劃分改革推進方案》，對央地財政關係再次實施重大調整，旨在減輕地方的負擔，用增值稅五五分穩住地方，用消費稅下劃補貼地方，增強地方財政自主性。不過，此次改革沒有涉及央地事權變更。

無論如何，中國發展實踐的複雜圖景決定了不宜簡單地在要麼集權要麼分權之間徘徊，在權力過於集中的時期，放權能夠帶來

---

12 周飛舟、譚明智：《當代中國的中央地方關係》，北京：中國社會科學出版社，2014 年，第 61-62 頁。

活力，但在放權流於「放任」之時，環境資源、勞動者權益、中央調控能力等都很遭受侵害。因此，並不是如同新自由主義經濟學理論主張的那樣，只有分權才能給中國帶來經濟社會發展。可以這樣來概述中國的發展經驗：在改革開放的早期階段，的確是分權激發了地方和企業的活力，但進入發展縱深期之後，中央政策、地方政府、市場力量等等多種因素結合在一起，以非常複雜的互動方式共同推動經濟增長，在這其中，中央的監控與地方積極探索，共同構成了十分重要的激勵因素。因此，對於中國而言，集權或者分權本身並不是保障發展的要點，更好發揮中央調控與地方積極性這兩個機制的作用才是我們發展的黃金經驗。總之，回顧發展歷程，我們能夠更進一步地說，在中國這個大國面前，無論主張集權化還是分權化舉措，都不足以保障經濟社會整體發展，最多僅能解決一些局部問題，關鍵還是要充分發揮中央和地方「兩個積極性」。

三、行為聯邦制：非正式放權的優勢與限度

　　中國發展經驗中之所以能夠享受到動態調整央地關係的好處，與中國體制中存在着大量「非正式放權」空間的事實是分不開的。目前，就學術理論而言，鄭永年教授提出的「行為聯邦制」是解釋中國央地關係調整中「非正式放權」實踐最好的一個術語。[13] 就正式體制而言，中國是一個單一制的政治體系，在理論上，地方政府只是中央政府或者上級政府的派出機構，所有權力歸於中央，地方政府是受中央和上級政府委派，在地方上執行中央和上級決議，只具有操作層面的權力；但就實際操作層面來講，中國地方政府所享有的權力，其實要比當前聯邦制國家裏的地方政府大得多。因此，鄭永年教授稱中國央地關係是「行為（實際）上的聯邦制」（DE FACTO Federalism）。

　　按照鄭永年的分析，中國能被稱為「行為聯邦制」，是因為滿足了如下幾個制度機制方面的條件：其一，政府體系是分層級的，如中國的五級政府體系，中央、省、市、縣、鄉鎮，每一級政府就一定的事項在其轄區範圍內都有最終決定權；其二，各級政府間的

13　Yongnian Zheng, *De Facto Federalism in China: Reforms and Dynamics of Central-Local Relations*, World Scientific Publishing Co. Pte. Ltd., 2007.（鄭永年：《中國的「行為聯邦制」：中央—地方關係的變革與動力》，北京：東方出版社，2013 年）

放權已經制度化，使得中央政府和上級政府很難單方面地將自己的意志強加於省，並改變各級政府間的權力分配；其三，省級政府在自己轄區內是經濟社會事務的主要責任人，在某種程度上也是政治事務的主要責任人，具有相當的自主權。單一制的國家結構形式，保證了中央的決策意圖得以在全國各級政府之間貫徹，而多層級的政府架構和多元性的權力運作形式，又保證了中國權力結構的複合性。這種單一制與複合性並存的情況，固然增加了國家治理與財政治理的複雜性，但也產生了動態調整央地關係的選擇空間，這是中國體制的一個內在優勢。

這種優勢尤其體現在改革開放初期階段。我們現在說得比較多的是安徽小崗村自發的承包到戶試驗推動了中央關於農村改革的決策，其實在全國其他許多地方當時都興起了形式不一的改革探索，形成了因應地方特點的發展經驗。比如廣東佛山市的順德地區，由於該地區地理條件，在歷史上就成為經濟作物產區，作物品種多，技術要求高，很早就形成了以注重效益為核心的農業生產管理傳統，因此早在全國推行聯產承包制改革之前就已經在自發地嘗試着多種創新舉措了。廣東地方的務實文化理念和民間商貿傳統，使得地方政府對這些創新探索並沒有如其他很多地方那樣嚴格按照上級政府指令去打壓，因此順德並不是如同當時全國其他農村地區那樣貧窮。例如，在 60 年代貫徹「農業六十條」政策過程中，順德就出現過魚塘包產到戶、「包死上交，超產全獎」的做法，70 年代，

很多生產隊又推行如「四定一獎」的責任制、[14] 定額管理和聯繫產量計算報酬、邊遠的魚塘包到農戶等。1977 年，順德縣委甚至決定突破當時的農業政策，從桑蔗地中擠出 15000 畝土地來種花生，以便解決全縣的食油短缺問題。[15] 順德後來的迅速發展當然得益於改革開放政策的全面實施，但基於地方實際自主權之上的大膽突破，也是順德在 20 世紀最後十年裏成長為國內縣域經濟發展樣本的重要原因。例如 1993 年下半年，順德推行新一輪「農村體制改革」：改革村委會建制，調整和優化農村區域設置；推行股份合作制，理順農村合作經濟組織的產權關係和分配關係；完善土地承包制，改土地長期承包為短期承包，改分包為投包，改分散承包為連片承包。這次改革可以說在全國是絕無僅有的，因為改革內容直接變動了 1984 年以來中央多個一號文件反覆確認的土地承包期為十五年的規定。經過這一輪改革，順德農業結構得到調整、地產低窪土地得到改造、農村經濟作物投入加大，在較短時間內，順德農村經濟和集體經濟效益實現了大幅提升。[16]

我們在這裏不擬再舉出更多更耳熟能詳的故事，比如順德在 90 年代初推行的鄉鎮企業改制「靚女先嫁」改革，在 21 世紀初期推行的農村集體土地股份化改革等等。我們借順德的發展經驗，來說明中國複合單一制體系下「行為聯邦制」的內在優勢，如同鄭永年教授分析指出的：「中國的行為聯邦制具有很大的彈性，政治權

---

14 即順德大良公社 1978 年 2 月開始推行的「允許水稻生產的某些工種包工到組或包工到人；甘蔗生產可以包工到戶，定產計算報酬，塘魚生產按產量實行獎勵與處罰；花生、豆類包乾到戶」等等措施。

15 招汝基等：《先行者的 30 年：追尋中國改革的順德足跡》，北京：新華出版社，2008 年，第 44-45 頁。

16 冼潤洪編：《順德農村經濟體制改革文集》，作者自印，2005 年，第 349-350 頁。

力的下放給政策創新留下了空間」;「在制定政策時,高層領導人並不總是獨斷決策;相反,下級各部門和地區往往在上級領導的決策制定過程中有很大的發言權。各部門、地區從自己的部門利益、地區利益出發,可以與上級或其他部門進行協商、談判和討價還價,以期影響政策。政策最後的敲定和出台,是領導人和各下屬達成共識和妥協的結果。」總而言之,用一句話來總結,即是中央並未失去對於地方的控制權,而多元多樣的地方經驗在相互競爭相互學習,最終推動了中國的巨大發展。這就是「行為聯邦制」這個術語要揭示的中國體制優勢。

但是,行為聯邦制依靠的仍然是「非正式放權」,也即是說,中央和上級政府與基層之間並沒有對雙方真正都有約束力的規則或契約。錢穎一等經濟學家認為中國的財政分權是中央政府不干預企業和地方政府的一個「可信承諾」,顯然並不是全部的事實:在權力集中和文化向心力傳統的影響下,中央和上級政府較容易獲得改變此前規則的權力,而下級尤其是基層政府缺乏渠道與之協商。非正式放權下的行為聯邦制很快顯露了其限度,這也是我們前面提到過的各地在競相實施的「變通」政策下求發展,環境惡化、失地農民抗爭、信訪洪峰和日益加劇的貧富分化等社會危機成為動搖基層秩序的危害。實際上,在行為聯邦制下,中央既沒有正式放權給社會去監督地方官員,也沒有建立完善的信息機制來幫助中央監控地方,地方的創新探索得不到法律的保護,而既有的正式制度如黨管幹部的組織原則等,又由於法治化程度不高,無法形成標準一致、行為模式清晰的統一規則,因此在發展主義掛帥的大背景下經常被扭曲,造成大規模官員腐敗。行為聯邦制下,地方表裏不一地違反中央宏觀調控政策的事例也屢見不鮮,出現如地方統計數據造假、

地區發展愈加不平衡、土地價格飛漲、經濟結構失衡、產能過程等嚴重問題。

　　中共十八大以來，新一任中央領導人根據發展形勢的變化對「發揮中央地方兩個積極性」作出進一步的要求。習近平在十八屆三中全會上強調，「正確處理中央和地方、全局和局部、當前和長遠的關係，正確對待利益格局調整」；十九屆三中全會上強調，「充分發揮中央和地方兩個積極性，構建從中央到地方各級機構政令統一、運行順暢、充滿活力的工作體系」。探索充分發揮行為聯邦制優勢、克服其制度化程度不高的限度的路徑，實在必行。用中共官方的話，其改革的方向就是：「加快構建從中央到地方權責清晰、運行順暢、充滿活力的工作體系」。[17]

---

17 「健全充分發揮中央和地方兩個積極性體制機制」，《人民日報》，2019 年 12 月 5 日。

四、創造性轉化「大一統」文化傳統：制度建設的方向

在全球發展環境激變和新冠疫情突如其來爆發之後，中國發展的內外條件已經出現變化，我國的發展戰略從出口導向為主，轉向「雙循環」戰略，以內需為出發點和落腳點。在新形勢下，我們必須探索能實現「大一統」文化傳統創造性轉化的制度創新方案。

中國幅員遼闊，地區間發展不平衡的現象十分顯著。中山大學吳重慶教授在近期的研究中指出：中國自古以來，政治動亂往往就發生在州府等正式建制所在地無法涵蓋的「空隙之處」，如著名歷史學家許倬雲在他的著作《萬古江河》中所說，中央政府依靠龐大的道路網絡、信息網絡和行政網絡來實現統治和管理，但在這個巨大的網絡之內，卻存在眾多不穩定的「隙地」，歷史上農民反叛大多起源於「隙地」。[18] 現代中國的治理技術已經基本形成了對於這些「隙地」的全覆蓋，不必再過於擔心這些空隙之處會出現甚麼大的脫軌行動。但是，就經濟發展而言，也的確仍然存在很多一二三線城市無法輻射、帶動的空隙之地，成為中國地區間發展不平衡的重要表現。當前，可以更多設置區域試點，推動建設都市圈、城市羣發展，

18　吳重慶：《超越空心化》，中國人民大學出版社，2023 年；許倬雲：《萬古江河：中國歷史文化的轉折與開展》，北京日報出版社，2023 年。

限制一二線城市規模進一步擴展，更多依靠區域發展促進不同地區之間、城鄉之間生產要素加快流動，為中國在全球激變下實現中速高質量發展打開空間。

同時，毋庸諱言，我國長期存在以動態調整來動員基層積極性的經驗作法，並沒有在中央與地方、上下級政府之間形成真正有約束力的規則。一些經濟學家認為，中國的央地財政分權制度是中央政府不干預企業和地方政府的一個「可信承諾」。但這顯然並不是事實，因為在「大一統」文化傳統下的制度環境裏，中央及上級政府較容易獲得改變此前規則的權力，而基層政府和企業缺乏與之協商溝通的渠道。也就是說，動態調整有非常大的局限性，導致中國經濟始終在各種「臨時」「變通」的政策舉措下運行，中央既沒有建立完善的信息機制以便及時監控地方，也沒有正式授權社會去監督地方施政，而地方創新探索同樣得不到法律的保護，無法形成標準一致、行為模式清晰的統一規則，由此造成監管措施層層加碼和政策不斷在兩個極端之間橫跳等等嚴重問題。在近期，中央連續釋放提振民營企業信心的信號，而要切實形成「可信承諾」，還必須是以有效的制度創新來促進「大一統」文化傳統的創造性轉化。

因此，可以考慮如下的政策建議，一方面加緊推動區域協同，一方面大力動員基層積極性：

（1）通過央地事權財權關係重構，夯實社會主義現代化國家的政治基礎。在政治學理論上，現代國家的最主要標誌是「公民是國家的公民，而不是地方的公民」這種身份權意識的出現。中國人對中央政府有較高的信任度，但是，遺憾的是，我們並沒有把這種「大一統」文化理念轉化為國家的政治合法性基礎。就制度建設而言，最大的缺失在於國家層面的統籌制度還沒有建立健全起來，還

沒有使生活在一國之內的所有居民直接享受中央政府提供的公共服務。一定意義上，建設國家統籌制度，就是在建立中央政府政治合法性的社會基礎。中央層面最近幾年裏已經實施了這樣的努力，如2019年出台《教育領域中央與地方財政事權和支出責任劃分改革方案》。不過，在民生福利的許多其他領域，中國距離培養現代國家公民身份權仍有一定距離，很多領域的統籌級別偏低，目前只實現了地市一級的統籌，連省一級的統籌都還沒實現。通過央地事權財權關係的重構，一方面可以不斷提升國家公民權意識，另一方面還可以逐步緩解各級地方政府的財政支出壓力，使地方政府有更多的財力和精力去促進經濟社會發展。

（2）建立城市羣、都市圈合作機制，緩和城市間競爭態勢，先推動形成優勢互補，再逐步促進一體化。例如，一方面，建立城市羣、都市圈的共有發展基金，由各市按照財政收入的一定比例繳納，用於跨省跨市跨縣的基礎設施建設和其他必要的項目，另一方面，促進構建都市圈互利共贏的稅收分享機制和征管協調機制，加強城市間稅收優惠政策協調，鼓勵社會資本參與都市圈建設與運營。又如，推廣成渝地區雙城經濟圈的經驗，在地市級以下政府實施經濟區與行政區適度分離的改革，消除行政壁壘，減少惡性競爭，增強橫向協調。

（3）克服「令出多門」現象，以社會主義法治的統一權威來建立「可信承諾」。在動態調整的舉措下，各部委、各主管單位、各地方都有自己的規則和標準，難以形成統一的法律權威和適用標準，這是一個奇特而且難以在短期內治理的問題。近年，有兩項努力在糾正這個問題：其一是立法在2015年的修訂，其中一個修訂內容是，賦予所有設區的市地方立法權，同時明確地方立法權的邊

界;其二是設立跨行政區域的法院和檢察院,實質就是改變按行政區劃的設置司法管轄範圍的方法,改為按照案件數量的多少和人口密度的大小來劃分司法管轄區,為進一步形成全國統一的法律適用標準建立了基礎。但是,要樹立法治的權威還需要更多的其他努力,比如說,非常重要的是,通過推動國法與黨規相銜接,統一納入國家法律監督審查體系下運作,來為全社會建立統一的權威性規範系統,克服「令出多門」「重複監管」「層層加碼」等等現象。另外,還需要嚴格法律對於政府行為的約束、加強對於市場主體正當經營行為的法律保護等等。

(4)考慮逐步探索壓縮行政層級的改革方案,減少中央決策與基層社會之間的層級阻隔。行政層級過多、決策鏈條過長,會導致中央政策與基層社會離得太遠,難以有效動員基層的積極性。當然,改革行政層級的工作牽涉面比較大,可以一步一步進行,譬如可以首先從弱化地級市的功能入手,在當前設立一批國家級縣域經濟發展試點,作為中央層面直接監管的基層單位,着重鼓勵有條件的縣域經濟體在雙循環戰略背景下探索土地政策、產業發展、人才政策和基層治理等多方面的改革創新。設立國家級縣域經濟試點的優點在於:一是以中央權威直接支持縣域探索建立「城鄉均衡發展、共同富裕」的基層社會。在此前歷史階段裏,土地財政激發的「激進城市化運動」已造成了我國縣域層面普遍存有發展失衡的題。針對這些問題,需要中央大力支持,即以中央的權威為支持,推動縣域試點建立有效保障城鄉一體化發展的制度機制,督促縣域探索實施有利於城鄉居民持續增收的措施,在發展中實現公平共享;二是由於當前國內外經濟發展面臨的嚴峻壓力,工作思路受限,基層政府官員在探索改革過程中難以放開手腳,不同程度上出現畏首畏

尾的狀況，這需要中央層面以「國家級試點」的形式予以大力支持，幫助地方官員克服畏難情緒，積極響應中央部署，以富有創造性的工作開闢新發展路徑；三是有助於控制改革過程中的試錯成本，因為縣域試點的區域面積較小、行政層級較低，即使在探索中出現偏差或失誤，既不至於影響全局和其他地方，又能夠較及時得到糾正。

第三章

世界新變化與中國發展長期方略 *

* 本文系與華南理工大學公共政策研究院政策分析師張心旖合著，寫作過程中得到鄭永年教授的指導，特此致謝。

摘要

　　當前世界處在劇變中，一方面，全球不平等狀況急劇惡化，加上新冠疫情的突然爆發，加速了西方世界民粹主義政治、逆全球化思潮的迅猛抬頭；另一方面，新一代信息通信技術重構世界各國的生產和生活方式，激起關於傳統生計被淘汰、大規模失業、貧富分化加劇、巨型科技平台無法受規制等普遍性憂慮。中國在改革開放之後，通過與西方發達國家主導的世界通行規則「接軌」，並通過加入 WTO、「一帶一路」倡議等實施「走出去」戰略，緊緊抓住了上世紀 80 年代以來全球化所帶來的每一次發展機遇，創造了諸多世界經濟奇跡。在當前面臨的百年未有之大變局下，中國需要以更合理的制度設計有效規範權力的運作、更開放務實的姿態實施體制機制改革，承擔起引領創造「共建的和平」與「共享的發展」的時代責任。

　　當前世界處在劇變中，一方面，全球不平等狀況急劇惡化，加上新冠疫情的突然爆發，加速了西方世界民粹主義政治、逆全球化思潮的迅猛抬頭，哈佛大學國際經濟學教授丹尼·羅德里克（Dani Rodrik）定義的那種從上世紀 90 年代後期開始席捲各國經濟、文化和政治全部領域的「超級全球化」（hyper-globalization）發展模式已經難以為繼；另一方面，新一代信息通信技術重構世界各國的生產和生活方式，激起關於傳統生計被淘汰、大規模失業、貧富分化加

劇、巨型科技平台無法受規制等普遍性憂慮。如何從理論上認識這種內外部發展環境的急劇變化？中國在迄今為止的全球化發展過程中處於一個甚麼樣的位置？中國如何才能應對這種變化，並且為穩步邁向社會主義強國夯實基礎？本文採取「長時段」的視野，通過回顧全球化發展史，分析當前發展環境的變化，明確中國的制度優勢以及在當前面臨的挑戰，探討如何確立中國發展的長期方略。

一、西方遇到甚麼問題？

（一）全球化發展史與西方的內部不均衡

　　有一系列數據可以表明當前世界面臨嚴重的財富分配惡化：自 1980 至 2018 年，全球收入最高端 1% 的人羣的購買力增加了 80%-240%，全球收入下端 50% 的人羣購買力增加了 60%-120%；絕對收入增益（absolute income gain）的 44% 長期掌握在全球最富有的 5% 人羣手中，而絕對收入增益總和的近 1/5 流入最富有的前 1% 人羣，相比之下，即使是全球化進程中新興的中等收入階層，總體僅共佔全球絕對收入增益的 12%-13%；在 2018 年，10% 最高收入人羣佔國民收入之比，在歐洲是 34%，在中國是 41%，在俄國是 46%，在美國是 48%，在撒哈拉非洲是 54%，在印度是 55%，在巴西是 56%，在中東是 64%。多項研究表明，近幾十年裏，在多數國家不同程度上從全球化進程中總體獲益的同時，世界財富的分配不均衡狀況也急劇惡化，目前已不是簡單的「富人愈富、窮人愈窮」，而是「富人愈富、中等收入人羣愈加分化、窮人規模愈加擴

大」的複雜、嚴峻局面。[1] 面對這種嚴峻的不平等問題，以及由此引發的社會分裂、體制「失靈」、精英衰敗，西方已經顯得無能為力。

那麼，西方是如何從近現代以來佔據世界的「統治」地位，變成如今這種陷入困境而難以自拔？要理解這個變化，需要用「長時段」眼光簡要回顧全球化的發展歷史。

在全球化發展之前，由於遠程交通技術的制約，貨物交流成本極其高昂，人類的生產與消費活動經常只能集中在同一個區域，遠程貿易僅屬於少數現象，如中國絲綢之路上的商隊、中世紀阿拉伯的世界性商人，以及歐洲地中海各個城邦的商團等，只有他們在從事着較遠距離的貿易。在這個歷史階段，作為農耕文明的中華帝國在很多方面都領先於世界。人類步入全球化之後，其發展歷史大致可以分為三個階段：（1）隨着遠洋技術的突破，貨物交流成本大幅下降，一國商品得以遠銷世界各地，全球化進入第一個階段，生產與消費實現了分離，出現英國經濟學家大衛・李嘉圖所說的國際勞動分工理論。西方在這個歷史階段獲得了重大發展，並且通過貿易和軍事，迅速將世界其他地區捲入全球化進程。老大帝國的中國也被迫打開國門，進入尋找民族自強之路的艱辛探索階段；（2）到了20世紀中後期，信息技術突飛猛進帶來了思想交流成本的銳減，全

1　See Branko Milanovic, *Global Inequality: A New Approach for the Age of Globalization*, Cambridge, Massachusetts and London: The Belknap Press of Harvard University, 2016（中譯本：[塞爾] 布蘭科・米蘭諾維奇：《全球不平等》，熊金武、劉宣佑譯，北京：中信出版社，2019 年）; Branko Milanovic, *Capitalism, Aone: The Future of the System That Rules the World*, Cambridge, Massachusetts and London: The Belknap Press of Harvard University, 2019; Thomas Piketty, *Capital and Ideology*, Cambridge, Massachusetts and London: The Belknap Press of Harvard University, 2020.

球化進入第二個階段，研發、製造、組裝、銷售的全產業鏈條可以分佈在世界各個不同區域進行，出現所謂「研發在西方發達國家，生產製造在發展中國家」的全球勞動分工，整個世界相繼被編織入全球貿易網絡。中國在這個全球化發展階段，通過改革開放、主動打開國門，實現了經濟社會發展上的「奇跡」；(3) 近年，隨着新信息通信技術的進一步突破，人與人之間面對面交流成本的大幅度降低，已經產生逐步進入全球化第三個階段的跡象，全球勞動分工開始鬆動，產業價值鏈面臨着重構。但是，由於西方民粹主義政治的崛起以及新冠疫情的突然爆發，剛剛顯露的全球化第三階段的變化呈現出非常不確定的狀況，較之以前，世界面臨更大的動盪和風險。

中國等新興經濟體是全球化發展第二個階段的重要受益者，而與此相伴的是西方資本主義發達國家地位的相對降低。如數據顯示的，最發達的 7 個資本主義國家，美、德、日、法、英、加、意（俗稱 G7），在 19、20 世紀獲得了超越古代亞洲和中東在過去四千年時間裏擁有的財富收入，到 20 世紀 90 年代，G7 佔全球製造業份額達 2/3；而在 1990 年之後，G7 佔全球製造業份額下跌，2000 年左右跌落到 50% 以下，而 6 個新興經濟體，中國、韓國、印度、波蘭、印尼、泰國（俗稱 I6），所佔份額升至 30%，其中中國佔到了 20%。有意思的是，數據顯示，G7 下跌的份額正好與 I6 增加的份額相當。[2]

西方民粹主義政客煽動說，是發展中國家「偷走了」西方人的

---

2 關於全球化發展史以及西方發達國家與新興經濟體所處地位的相對變化，see Richard Baldwin, *The Great Convergency: Information Technology and the New Globalization*, Cambridge: The Belknap Press of Harvard University Press, 2016.

所得，似乎能找到點數據上的表面證據。如 2014 年的一項調查數據顯示，意大利有 60%、美國和法國有 50%、日本有 40% 的受訪者相信，是貿易全球化摧毀了他們的工作機會。

但是，西方地位下降的真正原因，主要在於它們國內產業政策的失衡。比如，美國聯邦政府在 20 世紀 50、60 年代推動信息技術革命，其目的是與蘇聯進行軍事競爭以及生產新一代產品，而不是提升製造業的競爭力，因此從一開始就沒有考慮製造業實體產業勞動人羣實踐經驗的需求。隨着全球化第二階段的深入發展，美國製造業企業大規模向海外轉移，尋找勞動力和合作夥伴。最初，對於美國本土而言，這種製造業企業外移的選擇，只是創造了一種「在這裏創新，在那裏生產」的新商業模式，沒有想到這會對美國自身的經濟社會發展狀況產生甚麼負面影響。當時一個流行的經濟學觀念是，美國應當順應這種製造業產業外移的趨勢，在本土大力發展高新科技產業和高端服務業，後者創造價值的能力可以補償因製造業流失造成的損失。然而，這種發展趨勢對於美國本土的經濟社會發展卻形成不小的衝擊，美國製造業在這個發展過程中快速衰敗。根據 2012 年的數據，美國的製造業產品國內需求中，只有 53% 是通過美國製造的產品提供的；計算機和電子產品的國內需求有 72% 通過進口滿足，包括蘋果公司的 iPhone。產業空心化導致的是社會嚴重分裂，受製造業衰敗影響最大的人羣，是原工業區的藍領和白領工人，以及學歷不高、需要在多樣的製造業企業尋找就業機會的年輕人，這個羣體目前已成為最頑固反對全球化的力量。

（二）政治體制無力應對內部不均衡

西方的政治體制目前已經難以校正當前嚴重的國內發展不均衡。

第一，主權國家對於處在全球網絡中的經濟主體形成不了有效制約，傳統維護社會公平的機制已經失靈。在傳統上，國家一方面可以通過稅收等二次分配的手段調整收入分配狀況，維護基本的社會公平，另一方面，還可以通過改變產業政策等一次分配的手段，改革經濟結構，促進更均衡的經濟社會發展。但是，在全球化第二個階段的迅猛發展下，這些傳統機制已經起不到作用了。美國有一個著名的例子可以說明情況：奧巴馬總統任期內曾要求蘋果公司撤回設在中國蘇州的生產線，但蘋果負責人回答，美國本土如果能提供 8 萬名現場工程師，蘋果就撤回生產線。面對國內實體產業空心化的重大問題，美國政府如今只能採用不斷呼籲和獎勵海外企業回流、聯合其他西方國家聯手打壓如中國這樣的發展中國家的手段，卻沒有收到改變國內經濟社會發展狀況的顯著效果。

第二，以多黨輪換執政、代議民主為核心的西方政治體制，也己出現「失靈」跡象。多黨政治是建立在這樣的前提假設上：不同政黨分別代表不同社會羣體的利益，各個社會羣體通過選舉各自的政黨代表進行政治利益博弈，最終形成對整個社會大體較為公平的公共政策。但是，在嚴重的財富分配不均衡和社會分裂面前，傳統政黨維繫選民的機制已經出現失靈，多黨政治的社會基礎發生鬆動。如美國和歐洲的選舉數據清晰顯示，代表工商界精英利益的右派政黨，獲得商業精英和技術精英的投票支持越來越少（這些精英更多呈現出「國際性」，而非以本國的社會責任為重），而在 1950-

1980 年間代表底層選民（即教育程度、收入水平和財產狀況都較低的選民）的左翼政黨，在近年已經變成代表教育程度高的人羣的政黨。託馬斯・皮凱蒂觀察到，沒有普遍代表性的「工商業右派」與不關注底層利益的「婆羅門左派」在近年的輪換執政，讓底層人羣看不到任何可以改變經濟結構和政治結構的希望。

二、中國做對了甚麼？

中國為甚麼能在全球化發展第二個階段實現經濟社會的發展奇跡，從中國的實踐經驗中可以提煉出哪些可以挑戰西方主流學說的理論認識？

（一）協調性單邊開放政策，推動中國融入世界

按照牛津大學經濟學系大衞・萬斯（David Vines）教授的分析，中國在 1978 年之後實施改革開放，主動打開國門引進國際先進資本、技術和管理方法，是一種「協調性單邊開放政策」的模式：中國在追求自己目標的過程中都將同時幫助其他擁護自由貿易政策的國家實現了各自目標。中國改革自己的體制機制，使之與西方發達國家主導的世界通行規則「接軌」，並通過加入 WTO、「一帶一路」倡議等實施「走出去」戰略，緊緊抓住了上世紀 80 年代以來全球化所帶來的每一次發展機遇，創造了諸多世界經濟奇跡。

從早期設立特區，到近年創設自貿區，並且通過全國人大授權，在自貿區中暫定實施某些法律，這一系列舉措正是中國努力尋求國內規則與國際規則對接的方式。不過，在當前全球化模式面臨巨大重組壓力之際，中國已經無法如同上世紀 80 年代那樣，只要打開國門，就有可能「協調」外部開放政策，獲取全球化發展紅利

了。在世界新發展形勢下，中國需要實施的探索只有更多。

（二）經濟領域的三層市場體制，激發全社會活力

中國在 20 世紀 50 年代開始推進工業化建設，形成重工業為中心的現代工業體系，國有工業企業在 1964 年達 4.5 萬家，到 80 年代初，這個數量達 8.5 萬家，生產範圍涵蓋紡織、食品、石油、化工、電力、冶金、煤鋼、農業機械、水利、電子、工程等，在 21 世紀之後獲得了急速發展。

80 和 90 年代，中國政府不間斷的實施國企改制，90 年代後期採取大規模的舉措，確定「抓大放小」的指導原則，一部分對國民經濟發展有重大意義的大型企業，國家主導的地位得到了加強，而相當大數量的中小國有企業被推向了市場，成為自負盈虧的市場主體。

與此同時，在國企發展的這個過程中，從 70 年代中後期開始，隨着政治環境的逐步寬鬆，在浙江、廣東等地又興起大批中小規模的鄉鎮企業，80 年代中期，全國範圍的集體工業企業數量達 35 萬家，1987 年鄉鎮企業產值達到 4764 億元，第一次超過農業總產值。

上述這三種不同的企業系統構成相互競爭、相互輔助的有機格局，為改革開放後中國的經濟發展提供了有用的知識體系和強大的工業生產能力。可以說，正是國家主導的大工業體系、國家和市場共同推動的經營主體以及社會自發產生的企業系統，這三者合力促進了中國經濟在改革開放後的騰飛。到 2017 年，中國已經佔到全球製造業增加值的 28.6%。

中國發展的實踐告訴我們，中國之所以能在全球化第二階段快

速崛起，既不是因為學習、照搬了西方資本主義的制度經驗，更不是模仿蘇聯的計劃經濟體制經驗，而是創造性的形成了一種國家與市場的獨特關係結構：在中國這個「大的統一體制」下並存三層不同維度的市場體制，各自在中國經濟的增長奇跡中擔當不可或缺的角色。

第一層市場體制，是國有資本佔據主導地位的領域，在對於國計民生有着重要作用的領域形成排他性支配力。國有資本在這些領域的做大做強，對於維護國家發展的基本盤、維護社會正義、對沖國際金融風險等有着重大意義。

第二層市場體制，是混合資本起作用的領域，即以國家孵化，公—私合作或者國家主導、社會（企業）參與（近似於中國古代的「官督商辦」）的方式進行的合作開發。近年崛起的許多民營大型企業，包括互聯網巨頭、比亞迪等汽車企業等，都是不同程度的從這種混合資本模式中得到了好處。

第三層市場體制，是私營資本起作用的領域，國有資本較少參與其中。珠三角地區在改革開放之初，自發形成的外貿企業和專業批發市場，是這一層市場體制的典型代表。20 世紀 80 年代初，廣州、深圳、東莞、佛山等珠三角城市及其管轄的城鎮在勞動力、優惠政策等方面的比較優勢迅速顯現，香港的大部分製造業逐漸北移，以「三來一補」的形式生產運營，帶動了珠三角本地加工企業的成長。與此同時，隨着商貿活動的繁榮，整個廣州市成了包羅萬象的商品交易市場，不同的專業批發市場散落在廣州市各個片區，從根本上改變了廣州市的經濟地理。據廣州統計局資料，到 2008 年，廣州市已有商品交易市場 1298 個，其中批發市場 1000 個左右，日常用品的細分交易市場幾乎巨細無遺。它們散佈在廣州市的

各個角落，有的商業交易市場「羣落」已經發展成系統的商業中心，有的市場「羣落」則仍然在街區自然生長。

中國的體制優勢在於其既有龐大而優質的國有資本為維護國民經濟建立保障，又有很大的制度空間和市場空間為更多樣的資本的發展和生長建立條件，這種發展形態，有效地實現了改革開放過程中獲益人羣佔人口絕大多數的「發展奇跡」。總而言之，中國的經濟社會發展奇跡，不是哪一層資本體制單獨起作用就能實現的，而是通過三層資本的整體做大而最終創造出來的。

（三）政治領域的「內部三權分工」，形成領導效力

中國在改革開放過程中，在政治制度領域同樣沒有照搬西方的制度，而是從歷史傳統中汲取養分，結合中國共產黨自身的探索經驗，形成了「黨的統一領導下的內部三權分工」機制，有效應對不同歷史時期的經濟社會發展挑戰。

西方民主制下的三權是一種「外部分工協作」，也就是說，西方的三權沒有一個必須統一服從的權威，因此經常表現為各行其是，相互攻訐，用日裔美國政治學者福山的話說，就是一種「否決政治」：三權分立制衡通常導致決策不暢、執行停滯、司法自說其話。前文提到的西方當前出現的政治危機，其制度根源就在於西方民主體制是一種「否決政治」。在中國，中國共產黨的領導權是統一的，決策權、執行權、監察權這三項權能服從於黨的統一領導，同時相互之間又有分工與合作，因此是一種「內部的」三權分工協作制度。事實上，這種內部三權分工協作的制度結構，與中國傳統政治文化的深厚經驗密切相關。

在古代中國，早在秦漢時期就初步確立了相對獨立的監察權制度，秦統一六國之後相繼制定《置吏律》《除吏律》等法令，規定御史從執掌文書法令轉變為專司糾察職責的最高監察官吏，這是我國古代正式監察制度的發端。到了東漢，發展出御史台制度，專掌監察權。之後經過魏晉南北朝、唐宋元明清，監察組織體制逐步完善，權力運作也強調了規範化。由於監察權的設置，中國古代形成了自有特色的「三權」。在唐之前，是行政權、官吏任免權、監察權，因為在魏晉時期，還沒有建立科舉制度，而士族門閥的勢力比較大，選用官吏的權力往往集中在他們手中，因此官吏任免權經常不受皇權控制（在東晉，有「王與馬，共天下」的說法，指的是琅琊王氏家族與司馬氏皇室共享統治權），但在名義上，這三權還是處於皇權之下、為皇權服務的。到了唐之後，隨着科舉制的逐漸完善，考試權正式成為行政權、監察權之外的一項獨立權能，而皇權的集中也成為制度化形態，皇權之下行政權、考試權、監察權三項權能「內部」分工協作的穩定格局一直延續到清末廢除科舉制。孫中山等革命先驅深受西方制度的影響，認為中國古代的內部三權不如西方外部三權那樣能實現權力制衡，但中國的內部三權依然有獨特的價值，因此提出創立行政、立法、司法、監察及考試五權分立的「五權憲法」，製作出一個中西合璧的大雜燴。1947 年，當時的民國政府頒佈《中華民國憲法》，在總統之下設立五院，分別是行政院、立法院、司法院、監察院及考試院。但是，孫中山先生的構想依然是一種西方分權制衡的制度建設構想，走不出西方分權體制下產生「否決政治」的宿命，在後來的實際操作中，五院制政府成了國民黨內部各派系鬥爭的場所，在今天的台灣地區，五院制其實已經名存實亡了。

從歷史中汲取教訓並深刻總結了中國共產黨的探索經驗，當前的中國制度建設，是一手抓中國共產黨全面統一領導權，以規範化的制度設計明確中國共產黨對於不同主體的領導方式，一手抓決策權、執行權、監察權三項權能的分工協作制度，規範三項權能的運作程序、邊界和責任機制。大體來說，(1) 決策權主體為共產黨（黨中央負責大政方針的統一決策權，各級黨委黨組負責各自管轄領域的決策權），全國人大、政協；(2) 執行權主體為國務院及其各部委、司法系統；(3) 監察權主體為國家監察委。見表 3-1 的簡要呈現。

「黨的統一領導下的內部三權分工」，是中國共產黨在政治制度領域的創舉，一方面解決了「政治領導權如何實現」這個現代民主社會的老大難問題，西方代議制民主就無法妥善解決這個問題，政客不願、也無法承擔為社會謀劃長期發展規劃的領導責任，造成了近年來各種政客不負責任的亂象；另一方面，解決了面向高度複雜的現代事務，各個機構分工複雜的難題。現代事務的高度複雜性，已經導致，不可能由某個統一的制度或機構事無巨細的進行處理，因此需要在大政方針統一的前提下，實施各個機構和部門的分工協作。中共十八大以來，制度建設最大成果是重新把監察權拿回來統一從最初北京、浙江等省試點到現在全面鋪開，目前三權到位，完善了「黨的統一領導下的內部三權分工」。

表 3-1 　黨的全面統一領導權之下的三項權能分工協作

	權能項目	權能主體	參與主體
中國共產黨統一的政治領導權	決策權	中共中央（面向全國） 各級黨委黨組（面向各自管轄領域） 人大系統（在職能範圍內） 政協系統（在職能範圍內）	羣團組織參與 社會參與 智庫參與 其他公眾參與
	執行權	國務院及其各部委、 地方各級政府及其職能部門、 司法系統	社會參與 智庫參與 其他公眾參與
	監察權	中央及地方各級監察委員會	其他承擔監察、 監督職能的機構 公眾參與

三、當前中國發展環境的變化

（一）世界的動盪與不確定的國際局勢

從國際上看，新冠疫情、俄烏戰爭、中美脫鈎和東亞困境給中國現代化進程帶來的風險和挑戰值得關注。

1、**新冠疫情。**自 2019 新型冠狀病毒疫情爆發至今已近兩年半，根據世界衛生組織（WHO）的統計，截止 2022 年 3 月 20 日，全球確診和死亡案例仍在不斷攀升。即使歐洲個別國家近期宣佈對新冠疫情的各項管制措施，如大型集會、口罩佩戴、確診隔離天數等方面進行鬆綁，但仍然是有條件、限定範圍內的鬆綁。世界衛生組織專家警告，歐洲的大規模管制措施鬆綁動作過於粗魯。[3] 另外，對低收入國家的疫苗分配不公平現象仍然存在，疫苗技術分享阻力大。

總之，當前的疫苗和自然免疫對新變異病毒的防護力變得有限，新變異病毒在境內再次成規模擴散的風險仍在存在，對研製疫

---

3 WHO 歐洲區域負責人 Hans Kluge 對於歐洲防疫管制的評論，見報道文章 Ciara Linnane, European countries lifted COVID restrictions "too brutally" says WHO regional head, allowing BA.2 variant to spread. March 23, 2022. https://www.marketwatch.com/amp/story/european-countries-lifted-covid-restrictions-too-brutally-says-who-regional-head-allowing-ba-2-variant-to-spread-11647962483.

苗和特效藥、疫情防控國際間的合作、境內防控管制措施等前瞻性的研判和部署工作都帶來挑戰。

2、**俄烏戰爭**。**從新春伊始，俄烏戰爭將全球市場置於恐慌境地**。以美國為首的北約國家對俄制裁層層加碼，從外交制裁、政治孤立到實質的金融、貿易制裁。俄烏兩國分別在油氣能源、化肥以及軍工、糧食等領域是全球重要的出口國。兩國戰爭不僅對全球經濟增長帶來負面影響，而且必然導致全球供應鏈和產業鏈結構的重塑。另一方面，俄羅斯對烏克蘭的軍事打擊武器不斷升級，烏克蘭仍在不斷呼籲美西方的更多實質性制裁（比如加密貨幣交易[4]）；兩國就領土、去納粹化、去軍事化等核心問題的談判屢屢陷入僵局，導致停火協議遲遲未能達成，加劇了區域乃至全球的緊張局勢。

3、**中美脫鈎**。中國的民營企業受到的衝擊最為直接。據統計，民營企業對外直接投資佔比已經從 2006 年的 19% 上升到 2020 年的 53.7%，超過國有企業的對外投資。[5] 科技脫鈎導致製造企業難以在短時間內解決中高端芯片短缺問題，企業的生產和投資都受到較大制約。隨着 5 家中國企業在美被列入退市風險名單，直接導致中概股持續遭受重創，市場預期下行，脫鈎程度進一步加深。這無疑對我們的宏觀經濟、科技和數字監管政策提出更高要求。

4、**東亞困境**。韓國新任總統明確表示「與華盛頓建立更深層次的聯盟應該是首爾外交政策的核心」又觸動東亞地緣政治緊張的

4　路透社 2020 年 3 月 4 日分析：《加密貨幣交易所未禁止俄羅斯人交易 恐成回避制裁後門》，https://cn.reuters.com/article/crypto-currencies-exchanges-russia-0304-idCNKBS2L10OF

5　中華人民共和國商務部 國家統計局 國家外匯管理局《2020 年度中國對外直接投資統計公報》。

神經。韓國民間對中國的不滿情緒很大程度上決定了「聯美抗中」牌對韓國政治人物選舉和施政非常有利。據民調顯示，2021年韓國民眾對中國持負面態度的比例超過7成，這一比例甚至高於對日本和對朝鮮。[6]

除此之外，美日聯合操縱的台日協防和在台美軍問題，以及近期安倍晉三遇刺事件等，都將持續掀起東亞地緣政治風波，甚至抬高對抗、衝突的風險。

（二）國內發展環境的挑戰

1、有效需求收縮，經濟增速進一步放緩。多項數據表明，受全球產業鏈調整、全球經濟增速放緩等影響，境外的總體需求收縮，出口增速回落，外向型經濟受到衝擊。另一方面，我國經濟增長雖然在疫情基本緩解後有所恢復，但仍然面臨通貨收縮的風險，產業調整進入陣痛期。[7]大企業多部門裁員的聲音逐漸傳出，市場對經濟形勢的走向預期較差，具體表現為互聯網、房地產、教培等行業裁員、企業淨收益減少、對市場預期的減弱，降低了企業投入再生產的意願。特別是在此次危機中受較大影響的民營經濟，需要政府和市場兩隻手共同引導，在公平競爭的良好環境下實現長足

---

6 負面看法主要源於新冠疫情和文化衝突（泡菜和朝鮮服事件）。詳見斯坦福大學 Gi-Wook Shin, Haley Gordon, Hannah June Kim 的相關研究 South Koreans Are Rethinking What China Means to Their Nation. 以及智庫美國智庫 Pew Research Centre 的研究報告 China's international image remains broadly negative as views of the U.S. rebound.

7 余永定：《關於宏觀經濟的幾點看法》，http://www.cf40.com/news_detail/12319.html

發展。

2、供給衝擊呈現長期化態勢，亟待轉變經濟發展方式。中國是全球最大的製造業國家，同時也是人口最多的國家，對能源、原材料有巨大需求，同時多種大宗商品對外依存度也過高，外部發展環境的變化以及國內的應對舉措，都可能引起生產能力和成本的深刻變化。例如，疫情爆發以來，由於疫情防控造成人員無法工作，導致礦山停產、減產，引發了鐵礦石等大宗商品的供給減少和價格暴漲。又如，某些地方「減碳」步伐過快，造成供電迅速減少，給生產造成了巨大衝擊。此外，防疫政策以及老齡化、少子化、收入結構變化導致的勞動意願下降、政策因素導致的勞動力成本上升，引發了中長期勞動力供給衝擊。有研究指出，目前即使開出的工資越來越高，多地工廠、餐廳和建築工地仍難招到年輕人。保守估計，現在中國每年的勞動力缺口都在千萬人以上。

3、保民生工作未產生顯著效應，提升空間巨大。當前，我國養老、醫療、生育、住房等民生保障領域的改革依舊面臨較大考驗，農民市民化工作亟待進一步深化。民生工作的提升遠遠未能達到穩定消費預期、激發新增長點的效果。一方面，我國仍有較高比例的就業分佈在非正規僱傭（informal employment）和非正規領域就業（informal sector workers）的「雙非」領域。據世界勞工組織（ILO）統計，在世界範圍內看來，我國的「雙非」佔總就業人口（含農業人口）的比例偏高（屬於佔比 50%-74% 梯隊），與發達經濟

體（少於 20%）仍有較大的差距。[8] 另一方面，我們依然面臨社會保障和勞動保護制度體系不完善和不健全，戶籍和教育制度改革、保障性住房建設力度有待加強等問題。「雙非」是受疫情等外部因素衝擊最大的人群，而各項福利保障制度恰恰未能完全覆蓋這一輪人群。從這個狀況來看，系統性地完善我國民生福利制度、甚至創造性地建立一些新興福利制度和幫扶政策，解決現有社會保障和勞動保護制度體系難以覆蓋的人群的福利問題，是幫助低收入人群進入「中等收入群體」，刺激有效需求和消費的急迫任務。

4、**財政收支矛盾異常尖銳，財政壓力不斷加大。**依照全國政協外事委員會主任、財政專家樓繼偉先生的分析，自 2020 年 4 月份以來，全國財政支出增速持續正增長並大幅度超過財政收入增速，地方財政壓力不斷加大，各個地區的財政赤字維持擴張趨勢。從中長期來看，受疫情衝擊、經濟潛在增長率下降，以及全球經濟下滑的影響，預計未來五年我國財政收入總額將呈低水平運行勢態，而財政支出壓力仍然較大。雖然財政支出結構優化可以釋放部分財力，但財政支出擴張態勢未變，政府一般性支出縮減的空間已經很小。可以說，財政困難不只是近期、短期的事情，中期也會非常困難。

5、**科技創新發展存在系統性約束。**一方面，我國的基礎研究力量薄弱，尚未形成與國家經濟發展階段相適應的長效性資助機制。例如，1995-2019 年，我國基礎研究經費佔全社會研發經費比

8   ILO, WOMEN AND MEN IN THE INFORMAL ECONOMY: A STATISTICAL PICTURE
    https://www.ilo.org/wcmsp5/groups/public/---dgreports/---dcomm/documents/
    publication/wcms_626831.pdf, P24.

例基本上維持在 5%，2019 年達到 6%，但與科技發達國家相比，我國基礎研究投入依然不夠，如 2015 年，法國基礎研究投入的研發經費佔比達 24.39%，美國為 17.37%，韓國為 17.23%，即使佔比較低的日本也達到了 11.91%。另一方面，我國的科技創新領域存在着「追熱點」的弊端，如近期生物醫學備受關注，就吸引了大批生命科學領域研究者蜂擁而入。這種弊端導致了我們的科技創新和研究的產出近年雖然在數量上節節攀升，然而具有國際科學前沿影響力的高水平成果並不多。為此，需要發揮決策指揮棒的功能，以集中、穩定的資助力度克服學術界這種浮躁的情緒。我國在建設「科技強國」的戰略決策中，尤其需要認真分析科學研究的發展方向，根據自身的當前需求和長遠發展願景，持續而穩定地支持可以在基礎理論層面作出有顛覆性貢獻的研究。

6、國內要素市場分割嚴重，統一大市場規則未能完善。從上世紀 80 年初開始，我國通過改革開放政策，以及加入世貿組織（WTO）等國際組織，參與全球勞動分工，基於我國的勞動力密集的比較優勢，西方國家的技術轉移，加上低廉的生產要素價格和補貼政策，實現了舉世矚目的經濟增長奇跡。

但是，在當前人口紅利不斷消逝、超級全球化進程受阻、基於「價值共同體」的集團式夥伴關係的影響日益突顯、總需求中的出口和投資增速顯著放緩的大背景下，此前的那種經濟奇跡難以為繼，經濟增長放緩幾乎是難以避免的趨勢。中央層面在數年前提出「新常態」，要求推動經濟發展模式從粗放型轉變為高質量增長，並在疫情爆發引發外部環境劇變時，提出「雙循環」戰略，正是應對這種形勢變化的重要舉措。然而，我國城鄉之間、城市之間、各省之間、區域之間在不同層面都有着不同形式的壁壘，地方保護主義

仍然突出，這種地方規則林立、國內市場分割的局面極大地阻礙了中央決策部署的有效實施。總而言之，在我國國內，要素在地區之間配置有待優化，反壟斷的手段和方式有待完善，有利於國內大市場建設的規則和制度的統一工作亟待深化。

四、以國家能力建設確立發展的長期方略

（一）規範「內部三權分工」，有效實現「權威領導與有效分工」

對國際社會來說，中國早已經是第二大經濟體、世界貿易大國，不管內部怎樣發展，都會產生出巨大的外在影響力，理解中國共產黨及其組織方式的變革，可以幫助世界人民清楚認識中國面臨的問題以及正在實施的應對性努力。換言之，中國共產黨在近年的各種高調宣傳，如「黨領導一切」、「確保中央權威」等等，都並非是針對世界的一種力量宣示，而是主要為了中國自身存在的深刻的內部問題。當然，制度建設不可能一蹴而就，如何以既強化黨的政治領導又增大文化共識的方式實現中國共產黨的全面統一領導（完善「以黨領政」），如何以邊界清晰且能保證有效問責、有效為民服務的方式規範三個權能的分工協作（完善「內部三權」），是中國共產黨制度建設的持久議題。

在進一步完善制度建設的過程中，決策權要考慮的一方面是決策權的集中，以防政出多門，造成混亂，另一方面也要考慮決策的科學性和民主性，因此必須科學設計多元主體的參與機制；執行權要考慮對決策的有效落實，同時也要考慮將執行過程中的複雜情況及時反饋，以便於決策主體不斷完善其決策；監察權既要考慮的

有效監督和有效問責的問題，又要考慮為決策和執行留出足夠的空間，激勵各個權能主體積極工作。

（二）堅持開放不動搖，強力引領「共享的發展」

從歷史上看，中國在鴉片戰爭之後被迫參與全球化第一個階段，遭遇了民族危亡的重大危機。而在 1978 年以後，我們通過改革開放，主動打開國門，引進國際先進資本、技術和管理方法，改革自己的體制機制，使之與西方發達國家主導的世界通行規則「接軌」，並通過加入 WTO、「一帶一路」倡議等實施「走出去」戰略，緊緊抓住了上世紀八十年代以來全球化所帶來的每一次發展機遇，創造了諸多世界經濟奇跡。目前，中國進入「第三次開放」的歷史時期，需要堅持開放政策不動搖，通過大力倡導「制度型開放」，即團結世界各國共同構建全面開放的統一規則，並以我們的統一而強大的國內大市場為後盾，吸引全球優質資本、企業和科技的流入。

當前，隨着產業經濟的逐步升級，中國已在全球產業鏈條中擁有不可替代的綜合優勢，尤其是在互聯網、移動通訊等領域已開始具備與西方發達國家類似的規則制定能力。我們要深刻認識到，規則的制定權已成為未來中美競爭的核心，我們最有效的應對方法就是實施「第三次開放」，不僅僅是聚焦投資貿易的數量和質量、技術升級創新等傳統問題，更要注重方方面面的話語權和規則問題，要強化規則就是生產力意識，更大力度推進主動開放，尤其是諸多領域的「單邊開放」，將中國規則推向世界，這是中國成為強國的關鍵。

中共十八大以來，中國積極推進「一帶一路」、自由貿易試驗

區等建設，加入《區域全面經濟夥伴關係協定》(RCEP)，完成《中歐全面投資協定》(CAI)談判，積極推進加入《全面與進步跨太平洋夥伴關係協定》(CPTPP)和《數字經濟夥伴關係協定》(DEPA)，已經做好了高水平開放路徑探索和壓力測試準備。

當前可以學習和借鑒歐盟建立統一的開放大市場的經驗，首先以規則一體化全面暢通國內大循環，形成極大制度優勢和生產力優勢，為外循環提供動力和保障，推動中國規則走向世界成為新的國際規則。其次，藉助加入 RCEP 等國際經貿新規則協議的契機，利用設立試點的政策工具，如強化粵港澳大灣區位於雙循環戰略支點的獨特優勢，率先對接 RCEP、CPTPP 等規則，加快建設一批世界級經濟平台，使之在「第三次開放」中發揮核心引擎作用。

（三）用好「三層市場體制」，創建有高度活力的大市場

1、發揮「三層市場體制」優勢，激發市場主體活力。宏觀和微觀經濟政策旨在構建具有活力的市場環境和市場主體。兩類政策共同重要目標之一就是要支持中小微企業，激發市場主體的信心。從「三層市場體制」的理論視角來看，就是要擴大私營資本的投資空間，促進國有、混合、私營三層資本力量的均衡健康發展。

我們要充分認識國有資本的優勢和劣勢。國有企業應當是國民經濟發展的穩定器，在保障和改善民生、攻克高精尖科學技術等方面做出貢獻。但目前一些國企，特別是地方國企與民爭利，在有限的地方市場空間進行無限擴張，形成地方寡頭，降低了要素的有效流通和配置，阻礙科技創新發展，造成資源浪費。因此，三層資本的結構必然要進行改革。

具體而言，我們認為應當配合積極的財政政策、穩健的貨幣政策和公平競爭政策，通過推進國企讓渡空間、鼓勵技術創新、實施金融改革三項舉措壯大中小微企業組成的私營資本的力量。具體而言，一是，需要將國有企業一些自己不作為，也很難作為的空間讓渡出去；二是，需要鼓勵私營或者混合制企業通過技術的自主創新來開發新的發展空間；三是，通過金融系統的結構性改革，比如設立大量為中小型企業服務的中小型銀行，讓金融更好地服務於中小微型實體經濟和科技創新。

　　2、加強「軟基建」建設，打造「消費型社會」。據世界銀行統計，我國居民消費佔 GDP 的比重遠低於世界平均水平，甚至與東亞文化圈的日本和韓國仍有一定差距。（世界銀行統計，2020 年居民最終消費支出佔 GDP 比重，世界平均水平為 63.69%，中國 38.11%，日本 63.4%，韓國 46.42%。）如何讓國民不懼風險、敢於消費，是縮小這一差距、建設「消費社會」、培育「大市場」經濟力量的關鍵，而建設「消費社會」的重要基礎和前提正是擴大中產階層。七項重點任務中，「兜住兜牢民生底線」明確要求從民生保障和基本公共服務、就業和社會保障、養老政策等方面進行完善。民生底線的建設恰恰是實施社會改革，保護和培育中產階層的重要手段。

　　我們認為，應當加強基礎設施建設，這其中必然包括「老基建」、「新基建」，也應當包括「軟基建」。「軟基建」的關鍵就是要培育、壯大和鞏固中國的中產階層，是實現中國經濟破除 GDP 主義、經濟增長依靠數量擴張向質量效益轉型的必由之路。基於社會改革目標的「軟基建」在作為新的經濟增長點進行大力建設的同時，與民生底線建設任務有着共同的目標，那就是培育和壯大中產

階層。當前我國崛起的 4 億中等收入羣體是成為中產階層的重要潛在力量。「軟基建」要求政府通過發展醫療、公共衛生、教育、公共住房、醫院、敬老院、都市停車場等,增強社會軟實力。如果無法通過「軟基建」解決「醫療、教育和住房」這三座新大山,我們就難以鞏固脫貧攻堅的成果和推動共同富裕,中產階層的培育就沒有制度基礎,「消費型社會」就難以形成和持續發展。

3、加快體制機制改革,完善科技創新技術路線。習近平總書記在黨的十九大明確提出加快建設創新型國家,黨的十九屆五中全會提出堅持創新在我國現代化建設全局中的核心地位,從頂層設計明確了科技創新是從科技大國躍升為科技強國、實現第二個百年重要目標的重要手段。

「推進科技政策的扎實落地」要求我們不僅需要完善的頂層設計,還需要在創新體制機制、模式、主體、路線等方面進行改革和落實,在多元社會主體間營造創新的風氣。我們需要從兩個方面積極推進,一是要加大技術的研發投入;二是要依靠市場的力量,促進軍民融合技術可持續發展。

具體來看,要不斷改革創新科研體制和研發模式,一方面,要適當提高基礎科學研究投入佔比的目標,將寶貴的科研經費傾斜到「從零到一」的基礎科學研究中;另一方面,要整合自主創新和開放創新、通過實施金融、稅收優惠等政策激勵企業為主體的多元主體合作的科創模式、技術引進方式、需求導向的基礎研究,激勵多元主體有機聯繫、緊密互動,積極主動發起和參與到不同階段和內容的科學技術創新活動中。

4、加快國家統一大市場的制度建設和完善。當前,國家統一大市場建設有了頂層設計 ——《關於加快建設全國統一大市場的意

見》，也有了地方試點方案——《國家發展改革委商務部關於深圳建設中國特色社會主義先行示範區放寬市場准入若干特別措施的意見》。但是，僅僅依託一個城市進行試點還不足夠，需要在此基礎上開展更大規模和範圍的動員和試點。

第一，建議建立以統一大市場建設為目標的聯合工作小組，以省級單位為主導進行統籌協調，形成「以點帶面」的試點策略，在有條件的地區如粵港澳大灣區、長江經濟帶等地逐步開展城市間、城市羣間的試點工作。第二，在具體工作中，要明確「規則即生產力」，選擇若干行業進行試點，依託行業協會等組織，鼓勵推動行業規則和標準的制定，鼓勵成熟的行業標準「走出去」，推動「中國標準」成為「亞洲標準」甚至「世界標準」。第三，為了加強各級地方主官對於市場統籌工作的積極性，建議進一步完善考評指標體系，將統一大市場建設的工作效果進行量化，作為工作考評的維度之一。

第四章

以政策創新確保基層的制度性參與

一、研究的問題

我國長期以來，在觀念上和制度上，將農村當作「資源單向流出地」，[1] 農村因此在人、財、物等資源不斷被城市吸走的同時，得不到有效循環和供給，導致鄉土社會被「損蝕沖洗」（費孝通語）：農業經濟陷入停滯、農民淪為貧困、農村地區整體凋零。近年，隨着黨的十九大開始部署「鄉村振興戰略」，簡單將農村視為城市發展附庸的觀念已經得到糾正。但是，城鄉二元體制依然制約着城鄉內外的優質資源有效投入到農村建設。在近期，中辦和國辦出台《中國共產黨農村基層組織工作條例》、《中國共產黨農村工作條例》、《關於加強和改進鄉村治理的指導意見》等一系列政策，為實施黨建引領、夯實鄉村振興基層基礎建立了良好的工作框架。此時，有迫切必要集中探討如何激發和鞏固鄉村自主發展意識，因為只有農民牢固確立了自主發展意識，才能促成他們充分利用好當前的政策和資源，實現鄉村全面的、可持續的振興。本文基於實證調研和理論研究，針對「通過保障基層制度性參與來激發農村自主發展意識」這個議題提出對策建議。

1　鄭永年：《中國農村的貧困與治理》，http://www.aisixiang.com/data/106546.html。

二、鄉村自主發展受壓抑的表現與原因

　　20 世紀 90 年代以來，我國財政支農的總體規模不斷擴大，從 1990 年的 307 億元增加到 2014 年的 14002 億元，增長了 45 倍有多。[2] 特別在近年，伴隨中央層面對於「三農」問題的高度重視，政策指引力度加大，各級政府和各企事業投入農村的資源也日益增多。如圖 4-1 顯示，中央與地方財政支出中，農林水事務支出的總額從 2007 年至 2018 年逐年增長，而且增長幅度較大。在這種持續大力投入的支持之下，農民基本收入連年增長，[3] 農村硬件設施建設不斷得到改善。[4]

2　陳錫文、韓俊主編：《中國農業供給側改革研究》，清華大學出版社 2017 年版，第 113 頁。

3　按照北京師範大學李實教授團隊的研究，1978 年至 2017 年，我國農民收入增長經歷了兩個高速增長期：一個是 1978 年至 1984 年，在農村改革的帶動下，這幾年農民收入年增長率在 15% 左右；之後的 1985 年至 2003 年，農民收入增速放緩，年均增長率約為 4%，其中有的年份甚至出現負增長；2007 年至 2014 年是第二個高速增長期，在國家「三農」政策的帶動下，農民收入年增長率達到 10.1% 左右。另外，2013 年農村貧困人口減少至 9900 萬人，2016 年減少至 4300 萬人。2017 年農民人均收入達到 2480 元，相比 1978 年，年均實際收入增長率實現約 7.8%。李實、萬海遠：《中國收入分配演變 40 年》，上海人民出版社 2018 年版，第 130-131、142 頁。

4　鄉村面貌煥然一新，是我國農村建設中近年最令人注目的變化。一般性報道，參見《改革開放四十年，農村面貌煥然一新》，https://baijiahao.baidu.com/s?id=1617908990557548962&wfr=spider&for=pc。

圖 4-1　中央（本級）與地方財務中的農業水事務支出（單位：億元）

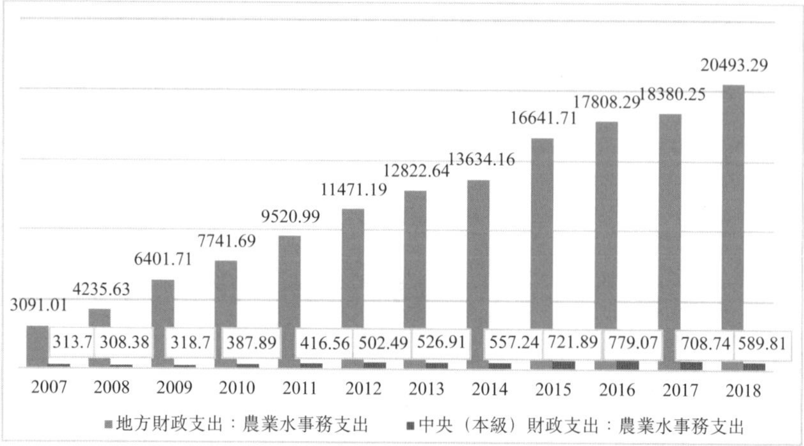

數據來源：國家統計局

　　然而，也有研究發現，資源的大量流入並沒有同步激發農村集體行動能力的提升以及釋放農民自主性；相反，農民鄉土歸屬感的下降、參與公共事務意願的薄弱，導致出現農村硬件建設成績顯著與基層公共事務治理危機並存的「農村發展悖論」。[5] 各地普遍出現的農村地區水土資源加速惡化、農田水利常年失修、抗旱抗災能力低下、人文環境難以修復，正是這種鄉村缺乏自主發展意識的集中表現。

　　鄉村自主發展意識受壓抑，其表現和危害主要有如下三點：

　　其一，受支撐城鄉二元體制的發展經濟學的制約，農村被認為只是城市和工業化發展的附屬品，僅具有原材料產地的功能，在現代化進程中不具備獨立發展的價值。這種發展經濟學主張，勞動力和資源從傳統部門（農業）向高效能部門（工業）流動是國家發展

<hr />

5　王亞華、高瑞、孟慶國：《中國農村公共事務治理的危機與響應》，《清華大學學報（哲學社會科學版）》，2016 年第 2 期。

的最佳路徑。這個理念影響深遠而且根深蒂固。我們耳熟能詳的是，在前蘇聯以及改革開放前的中國，為了實施重工業發展為驅動的「趕超戰略」，在城鄉之間設置「價格剪刀差」，嚴重抑制農業的發展水平。同樣，在西歐，其工業化和城市化進程也是向農村汲取勞動力、土地和其他資源的過程。在很長時期內，為消費得起城市商品，在農村連兒童都必須加入就業，以便增加家庭收入。這種不平等的城鄉資源交流格局，造成了近兩三百年來全世界範圍內鄉村的全面衰敗。西方的城鄉發展道路不能成為我國學習的榜樣。事實上，西方國家並沒有深刻反思城鄉二元體制的政治經濟學根源，它們在 20 世紀以來改變農民和農業地位的種種努力，主要是出於政治動機：從一戰前後開始，為了換取農民手中的選票，西方國家無論實施哪種政體（如英美的自由民主政體、德法意二戰時期的法西斯政體、北歐的社會民主政體），能竭力通過法律和政策給予農民優惠。[6] 這樣的結果是導致「農民」在西方社會成為特殊的政治力量，享有不均等的政治影響力。中國的人口規模、人口結構和區域發展之間的不平衡，決定了我們不可能有西方那種政治意義上的「農民」。我國的城市化即使達到西方發達國家水平（即城市化達70%），也依然有數億人口必須生活在農村。因此，不從根本上克服城鄉二元體制、實現鄉村自主發展，不保障城鄉之間資源交流的真正平等與公平，就不可能有「城鄉同步發展」。

其二，在我國農村治理中，「制度性參與」的長期缺位，使普

---

6 Gregory M. Luebber, Liberalism, Fascism, or Social Democracy: Social Class and the Political Origins of Regimes in Interwar Europe, New York: Oxford University Press, 1991.

通農民普遍對村莊公共事務產生疏離感，最終導致鄉村中幹羣關係的緊張和農民國家認同感的降低。「制度性參與」的長期缺位，使得村民自治被異化成「村官自治」，不但滋生了大量的腐敗，而且更嚴重的是造成農民對於國家政策的信任感降低。這一類的反面案例很多，例如我們調研湖南省中部一個農村，多年來，村幹部在修路、建（村公用）房、徵地等重大事項上從來沒有徵詢過村民意見，造成了村民的嚴重牴觸情緒。村民認為村幹部貪污腐化，並且在沒有真憑實據的情況下，多年來一直在組織集體上訪，要求罷免村幹部。而我們調研的福建省廈門市附近的一個農村，更能說明「制度性參與」的重要性：該村村幹部長期與本地一位民營企業家有生意合作，通過後者的「義務捐助」把整個村莊的硬件設施建設得相當不錯，而且從未向村民徵收過費用或要求多提留集體收入（該民營企業家也僅投資，沒有在該村範圍內承接過工程項目），但就是因為沒有溝通和協商，村民對村官怨聲載道，整個村子的衞生狀況和人文環境都非常差。我們調研時，村幹部向我們抱怨，這裏的農民自私得「連『各掃門前雪』的意識都沒有」。

其三，各級政府在推進項目入村時，對行政管理的邏輯強調得過重，導致忽視村民的真實需求，亦無法建立一線工作人員尊重村民、與村民互聯互動的工作風格。近年來，各級政府以「項目」的形式將資源投入農村，其初衷是幫助農村實施建設。但是，在項目運作中，過於強烈的行政管理要求，又使得工作人員與農民的具體要求格格不入，甚至造成對於農村自主發展需求的抑制。[7] 我們的

---

7 賀雪峰：《規則下鄉與治理內捲化：農村基層治理的辯證法》，《社會科學》，2019 年第 4 期。

調研中也接觸到此類案例。在廣東省佛山市的一個農村，村裏有一項長期實施的通過街道購買的社會服務項目 —— 主要內容是街道資助專業社工為該村外來務工人員的子女提供學前教育。這個項目原本相當受歡迎：在我們兩年前的那次調研中，村幹部提出需要我們幫忙向街道反映，將這項服務拓展到本村的學齡前兒童。然而在近期的回訪中，多位村民投訴，該社工機構只忙於應付上級檢查，「根本沒有認真教小孩」。我們發現，近年來應用於基層的「辦事留痕」的行政管理要求，阻礙了社工機構真正融入村民生活：該社工機構每個月要安排專人花大量的時間去辦理各類行政事務手續，包括服務項目的月度彙報，社會組織的人事變動情況、外出情況、專家聘用情況等內部活動彙報，等等。這些報告都必需以紙面材料的形式提交，否則將面臨來自街道的警告、甚至整改要求。最後的結果是，社工機構疲於應付各種行政管理要求，而街道其實也是在嚴格落實上級部署的監督管理規定，但村民卻對這些工作產生不了任何基本的認可。

究其原因，我們認為，當前存在發展模式與治理模式兩個方面的阻礙，制約着鄉村自主發展意識的生長：(1) 在發展模式中，沒有從根源上克服城鄉二元體制的經濟學約束，沒有賦予農村與城市同等的參與發展決策的權利；(2) 在治理模式中，仍然依靠而不是突破城鄉二元體制，導致各種財政資源「下鄉」不是圍繞農村和農民的意願來提供服務，而是簡單為了完成上級的政策任務。農村無法在城鄉發展的重大議題中發出自己的聲音、農民無法以正規的形式參與村莊治理、基層無法以積極主動的姿態參與上級政府（部門）負責下派的項目運作，這種情況在當前已經導致了農村與城市之間的發展鴻溝，以及農民對國家政策的嚴重不信任。因此，我們

提出，需要強化基層的制度性參與，在政府引領和協助下鄉村自主發展和自主治理的過程中，不斷培育農民的主體意識、尊嚴意識和責任意識。

三、建立健全以保障基層制度性參與為核心的村莊善治格局

（一）政策創新的思路

總結改革開放以來我國農村建設的成就和教訓，必須在觀念上形成一些重大突破，尤其是：不可孤立地看待農村發展和村民自治。在長達百年的世界發展歷史中，城市化已經作為人類發展史的重大成就佔據了主導地位，農村無法在脫離城市化和工業化的大背景下求得發展。美歐日本韓國等發達國家的經驗都顯示，政府與農民之間的聯盟才是這些國家農業經濟成功的制度基礎，政府不僅保護農民的土地，而且為後者提供保護性價格、肥料、機械、科學技術和組織化手段等服務，促進其自主發展。[8] 西方發達國家的這一方面經驗可以為我們所學習；但是，西方國家將農民組織培育成為享有優勢地位的政治勢力的做法，卻不能成為我們的借鑒。總而言之，在我國，村民自治不能被理解為只是孤守在村莊範圍內的封閉性自治，而是必須在城鄉發展的總體格局中承擔自身責任、享受政府提供的服務、作為自主的力量推動實現城鄉發展整體利益。

---

8 Roberto M. Unger, Cui Zhiyuan, China in the Russian Mirror, New Left Review, 1/208, Nov-Dec. 1994, p.80.

根據上述認識，本文提出的「鄉村善治」是以「保障基層的制度性參與」為核心，包括三項內容：(1) 保障農村參與城鄉發展大討論的基本權利，以確保決策參與來培育農民的主體意識；(2) 強化基層政府機構圍繞為農村服務開展工作，以確保基層活力來培育農民的尊嚴意識；(3) 在鄉村內部實施民主化和法治化治理，以確保協商共治來培育農民的責任意識。

（二）具體政策建議

　　「鄉村振興戰略」的各項政策已經為深化村民自治、促進農村和諧穩定發展建立了制度基礎。我們以此為背景，針對前文分析的問題，提出通過「以保障基層制度性參與為核心」的村莊善治激發鄉村自主發展意識的對策建議：

　　第一，培育農民的主體意識：在發展模式層面，建立健全農村正當參與城鄉發展重大議題討論的工作機制，切實保障農民在城鄉發展決策中的參與權。

　　要確保城市和農村上下一心、城鄉各部門一體謀增長、求發展，就必須建設一種既保證中央精神貫徹到底，又保證包括農民在內的各類主體的具體意見有效向上反饋，從而形成發展合力的決策機制。建議：(1) 在鎮街建立包括農村社區在內的各類利益相關人參與發展規劃討論的工作機制，一方面形成壓力打破科層制僅依賴於自上而下監控和僅僅向上負責的運作邏輯，使農村社區自身的發展需求得到各級政府決策部門的充分尊重；另一方面，在城鄉發展規劃方案的討論過程中培養和鍛煉農村幹部，幫助其增長有關國家政策和制度要求的知識及技能；(2) 在經濟條件允許的鎮街設立試

點，由鎮街聘用專業技術人士為農村制定發展規劃，使農村能充分藉助和利用該地區城市的發展便利，實現村莊的穩步發展；(3) 通過上級機關建立的具有廣泛參與性和代表性的專家評議組，對農村發展規劃及其執行情況實施評估，幫助農村分析和解決規劃實施過程中具體遇到的問題，切實保障農村與城市的發展同步。

第二，培育農民的尊嚴意識：增設針對基層機構的雙向考評，敦促基層機構切實為鄉村服務，確立以尊重村民依法協商議事為根本的基層工作原則。

當前面向基層（如鎮街、居委等基層機構）的管理，存在着「行政管理邏輯太強，已導致基層工作者難以維持積極為羣眾服務的初衷」的嚴重問題。基層機構成為懸浮在農村社會之上的管理部門，經常在日常工作中枉顧農民的真實需求、甚至不能給予農民有尊嚴的平等對待。需要從根本上改變行政管理規定日益繁瑣，導致基層工作經常與服務農村的制度目標相違背的現象。我們建議：(1) 增加考核評價體系中的軟性指標，用於「自上而下」的考評。在對基層單位和具體項目運行開展情況進行考核時，必須以激勵基層工作人員和具體項目負責人員落實到「為羣眾提供服務」的核心工作要求上。因此，我們建議增加考核系統中的柔性指標，通過集中考察基層單位和具體項目運行的合規情況、財務狀況、服務對象反饋意見、羣眾認知度、對新問題的發現及處理情況等，予以考評打分。對於能夠在服務羣眾這個基本工作要求的一線工作人員和機構，可以鼓勵其從辦公經費中抽取一部分費用，用於獎勵工作人員；(2) 在考核中加大農村社區考評意見的權重，用於「自下而上」的考評。對基層單位和具體項目開展情況的考核，除了必要的專業化、程序化、財務等法律法規方面的考評之外，主要需要聽取社區方面的意

見。因此，我們建議將農村社區考評意見的權重增加到 80% 以上，充分維護農民的基本尊嚴。

第三，培育農民的責任意識：在村莊內部，建立健全「一事一議」的村民協商議事機制，依法保障村民的知情權、議事權利和村民代表會議的權威性。

激發農民自主發展意識，還必須培育農民的責任意識。如我們所知，農村議事有其自身的特點，農民經常表現出樂於吵架、但不擅辯論和協商的問題，而且經常事過反悔、聽信傳聞等等。需要通過精細的制度設計來克服這些問題，因此必須：(1) 強化村民協商會議的儀式感。在經濟條件允許的地方，由基層政府出資、鎮街負責監督，為村莊建立協商議事會議廳；在會議廳內設置功能分區，分設會議主持人（村幹部）、村民代表、旁聽人員、發言席、表決箱（或表決屏幕）等席位。要求協商議事嚴格按照程序進行，增強公共參與的嚴肅性和權威性；(2) 培養村幹部說理和因勢善導的能力。村幹部可以不必參與表決投票，但必須善於說理，在協商議事的過程中把議題的目標、政策法律背景、難點疑點等都說清楚，為村民代表提供可信的參考；(3) 在有條件的地區，由基層政府提供財政幫助，建立會議直播系統，使未能參會的其他村民能夠適時看到協商議事過程；(4) 在投票表決之後，必須要求村民代表和其他參會人員簽字畫押，以防事後反悔；(5) 經過協商議事的決議，村委應當及時予以落實。對於因政策環境或其他因素改變而確實無法執行的事項，村幹部應當及時組織村民代表召開會議予以解釋說明和討論進一步的對策。總之，讓農村的事務真正做到每個人都有權利表達意見、每個人的意見都受到尊重、每個人都為自己的表達負責。在協商議事過程中培育農民的現代公民責任感。

第五章

「一帶一路」倡議的新治理模式

摘要

　　2019 年 4 月 26 日，中國國家主席習近平在第二屆「一帶一路」國際合作高峰論壇開幕式上發表主旨演講，提出：「全球化的經濟需要全球化的治理。中國將加強同世界各主要經濟體的宏觀政策協調，努力創造正面外溢效應，共同促進世界經濟強勁、可持續、平衡、包容增長。」這是將我國近年大力倡導的「共商共建共享的全球治理觀」應用於國際經濟領域的闡發，揭示了中國推動「攜手應對人類面臨的各種風險挑戰，實現互利共贏、共同發展」的制度路徑和政策選擇。

一、變革中的全球治理格局

目前，全球治理格局面臨劇烈變革：一方面，威脅世界和平與發展的不穩定性及不確定性問題日益突出，舊有的全球治理機制被證實無法適應全球經濟社會結構變化和科技進步；另一方面，作為唯一超級大國的美國退出全球化進程，又為全球治理體系改革和建設創造了空間。正是為應對這一緊迫形勢和歷史機遇，中國近年提出「秉持共商共建共享的全球治理觀」，倡導國際關係民主化，與各國人民攜手推動人類命運共同體建設（見黨的十九大報告）。這個凝聚了中國智慧的全球治理方案，為破解當今人類社會遭遇的阻礙和平與發展進程的共同困難提供了新思路。

眾所周知，當前的全球化發展肇始於上世紀 60 年代開始的信息技術革命。技術進步驅動了全球範圍內信息交流成本的大幅下降，使製造同一產品的不同環節可以分散到全球範圍內的不同地區。作為這一輪全球化崛起的典範標誌，是矽谷的製造業從 1960 年代開始大規模向海外遷移，尋找更廉價的勞動力和土地。在這種全球化力量的驅動下，出現北方去工業化和南方工業化同步進行的局面，形成我們常說的全球價值鏈重構：研發留在發達國家，並且集中在少數區域（如矽谷）；製造業分佈在欠發達國家，並且呈現出不斷向低成本地區流動的趨勢（形成所謂「競次」的格局）。應該說，在這一輪全球化進程中，欠發達國家和地區藉助其勞動力成本

優勢和資源優勢等因素，也分享了相當一部分利益，並且伴隨着發達國家內部的「去工業化」過程導致的嚴重貧富分化加劇，而在某些行業和領域取得領先地位。如根據國際經濟學家理查德·巴德溫（Richard Baldwin）教授的研究，全球最富裕的七國集團在 1990 年之前佔有全球製造業利潤份額的 2/3，但在 1990 年之後，相關利潤份額下降到 1/2 左右；與此同時，以中國為代表的 6 個欠發達國家所佔份額到 2010 年已上升至 30%；其中，中國佔到 20%。

在這輪全球化發展的同時，也有一股「逆全球化」潮流與之相伴，在近年愈演愈烈。西方「去工業化」過程導致的經濟社會發展失衡，是激發這股逆向潮流的核心原因，對此，近年國際學術界已發表一些研究成果，引起廣泛討論。比如哈佛大學的羅伯託·昂格爾（Roberto M. Unger）教授在近著《知識經濟》中指出，以矽谷為典型的新信息通信技術革命是一種先進的生產模式，但是過高的技術門檻和制度壁壘，使這種先進生產模式目前僅局限於一些前沿生產領域，能直接從中受益的人口非常有限。另外，多位研究者近期則指出，信息技術的重大發展有可能會引發產業價值鏈的又一次深刻重構。例如，隨着 3D 打印技術的迅猛發展，製造業成本有可能大幅度下降，一種新的「再工業化」模式或許會出現：由於新材料的發明和製造技術的突破，更為便捷的製造業與研發在同一地點重新聚集。這樣的話，此前的那種基於同一產品內部生產過程分解（主要是研發與製造的分離）的全球化模式將面臨瓦解，研發、製造和消費會在一種新的技術能力基礎上聚合，形成更強硬、更高水平的「孤島效應」。如果這類認識是正確的，那麼全球各國將深陷入技術競爭和無法合作的困境而難以解脫。無論如何，全球經濟發展和技術革命的新形勢都提出了全球化經濟治理的新要求。共建

「一帶一路」為世界經濟增長開闢新空間的倡議，以及在多種形式合作中秉持共商共建共享原則的理念，正是我國為世界提出的應對這種時代要求的新戰略。

二、共商共建共享的全球治理觀

　　二戰以來，全球治理體系經歷了冷戰、後冷戰以及新世紀等不同發展階段。當前，全球治理機制的「失靈」現象日益突出：主權國家基於利益的博弈導致多邊協商結果難產，複雜的新興跨國治理網絡加劇協調難度。在此背景下，中國提出「共商共建共享的全球治理觀」的新思路，有其劃時代的歷史意義：其一，作為公共產品的全球治理機制是否能持續供給，取決於國際社會集體行動的實現程度，而發揮負責任的大國的積極作用是破解集體行動難題的重要條件。正因為如此，中國的新的全球治理觀，一方面展示了責無旁貸引領全球治理體系變革的決心，另一方面強調了國家關係民主化的重要性，呼籲各國平等參與全球治理，為避免國際社會走入「金德爾伯格陷阱」提供了有效支撐；其二，西方大國的主導地位在全球範圍內正在整體衰落，價值層面出現的真空為多元價值平等共存創造了良好契機。與捆綁普世主義、霸權主義，強調形式主義的自由民主的西方價值不同，中國方案所蘊含的中國智慧和東方價值觀具有更為包容的特性，更適合多極共存、平等互利的新型全球治理情境；其三，全球問題多數可以歸結為發展問題，這需要一個有着良好的國內治理成就，能夠為其他欠發達國家和地區提升發展質量做出示範效應。中國的發展成就以及發展過程中汲取的教訓，可以豐富人類文明有關經濟社會政治發展的知識庫，其強調試錯和共識

的實踐經驗也能為同樣面對發展難題的國際社會提供借鑒。

　　當然，推進「共商共建共享的全球治理觀」需要制度抓手和政策工具，在多極世界求取合作必須考慮如何在制度上解決國際層面的集體行動難題。有趣的是，目前在牛津大學經濟學系任教的澳大利亞籍經濟學家大衛・萬斯（David Vines）通過回顧國際經濟體系的演變歷史，發現存在着一種可稱為「協調性單邊主義」的國際合作方式，即各國根據本國利益實施政策，最終實現了有利於全球利益的宏觀經濟治理。比如說 1997 年亞洲金融風暴之前的東南亞各國，為應對當時的國際經濟形勢不約而同實施單邊自由化改革，這種基於單邊選擇的「協調一致」行動，促進了該地區的經濟增長。大衛・萬斯認為，2014 年澳大利亞 G20 峰會提出的，各國通過基礎設施投資和微觀經濟改革共同促進全球經濟的可持續增長，是「協調的單邊主義」在全球經濟衰退時期的實現。在另一篇發表於 2016 年的論文中，大衛・萬斯強調，中國在 G20 峰會和「一帶一路」戰略中起到的作用，正是推動這種國際合作方式的表現。

　　從大衛・萬斯教授發現的「協調性單邊主義」合作模式出發，可構思一種系統的「實驗主義治理」的公共政策機制，推動多元行動者參與共同的事業。用政策語言來說，「實驗主義治理」強調的是目的與手段之間的互動和互換：既根據目的來選擇實現目的的手段，又根據手段的實施來修正和完善目的本身。大致可以分為四個要素：其一，通過協商溝通，在眾多參與國之間非強制性地形成框架性的政策目標；其二，各個參與國根據自身的條件制定推動該政策目標的方案並落實推進；其三，組建代表性廣泛的評估小組，對各國落實該政策目標的實際情況進行測度，推廣其中較為有效的方式，而針對落實不力的方案進行分析，促進整改；其四，根據各國

在執行層面中遇到的問題，對各國的落實方案以及框架性政策目標本身展開研判，修正其中不合時宜的要求。「決策、執行、評估、反饋及完善」四個要素之間形成一種螺旋向上的動態循環關係，不斷促進參與者的角色互換，以集體面對問題為根本追求，實現整體合作以及各個參與國各自的利益。

「實驗主義治理」在新形勢下的全球治理中已經發揮作用。例如，在 2015 年底舉行的巴黎氣候大會上，並沒有通過一項具有國際法效力的要求各國減排的條約，而是由參與成員根據自身情況提出各自承諾的減排計劃（會上有 150 多個參會成員提交了減排計劃書），同時達成解決發達國家向發展中國家提供融資與技術轉讓問題的協議。在多極化的世界格局中，實驗主義治理模式有着顯著的優勢：一方面，高度尊重各個不同國家的獨立自主性，充分考慮各個國傢具體情況的差異；另一方面，在缺乏超級大國獨立提供國際公共物品的權力碎片化狀態中，為各國建立合作構築一個基於相互幫助和相互促進的制度平台。在實驗主義治理下，能夠保證國際合作帶來的溢出效應為正（實驗主義治理通過平等的協商溝通來制定框架性政策目標，通過允許各國基於自身考慮形成執行方案，通過能夠帶來相互幫助的績效評估，最終確保這一點），於是，每個國家在追求自己目標的過程中也同時在幫助其他國家實現各自目標。

中國當前在全球治理中提倡的合作方式，展現的正是實驗主義治理的精神。

三、中國肩負全球治理積極角色

　　中國在參與全球治理上做出過多種努力，並收穫了部分階段性成果。近年來，中國穩步提升在多邊機制中的影響力，包括主動參與國際金融機構改革、擴大參與聯合國維和行動，在 G20 框架下協調發達國家和新興國家關係、以高度負責任的態度推動《巴黎協定》等重大全球治理共識的達成。同時，利用創新手段，中國倡議建立一些新的全球治理機制，例如提出「一帶一路」建設倡議，並主導設立亞洲基礎設施投資銀行（AIIB）等機構，完善全球和區域層次的平台建設。此外，中國也開始注重制度框架之外的全球治理內容，如主動將本國治理經驗向國際分享，設立國家級發展知識中心，加速向世界介紹中國經驗。中國還大力倡議擴展全球治理議題，擴大各國的合作機會。2017 年初，習近平主席在聯合國總部發表了題為《共同構建人類命運共同體》的主旨演講，提到要秉持和平、主權、普惠、共治原則，把深海、極地、外空、互聯網等領域打造成為各方合作的新疆域。2018 年，達沃斯論壇選擇中國方案，將「在分化的世界中打造共同命運」確定為年度論壇的主題。

　　特別值得指出的是，中國倡議的多項政策措施，都體現了實驗主義治理的核心元素。例如 2017 年推動簽署的《「一帶一路」融資指導原則》，提出「沿線國家政府應加強政策溝通，鞏固合作意向，共同釋放支持『一帶一路』建設和融資的積極信號」以及「支持金

融資源服務於沿線國家和地區的實體經濟發展」的框架性目標；同時，尊重各國在執行方案方面的自主性和獨立性：如第四條，「鼓勵沿線國家建立共同平台，在促進本地區國別發展戰略及投資計劃對接的基礎上，共同制定區域基礎設施發展戰略或規劃，確定重大項目識別和優先選擇的原則，協調各國支持政策與融資安排，交流實施經驗。」更重要的是，第十四條、十五條為根據融資項目社會環境影響和普惠性對項目推進的方案以及框架性目標本身展開評估和修正建立了規則。在這種實驗主義治理模式中，依然需要中國作為表率的積極行動和主動投入，但同時並不為參與國製造負擔，相反是激勵其為應用新形勢下的優勢資源和發展機會而實施最有利於其自身的「單邊行動」：以多種形式與國際社會合作。借用大衛‧萬斯的分析來講，中國要在全球化新形勢下推動更民主、更平等的國際關係建構，必須堅持這樣與此前超級大國「權威領導力」不同的強調「協調性單邊主義」的領導方式。

總之，為在全球化新形勢下應對人類共同面臨的和平與發展難題，破除在多極化世界集體行動難以協調一致推行的困局，中國必須承擔推動國際合作方式民主化轉型的責任。習近平主席在今年「一帶一路」峰會的主旨演講中引用中國古人的話，「萬物得其本者生，百事得其道者成」，強調共建「一帶一路」的框架性目標，是「順應經濟全球化的歷史潮流，順應全球治理體系變革的時代要求，順應各國人民過上更好日子的強烈願望」。中國參與和引領新型全球治理的經驗表明，推進這種有利於世界各國普通公民利益的政策目標，需要持續以更符合「實驗主義治理」的措施，吸引參與國的積極行動，並且為不斷完善集體行動而設置開放、公平的評價機制。

第六章

中國教育現代化與自主的知識創新 *

* 本文寫作過程得到鄭永年教授的指導，華南理工大學公共政策研究院張若梅助理研究員、李海濱教授對本文亦有貢獻，特此致謝。

摘要

　　大國的崛起和發展，總是伴隨着「基於實踐經驗的知識體系」（Knowledge of Practical Experience）的大力創建。沒有哪一個近現代強國，是通過舊有的知識話語或者其他文化系統的概念術語來解釋自己的實踐經驗。西方在 17、18 世紀率先走上現代化轉型的道路，西方知識界對從傳統社會向現代社會轉變的理論解釋已經成為人文社會科學領域的主流。對於我們而言，重要的任務是：時至今日，中國共產黨領導中國人民奮鬥百年，早已一掃近代以來積貧積弱、受人欺凌的頹勢和陰霾，不但建立了獨立自主的民族國家，還帶領整個國家開始轉型成為一個高科技經濟強國，我們現在能用甚麼樣的知識話語去解釋中國人的現代化建設實踐、塑造現代中國人的文化社會心理、培育面向中國和世界歷史及其未來的新型人才？本文倡議一套追求（社會科學）知識創新的方法論，並且構建了有共同知識旨趣（interest）的學術共同體。這套方法論可以簡潔表述為：第一，藉助科學方法，從經驗證據出發確立理論研究的「問題」；第二，對實踐問題進行邏輯理解，形成概念化的「理論」解釋；第三，倡導檢驗經驗證據真實性與概念解釋力的學術「批評」。本文想要強調的是，中國的教育現代化事業和中國知識界，還沒有為有意識地建立自主且有對話能力的知識體系而實施集體努力。創造知識，依靠的是知識分子羣體，而我們目前的知識創造制度環境

並不完善，我們的教育現代化應當致力於創建這樣的制度環境。

通過教育而實現強國，這是近代以來世界各國所持的一個普遍信念，也是中華民族自遭遇西方堅船利炮入侵之後無數仁人志士的共識。清末的各色人士，無論是洋務派、維新派，還是立憲派、革命派，儘管政治立場各異，但其中很多人都不約而同地提出，重新建立一個能夠發揮「育才和強國」功能的制度，是中華民族自立自強的必由選擇。從選派幼童留洋，到廢除科舉考試，再到興辦西式學校、宣佈以西方近現代的「七科」之學替代中國傳統的「四部」之學，中國最終開啟了與西方現代教育和知識生產體系全面「接軌」的探索之路。可以說，中國的教育現代化探索歷程，始終伴隨着這樣的憂患意識：中國雖有悠久的歷史傳承、龐大的人口規模，卻無足夠的現代知識來保障國家獨立於世。然而，時至今日，中國共產黨帶領中國人民奮鬥百年，早已一掃近代以來積貧積弱、受人欺凌的頹勢和陰霾，不但建立了獨立自主的民族國家，還幫助大多數中國人擺脫貧困，更使整個國家開始轉型成為一個高科技經濟強國，中國教育也建立起包括學前教育和各級各類學校在內的完備體系，各級教育普及程度在近年達到了中高收入國家平均水平，教育推動人力資源結構持續優化。中國的教育現代化事業是否仍應固守落後者和接軌者的心態？答案當然是否定的。今天，中國邁向第二個百年奮鬥目標，教育領域亦提出加快教育現代化、教育強國建設的宏偉籌謀。我們提出，我們所說的「教育強國」並不能僅停留在通過教育去實現強國這一普遍認可的理念上，我們更需要強調，應成為世界教育領域的強者、佼佼者；因此，我們的教育現代化應當以激勵所有師生勇於創造中國的知識體系為己任。

一、百年教育現代化缺乏自主的知識創造

　　百年來的教育現代化探索，的確大幅度提高了中國人有關現代化發展的知識儲備及科技文化素養，為中國的崛起培養了大量優秀人才，不過，在創造認識和解釋中國及世界的知識方面，我們卻始終受到西方知識霸權的嚴重影響，未能形成自主的知識創造。

　　我們說的知識體系是廣義的，包含政治、經濟、哲學、藝術、生活等方方面面。中國的傳統教育思想綿延數千年，就培育人才和創造知識而言，原本有相當深厚的積累。早在春秋列國紛爭、禮崩樂壞之時，孔子就倡導「有教無類」的平民主義教育理念，提出以「仁」「禮」為核心培養德才兼備的君子作為禮制秩序的捍衛者。孔子以後的歷代思想家和統治者都認識到「教育」（教化）促進整個社會發展進步的重要性，其間雖有禮教和樂教孰輕孰重、心性之學和經世致用之學哪個應為核心等各種具體爭議，但對於教育在整體經濟社會政治中佔據至高地位這一點，卻一直享有高度共識。尤其是，各家思想流派都堅持，應通過深入研讀文史典籍來培養通識型人才，承擔維護秩序、傳承文脈的基本責任。《禮記・學記篇》中有兩句話，非常精闢地概括了中國傳統教育思想的精髓：「君子如欲化民成俗，其必由學」「是故古之王者建國君民，教學為先」。

　　1840 年鴉片戰爭以後，中華帝國多次經歷軍事和政治上的重大挫敗，中國傳統的文教體系和知識文脈遭受史無前例的質疑。最

初，士大夫階層提出「中學為體，西學為用」來應對外部衝擊，主張以中國倫常經史之學為原本，以西方科技之術為應用。但軍事和政治上的屢次受挫，使整個知識界陷入過於焦慮的情緒之中。清末士子曾廉首次提出的徹底改變中華傳統制度文化的主張，得到廣泛傳播：「變夷之議，始於言技，繼之以言政，益之以言教。」這個觀點經過維新派、新文化運動派以及後來的許多台灣地區學者的闡釋，成為中國知識界耳熟能詳的「器物、制度、文化三階段的現代化論」，並且用以解釋中國自近代以來回應西方衝擊的整個歷史過程，即認為洋務運動是在器物上向西方學習、維新變法是在制度上向西方學習、新文化運動是在文化上向西方學習，中國由此一步一步日益深入地認識和融入西方。「三階段現代化論」力圖為中國人揭示一條唯一的「正確之路」：逐步、徹底地拋棄中國傳統和文明，擁抱西方的科學技術、政治社會制度和整個文化體系。

我們無意苛責先人，畢竟，身處民族存亡的危難之秋，知識界很難心平氣和地進行知識義理上的辨析。遠比上述三階段論更激烈的論調，在當時及之後都並不鮮見，比如光緒年間入翰林的湖南士人陳鼎，當年不僅力倡國人廣泛學習掌握西語，而且上折請「自大臣始」實行中西通婚，以便更好地獲得關於西方的資訊。誰又會把他的後面這條建議當真呢？但是，類似的過激主張在中國近代史上反反覆覆出現，一旦發生經濟社會政治方面的具體困難，從文化上、甚至人種上質疑中國人的聲音就會響起，80 年代還一度有過「中國沒有發展，就是因為沒有被殖民過」「殖民一百年，甚麼問題都解決了」的奇談怪論，這就需要引起反思了。當前值得深思的，自然不是這些根本就不必太當真的激烈言辭，而是我們現在能用甚麼樣的知識話語去塑造中國人的文化社會心理、培育面向中國和世

界歷史及其未來的新型人才？

百年教育現代化歷程最大的缺失，就在於尚未形成我們中國自己的自主的知識創造。其原因可以大致歸納如下：

第一，我們對歷史變化的理解，完全受制於西方主流思想，並沒有從中國的真實經驗出發。德國哲學家黑格爾曾說，中國沒有歷史，因為中國是處於靜止狀態的。這個觀點一直在關於中國歷史的理解中佔主導地位。如果根據歐洲從奴隸社會、封建社會到資本主義社會的歷史發展進程，中國的確是沒有歷史變化的，因為自秦統一中國之後，中國的經濟和政治形態幾乎沒有發生過實質性變化，有的只是一治一亂、皇朝更替。只不過，如果接受了黑格爾的觀念，就意味着放棄了根據中國的實際情況定義「歷史」的權利。按照黑格爾式的敘述邏輯，中國要到和西方接觸後才開始其「歷史」。美國漢學家費正清提出用「衝擊—回應」模式來解釋中國近代歷史，就是基於這個理論意識，即認為近代中國是隨着西方的變化而變化的，西方帶來衝擊，中國發生回應，中國有沒有自己的內在變化意圖並不重要。我們後來又接受了蘇聯的教條化馬克思主義歷史階段論，實際是在相反的方向上完全承認了黑格爾對中國乃至世界歷史的解釋權威，為表明中國並沒有外在於世界歷史，我們強行將中國豐富多樣而且連綿不絕的歷史截斷，納入到這些階段中，從而導致關於中國的史學研究中出現嚴重的「削足適履」的問題。如用中國組織君權體制的方式之一「封建」，生搬硬套西方絕對主義王權興起之前的社會形態 feudalism；把明清時期的經濟社會繁榮，解釋成「中國資本主義萌芽」；將中華帝國這樣的政治複合體，類比於西方在威斯特伐利亞體系（Westphalia System）後才成型的民族國家。

歷史解釋上的自主性知識話語的缺失，一方面，使我們不能更深入地理解和解釋中國自己的歷史，另一方面，也使我們沒有能力參與對西方思想傳統及其歷史傳統的反思。黑格爾關於世界歷史的解釋，在西方思想界內部已經引起了許多反思和檢討，尤其在二戰之後，出於對理性化歷史敍事所潛藏的暴虐性（即以理性發展之名，壓抑普通人的真實欲求）的恐懼，西方思想界大力批判那種歷史目的論、宿命論的解釋進路，激發出形形色色的後現代主義思潮和批判歷史主義論述，極大地豐富了西方的現代思想圖譜。而與中國研究相關的知識界，在這個過程中，並沒有以獨立的知識創造者的姿態參與這種反思，反而是急功近利地接受了各種新潮論調，要麼用來給中國人耳熟能詳的日常現象一個令人不可思議的「理論解釋」，例如在成都等城市的酒肆和茶館文化中，「發現」當代哲學家哈貝馬斯講的公共領域，要麼甚至為中國歷史上那些屬於糟粕的東西「翻案」，如重新解釋女子纏足的合理性、認為「七出三不去」也是對婦女權益的保護等等，標新立異，不一而足，但對理解中國及世界文明並沒有產生任何幫助，新奇論調的背後其實是歷史虛無主義。

　　除此之外，還值得專門一提的是，歷史解釋中自主性知識創造的缺失，還時常帶來現實政治領域中的麻煩。例如中華帝國歷朝歷代邊疆治理和整合的經驗，就無法在以民族國家為中心的西方現代國際關係理論中得到理解，當前有關邊疆治理問題的許多爭端，都與這些領域自主性知識話語缺失相關，我們沒有創造出能解釋我們悠久歷史的強有力的理論論述。

　　第二，我們對中國現實的理解，同樣受制於西方主流思想，並沒有真切關注中國的實踐成就和問題。以近年海內外一直在討論的

「中國道路」為例，由於我們尚未形成自主的知識創造，目前關於中國道路的各種解釋，基本都局限於西方的主流思想。比如，海外學術界有個流行的解釋，認為中國發展模式是「國家資本主義」，即一種以國家主導商業活動（即盈利事業）為核心特徵的經濟社會政治制度。很顯然，「國家資本主義」這個術語與其說是解釋中國的概念理論，倒不如說是西方對中國的偏見。首先，這個術語強調同市場或社會相分離的「國家」的作用，這與中國歷史和現實完全不符，是西方「國家與社會關係」理論框架以及它們左右翼政黨輪換體制的產物。在西方，所謂左右之爭，爭的不過就是國家（或政府）和市場（或社會）對於發展經濟而言哪個應多一點、哪個應少一點，而在中國，無論是歷史上還是當前現實中，市場系統本身即是國家實施現代化建設構建出來的，「市場」是「國家」的一個組成部分；其次，身處西方資本主義社會的學者找出「國家資本主義」這個術語來描述中國道路，當然不是為了讚頌中國的經濟發展成就，更不是打算批判資本主義本身，他們想強調的，不過是中國道路用「國家層面的剝削」代替了「資本家的剝削」；第三，因此最為重要的是，這個術語並不是從中國歷史和實踐本身提煉出的解釋性概念，與中國歷史和實際經濟運行的邏輯不相關。自古至今，在大多數歷史時間裏的大多數經濟領域，中國的「國家」是包括市場和社會各種制度的構建者，但在具體的經濟生活中卻並非唯一的、甚至很多時候都不是主要的行動者。除了國家之外，還有民營企業，民間和政府的合作企業，外資企業，中外合營企業，等等，這在中國形成了非常複雜的政商關係、政企關係。在近代，人們把當時的經濟分為「官辦」「官督商辦」和「商辦」等不同類型，這是相當符合事實的認識。今天，人們通常稱中國經濟為「混合經濟」，這個表述比西

方學者挖空心思找來的「國家資本主義」更接近中國經濟的實際。當一個國家的經濟活動，半壁江山都是非國有的，非國有部門的就業人數超越國有部門的時候，是很難用「國家資本主義」這個來加以刻畫的。

中國道路是客觀存在的歷史事實或社會事物，自近代到今天中國所經歷的歷程就是「中國道路」，但如何解釋這個道路上的種種探索和努力以及在各個階段遇到的困難，則是知識創造者的任務。我們自己不勇於承擔這個任務，那麼，恐怕也難以責怪別人強加給我們各種胡亂解釋。

第三，缺乏自主的知識創造，造成我們對中國如何探索更豐富多彩的未來，形成不了我們自己的理論前瞻。馬克思在《關於費爾巴哈的提綱》一文中提出：「哲學家們只是用不同的方式解釋世界，而問題在於改變世界。」關於解釋世界和改變世界兩種哲學觀在馬克思思想體系中的位置，是一個引起了廣泛討論的學術題目，我們在這裏不多做涉及。我們希望強調，無論如何，要改變世界，首先需要有科學的解釋世界的工具和知識。比如說，如果局限於使用「國家資本主義」這樣的術語來描述中國道路，就會把我們在發展過程中出現的種種問題，大而化之地解釋成為中國「國家」本身存在問題，於是相應得出一系列似是而非的意見。例如，管理範圍寬廣的政府需要變成「小政府」（基於西方行政管理理論），佔比龐大的國有資產需要化公為私、實行大規模私有化（基於西方產權經濟學理論），法治難以推行則需要建立分權制衡的體制（基於西方民主法治理論），等等。之所以說這些意見「似是而非」，就是因為它們從一些問題表像出發，經過了錯誤的理論分析，最後開出並不對症的方子。

其實，在中國，不能用所謂「大政府對小政府」、「公有制對私有制」、「法治對人治」等等此類二元對立的概念來分析問題、解決問題。中國自秦漢以來就是一個皇朝建立在社會之上的體制，早期西方傳教士來中國的時候，誤以為中國比西方更為「共和」，甚至認為中國才是真正的「共和」體制，因為皇帝和大臣（官僚體系）之間形成「共和」關係，共同治理着整個中國社會。這當然是個誤解，但也在相當程度上指明中國皇朝時期的權力分配特徵，即皇權通過組織嚴密的官僚體系管理着社會。但中國傳統治理的複雜之處在於，具體的管理方式並不依靠嚴格的政府管理規則、絕對主義產權規則和民主法治規則，而是在維護大一統的禮樂制度理念的大前提下，根據情理法三者構成的混合機制，既強調朝廷對百姓和官員對朝廷的責任，又要求統治者和管理者「憫民」的道德感，更給予了民間自行處理戶婚田土等「細事」的自由權力，由此形成獨特的關於國家治理的理解，如王國維先生在其著作《殷周制度論》中所總結的：

> 「使天子、諸侯、大夫、士各奉其制度典禮，以親親、尊尊、賢賢，明男女之別於上，而民風化於下，此之謂『治』；反是，則謂之『亂』。是故天子、諸侯、卿、大夫、士者，民之表也；制度典禮者，道德之器也。」

共產黨革命勝利後建立起新中國，在政治合法性上完成了一次「天翻地覆」的大變革，工人農民為主體的勞動羣眾在理念上成為政治社會的「主人」，而在具體治理措施上，新政權繼承了若干傳統機制並予以了大幅度的創新，如開拓出相對廣泛的政治參與途徑、給予平民享受義務教育的機會、賦予農民以土地集體產權，之

後更有改革開放時期設立經濟特區開啟試點探索、在政治上肯定中國「混合經濟」（多種所有制並存的經濟）的合法地位、以黨領政消除大規模的結構性腐敗等等激勵超常規發展的舉措。總而言之，中國歷史經驗和現實實踐中的治理結構不是西方那些二元對立的概念所能解釋的，從西方的行政管理理論、產權經濟學理論、民主法治理論也推導不出確保中國走向更美好的未來的良方。中國在堅持自己的道路的過程中取得的成就以及遇到的問題，只有從中國實踐出發形成的知識創造，才能給予解釋並找到應對之策；探索更有活力的未來發展，必須以這種面向真實實踐和問題的知識論作為支撐。

綜上所說，從思考我們自己的歷史、現狀和未來的需要講，中國的教育事業發展必須擺脫西方追隨者的心態，以培育和鼓勵自主的知識創造作為新時期教育現代化的歷史使命，通過培養有充分理論自信的新型人才，推進我們的現代化強國建設。在今天，我們也完全可以有這樣的自信了。中國目前已成長為世界第二大經濟體、第一製造業大國和最大的貨物貿易國，而且中國道路不僅使絕大多數中國人擺脫了貧困，更在參與全球價值鏈形成的過程中，成為抑制全球不平等狀況惡化的重要因素 —— 數據證實，在整個 1970 年代，全球不平等已經到了二戰後最嚴重的狀況，正是由於中國、印度等新興經濟體得到和平發展的機會，20 世紀 80 年代後期至 21 世紀初，全球不平等水平相對穩定，基尼係數在微高於 0.7 的水平上震盪。中國的成就和對世界的貢獻，都要求我們更自信地解釋我們自己的歷史和實踐，使中國人的歷史傳統和實踐經驗真正成為人類知識寶庫中有用的珍貴庫藏。

二、成功的現代化必需有自主的知識體系

那麼，自主的知識創造與教育現代化和現代化強國之間有甚麼關係，為甚麼值得特別強調？一個文明，如果沒有自己的知識體系，就不可能變得強大，不可能真正實現現代化轉型。自近代以來，西方文明在逐步邁向強大的同時，伴隨着自己的知識體系的建構和創新。任何一個知識體系都是基於自身的實踐之上，正因為如此，這樣的知識體系才有能力解釋自身，有能力聚合各種力量。實踐是開放的，創新是多樣的，知識體系也是開放的，思想進路同樣是多樣的，這就決定了基於實踐之上的知識體系具有無限的創造能力。在國際舞台上，則表現為強大的軟實力。所以可以說，自主的知識創造是教育現代化和現代化強國的「靈魂」，沒有自主的知識創造，就不會有成功的現代化。

西方在 17、18 世紀率先開始走上現代化轉型的道路，大衛·休謨、亞當·斯密、康德、黑格爾等的思想打開了有關現代世界知識體系創造的大門，而後又有馬克思、韋伯、涂爾幹、滕尼斯、桑巴特、西美爾、帕森斯等等古典社會理論大師以各自的知識創新回應工業化激烈轉型帶來的不穩定性和不確定性。他們對從傳統社會向現代社會轉變的理論解釋已經成為人文社會科學領域的主流。我們今天所看到的近現代知識體系由西方產生，社會科學中的「西方中心論」是為必然。「西方中心論」僅說明了西方率先開始現代

化以及近現代知識體系起源於西方這兩個事實，其本身並沒有錯，真正成問題的，是將西方的現代知識體系視為放之四海而皆準的真理，據此解釋和指導世界其他地方的現代化發展。20 世紀 50、60 年代，在美國興起的「現代化理論」試圖把現代化抽象為一套標準模式，向世界各地兜售，這個努力很快就遭遇失敗。西方在近幾十年裏，整個知識界陷入一種「吃老本」的狀態，要麼重複古典大師們的論述，要麼在專業細分的名義下精耕細作一兩個具體領域，放棄了對經濟社會政治重大問題的思考。但知識界不研究，並不代表社會就真的已經平穩了，最近十幾年，整個西方世界不平等狀況惡化、民粹政治迅速抬頭、社會急劇分裂，各種深層次矛盾全面爆發，表明西方也面臨着創新其知識體系，解釋和回應新的大變動的任務──這證明了西方哲學家自己的話：「現代性是未竟的事業」。近些年，後現代主義思想揭示了古典社會理論框架下未獲重視的各種邊緣性社會問題，但也僅局限於情緒式的批評，並沒有多少能激發理性思考的知識論。這是西方世界知識界目前的情況，值得我們警惕。對於我們而言，更重要的任務是，現代化不止西方那一種模式、一條道路，多樣的現代化路徑需要我們做出符合各自獨特性的知識創造。歷史經驗說明，沒有相對自主的知識創造，各個國家或地區很難取得現代化的重大成功或者實現可持續性。

可以首先舉出個反面案例。20 世紀最後幾十年東亞的崛起，被看作全球現代化進程中一個相當令人吃驚的現象，因為東亞自近代以來一直處於世界舞台的邊緣，但亞洲四小龍在經濟發展方面的成就重新使東亞成為世界關注的焦點。在 1970 年代之前，亞洲四小龍都是以農業和輕工業為主導，它們適時調整經濟發展策略，憑藉本地廉價而素質良好的勞動力優勢，抓住發達國家向發展中國家

轉移勞動密集型產業的機會，吸引大量外國資金和技術，在 70 至 90 年代實現了經濟發展高速，成為繼日本後新興的發達國家或地區。但是，四小龍在教育現代化以及構建自主的知識體系方面的表現，卻與其經濟地位不匹配，不但未能起到凝聚共識、增強認同的作用，反倒成為加劇社會分裂的身份標識。

例如，香港實行的「教育現代化」完全等同於「西化」，幾所重要的高校基本是要求英文教學和英文寫作，如果說這種語言工具上的要求還不是主要癥結所在，那麼香港教育領域規定經費籌撥、職稱評定、課題立項、成果認定等全部內容都以歐美學者評審意見為準，從歐美大學獲得學位後才有在香港一流高校任教的資格等等，就使得香港的高等教育事實上淪為了西方大學的附庸。香港擁有不止一所按照西方標準來說排名靠前的現代大學，但在香港的學者又創造了甚麼關於香港、中國以及世界的知識？香港學者對於中國共產黨體制的解釋，不過反覆炒「列寧主義政黨」「威權主義體制」這些西方學術界早就講爛的概念。即使對香港本土，也沒有提供多少深入的理解：在香港精英學者那裏，香港本土只是運用西方社會學、經濟學和政治學理論進行研究的「對象」，這些從西方既定理論出發的解釋，自然刻畫不出香港的真實情況。比如香港學者創造出的一個術語「行政吸納政治」，長期被西方學術界視為解釋香港社會政治運作最重要的概念，就是將香港解釋成是通過行政活動來主導社會各界的訴求，與此相應，香港人是沒有政治意識的「經濟動物」「功利主義家庭」。這個概念全然忽視了香港人從 70 年代至今長期存在的街頭抗爭傳統，甚至在近年演化成動不動就遊行示威的「泛政治化」傾向。行政過程是不可能吸納政治訴求的，精英學者之所以看不到香港人有政治訴求，只是因為香港沒有歐美那樣的

政黨政治和議會政治。知識創造不從實踐出發，就無法對思考和應對真實的問題提供啟發，近年香港社會的劇烈動盪，已經使一些香港知識分子展開反思了，他們批評香港知識界「還未真正進入『一國兩制』的議題」「在假裝『一國』不存在」。

　　台灣地區也好不到哪裏去。由於要在歷史傳統上與中國大陸強行切割，台灣地區的教育長期陷入「外省人」與「本土人」的意識形態紛爭，整個知識界多年來在中國認同、本土認同幾個概念上爭論不休，年輕一代在近年因經濟衰落而激發的反體制、反現狀衝動，反而沒有得到知識理論上的分析和理解。應當承認，在港台教育體制下，因為同歐美大學之間交往的便利性，培養出了許多潛心研究歐美學問的學者，還成長起一批在歐美大學中卓有聲望的中國歷史研究者，他們的學術和成果是我們衷心欽慕的，但他們不是香港和台灣知識界的主流，對香港和台灣的社會大眾來說，他們更是「他者」。教育事業發展和知識創造的主要關切，首先應該是本土的實踐和問題，當然，這種關切不應是排他性的，如此才有可能培育出既不脫離本土實際，又有廣闊視野和豐富想像力的新型人才。

　　現代化探索失敗的例子還比比皆是，比如土耳其和烏克蘭，它們甚至都沒有享受過像香港和台灣等地區的亞洲四小龍美譽下的經濟騰飛，卻承受了更嚴重的失敗過程帶來的撕裂和痛苦。美國政治學家亨廷頓在他那本著名的著作《文明的衝突》裏，把土耳其當作「自我撕裂的國家」的典型代表。1920、30年代，土耳其共和國第一任總統凱末爾領導建設新土耳其，走上全盤西化的「現代化之路」。他們廢除宗教權威，撤掉傳統的教育部和宗教部，廢除了獨立的宗教學校，建立統一的世俗公共教育制度，中止了採用伊斯蘭法律的宗教法院，代之以建立在瑞士民法基礎上的新的法律制度，

還用恪裏高利曆法（公曆）代替傳統的曆法，並廢止伊斯蘭教的國教地位。更激進的作法還有，政府精英們要求徹底改變土耳其人的生活和文化習慣，如禁止戴土耳其帽子，用羅馬字母而不是阿拉伯字母書寫。在自認為形成比較強烈的西方認同之後，土耳其建立了西方式的多黨政治體制，並加入了北約。然而，令土耳其現代化精英們感到痛苦的是，雖然實施了這樣長久而深入的努力，西方國家並不接受土耳其的改變。在西方看來，土耳其可以作為冷戰時期遏止蘇聯擴展的東方堡壘，但卻不能被接納成為歐洲聯盟成員國。亨廷頓分析指出，土耳其始終被歐盟排擠的真正原因，在於「土耳其是一個穆斯林國家。歐洲國家不想面對自己開放邊境後可能從一個擁有 6 千萬穆斯林和大量失業人口的國家湧入移民的景象。尤其重要的是，他們感到在文化上，土耳其不屬於歐洲。」土耳其政治和知識精英深刻的撕裂和痛苦中：實施激進的西化舉措卻得不到西方承認，強烈要求與傳統徹底決裂卻又擺脫不了傳統的影響。即使是同情土耳其現代化探索努力的學者，也說過：土耳其因為深處伊斯蘭傳統與國家的世俗主義的深刻矛盾中，近六十年來始終是一個神經緊張，甚至有點神經分裂的民族。

我們承認，西方國家的文化科技發達程度和財富創造能力，使後發展國家和地區難以避免會生起效法的念頭。但是，在從模仿西方某些具體作法起步後，後發國家必須有意識地拒絕西方既有的理論，構建相對自主的知識體系，以理性的分析方法和面向歷史傳統及實踐的學問態度，一方面應對新舊社會變革之際產生的迷惘和焦慮，另一方面及時討論和研究適合自身特點的發展方向，這樣才能為持續探索、持續進步凝聚共識。在意識到現代化之路不可避免之後，日本知識界同中國晚清士大夫當年提出「中學為體，西學為用」

一樣，提出了「日本的精神，西方的技術」（和魂洋才），口號雖然聽來保守，卻為保留一個調和外來衝擊與自主發展的知識立場，留出了空間。

　　日本現代化經歷也相當曲折，但在知識界，始終還保持着一定的審慎反思的知識創造精神，這使日本目前成為現代化程度較高，同時還保持相當多傳統理念的國家。日本的自然科學研究不斷取得重大突破，我們從近些年日本科學家連續獲得諾貝爾獎就可以看出，而其人文社會科學領域的知識創新成果也同樣是產生了世界性影響。例如日本經濟史學家速水融，根據日本歷史發展實踐，在1967年首次提出強調勞動力密集和有限土地資源條件下的「勤業革命」（Industrious Revolution）的概念，用以區別英國的資本／技術密集型的工業革命（Industrial Revolution），其論述甚至啟發歐洲歷史學界改變了以往關於「英國工業革命之路具有普世性」的看法，在歐亞大陸發現了多樣的工業化模式；80年代日本經濟高速發展時，日本學者對「豐田模式」的分析，引起歐美經濟學界展開對美國固有的福特主義生產方式的反思，激發了西方從理論到實踐的變革。當然，日本也不能說已經完全建立起了自主的知識體系。儘管有很多社會科學家意識到西方的知識體系不能解釋自己，但日本的知識界很大程度上接受了全盤西化，在知識上進行自主創造的力量很微薄。更多的日本社會科學家選擇的是簡單地接受西方的知識體系。日本的這種狀況，也說明了後發國家構建自主的知識創造的不易，因為西方在現代知識體系上的霸權的確太強，需要知識界持之以恆地努力。

　　毋庸諱言，現代中國的大轉型，還沒有造就中國自己的知識體系。在能夠確立自己的知識體系之前，中國沒有可能成為一個真正

的現代化強國。單純的 GDP 成就不了中國的大國地位。更重要的是，沒有自己的知識體系，我們的可持續發展也會受到制約，因為沒有自己的知識體系，中國可以應用，但卻不會創新。一個嚴酷的現實就是，在近年的中美磨擦中，我們的許多關鍵領域核心技術都不能實行自主可控。抄襲知識、複製知識，做大量毫無附加值的知識黏貼，是當前中國知識界的大趨勢，這和中國科技研發、製造業等許多行業一直難以真正做大做強的情況沒有任何差別。實際上，無論自然科學還是社會科學都一樣，只有勇於創造屬於自己的知識體系，才會擁有真正的原始創造力。

三、如何形成中國自主的知識創造？

應該說明，當我們說中國百年教育現代化的最大缺失在於尚未形成中國自主的知識創造時，我們並不是否定無數中國前輩學者和學界同仁取得的思想成果。我們想要強調的是，中國的教育現代化事業和中國知識界，還沒有為有意識地建立自主且有對話能力的知識體系而實施集體努力。創造知識，依靠的是知識分子羣體，而我們目前的知識創造制度環境並不完善，我們的教育現代化應當致力於創建這樣的制度環境。

（一）破除依附性，強化依法治學

當前，要自主地創造知識體系，知識界必須實施兩個方面的努力：

一方面，擺脫對商業因素的依附。在全球市場的背景下，尤其需要知識界形成共同體力量，抵制過度商業化的侵染，樹立「有遠見的知識生產者」的形象，形成符合社會良知的知識分子羣體。在美國，科技創新領域就面臨着過度商業化的危險，學術界也已經相應形成了「學術資本主義」。這種傾向導致美國在近三十年裏，迅猛發展的科技研發和創新對其本國實體產業空心化、製造業等傳統行業衰敗，沒有任何直接、正面的幫助，美國目前民粹主義政治大

行其道，社會嚴重分裂，都與知識界在這些年裏過度與商業掛鈎，失去對現狀的批判能力從而無法給予政治精英良性壓力有關。

　　另一方面，確立依法治學的理念和實踐。學術思想領域需要承當社會責任，更需要以法治形式對知識生產活動予以規範。這一點連西方所謂自由主義政府也是承認的。只有確立依法治學的理念和實踐，劃定學術探討的底線，才能確立知識的社會責任。依法治學的宗旨，是推動形成客觀獨立的學術研究，使知識分子羣體真正為世界和中國「人民」創造知識體系。

（二）學習科學方法論，倡導知識求真

　　中國知識界還需要主動學習西方創造現代知識體系的方法論，為集體創造中國自主的知識體系做充足的準備。西方知識界長期淬煉的各種科學研究方法，值得我們學習、應用。這是因為，中國迄今還沒有真正確立起實證哲學傳統和科學研究傳統。大多數知識分子對中國的關切仍然是規範性的，而非實證性的，這就導致了現實中出現大量的「話語泡沫」：即以道德化眼光看待自己和他人，在討論中難以形成有建設性價值的對話，而多搶佔道德高地，把自己無限理想化，把他人無限妖魔化。如果能在教育過程中加強科學的方法論的訓練，使科學的研究方法與中國傳統思維中的道德化傾向形成互補，則有助於中國知識界對歷史和現實進行基於經驗材料的分析和討論，少一些不着邊際的空洞議論。

　　科學的研究方法和思維習慣，還有助於激發中國古代經典的活力。中國古籍通常是以講故事、打比喻或者其他能引起讀者共情的方式來闡述道理，其優點在於能將讀者引入設定的情境中去體會說

理者的情感，但其缺點在於經常是「說教」味道太濃，把道理說成了教條。如孔子說「有國有家者，不患貧而患不均」，這句話一方面正確地指出了「不均」的危害性，但另一方面又形成了「患不均」在道德上要高於「患貧」的價值判斷，好像克服貧困的方法並不重要似的。用現代社會科學的方法，我們則完全可以提煉出一個「均」的概念，作為儒家「分配」思想的理論基礎加以闡發，從而進一步思考如何克服貧困、如何實現「均」。總之，從方法論上說，中國知識界需要學習西方的科學工具，由此形成對中國古典、中國現實的重新理解。

（三）系統實施制度創新，激勵知識界自主探索

第一，重新設計分配制度和科研投入制度。在目前的教育和科研領域，收入分配制度的設計並不合理，不利於激勵知識創造。現在的基本收入太低，研究者需要用競爭性的科研經費來提高收入水平，這樣做的結果就是科研工作者們熱衷於申報項目課題，但在課題立項之後，卻沒有時間和精力真正扎實的從事研究。需要對收入分配制度進行改革，舉例來說，如果百分之八十五的收入是基本工資，而百分之十五的收入來自於研究經費或者其他的資源，那麼知識創造者就可以不用為生活所擔憂，可以憑藉自己的興趣來作思考、來做研究，這樣才會有創新。

此外，有關科研投入制度的設計也有改革的空間。其一，目前，教育經費是按師生人頭進行劃撥，科研經費通常以項目競爭的方式獲得，那麼科研機構很難有資源對有潛力的項目或科研人員進行自主的長期支持；其二，需要增加穩定性支持的力度，使知識工

作者不必把精力花在那麼多的項目申報上；其三，需要增加對知識工作者「人」的支持，而不僅是對「項目」的支持，如果僅局限於對項目進行支持，則一些非共識性的、有創新潛力的思考就難以得到支持了。

第二，重新設計評審制度，去除極端西方化傾向。中國目前通行的科研評審體制是一種即使在西方學術界也遭受反覆批判的體制，對於拓展人們思維和思想十分不利。這個體制的核心表現，就是以所謂成果的數量來確定作者在學術界的地位，發表的成果多，則各種學術頭銜（帽子）、學術項目（經費）等都隨之而來，而他究竟做出了甚麼樣的科研成果、創造了甚麼值得學術共同體討論的知識體系？卻無人問津。按照這種僵化的評審機制，像以前的陳寅恪、陳景潤等人文和科學領域的大師，完全無法在學術界立足。

現在有太多「混」知識圈的人，在這種評審體制下如魚得水了，造成了真正想踏實從中國和世界實踐問題出發展開思考的學者，沒法獲得實施創造的機會。例如，在這一體制下，現在的經濟學家、社會學家、政治學家等大多是技術性工匠，他們不用基於實踐對中國的經濟社會問題展開思考，只要專門找一些有關中國的數據或案例，放入西方提供的理論模型裏面，就可以產生研究結果。整個學術界視這樣的研究結果為高質量成果，因為這些研究者可以毫無困難地在中外雜誌上出版他們的「研究成果」。而一些用心做調研，在實踐中思考問題的學者，則因為成果少，或者成果不符合西方期刊的發表規範，就得不到更多的科研支持。

評審制度當然很重要，但是要去除那些不利於中國知識體系生產的因素。中央已經多次強調要「破五唯」，改革科研評審體制，其宗旨是鼓勵學者安心做研究、將文章寫在中國的大地上。當前，

制度革新的關鍵是建立知識共同體，以知識分子的羣體力量來抵制「假大空」研究成果。必須指出，西方雖然也存在科研評審制度僵化的問題，但它們的評審標準是多元的，不同類型的學者和研究成果，都能找得到自己的市場和平台。比如獲諾貝爾經濟學獎的羅納德・科斯、約翰・納什等，他們的主要成果都不過只有數篇薄薄幾頁紙的小論文而已，放在中國目前的大學評審裏，恐怕連正高職稱都評不上，但卻自有知識羣體了解他們的價值，把他們奉為一個學派的開拓者。我們需要更多依靠知識分子羣體之間的公開討論、辯論和學術批評，來加強學術共同體的建設，在「百花齊放，百家爭鳴」的學術氛圍中提升知識生產的品位、樹立對知識的真正崇尚，尤其重要的是，形成對有實踐關切和思考的學者的真正熱愛。

第三，明確宗旨，呼籲知識界共同努力。現在中國知識界還根本就沒有創造自主的知識體系這個意識。在職稱評審、科研考評、項目申報、榮譽帽子等等各種機制的共同作用下，知識界、大學比社會更加浮躁。大家照抄照搬西方知識體系、借用西方知識體系出短平快的成果，並且自詡為掌握了真理。這種心態和風氣是知識體系生產的最大的阻力。有必要明確知識創造的宗旨，持續開展知識界的大討論，以達到一些最低限度的共識。

我們建議，首先建立「面向中國實踐的知識創新」的認識：以中國實踐問題為切入，通過科學方法的應用，創造新認識和新知識。這種知識創新不過多涉及意識形態爭議，是在實踐層面深刻揭示中國人自古迄今面對各類生存難題的智慧，以此創造中國人自己的理論系統和認識系統。

其次，我們建議深入研究西方的知識體系生產機制和發展過程，形成一些可用的經驗。中國當前的問題一是沒有形成讓整個知

識界、大學安靜下來的制度環境，老師太急功近利，學生當然就更難感受知識的魅力；二是本末倒置，花大量的力氣來學習和引進西方知識體系，而忘記了批判性看待西方知識生產過程這個根本問題。我們認為，需要更多對西方知識生產機制本身的深入研究，希望通過學習他們建設世界頂尖學術機構、培育世界性影響力學者的經驗，創建激勵中國自主知識體系生產的動員機制和制度環境。

第七章

新信息技術崛起：發展機遇與治理挑戰

摘要

　　如何從理論上認識新信息技術崛起給共產黨治理下的中國帶來的機遇和挑戰，依然是學術研究中爭論不休的課題。事實上，與互聯網的興起相伴隨，有關新信息技術是賦能（empowering）社會（即拓展社會主體的行動自由和能力）抑或賦能國家（即提升國家監督和管理社會的能力）的爭議始終不絕於耳。中國古代思想上沒有西方近現代的「科學」概念。經過五四運動，「賽先生」進入了中國人的視野範圍，但科學與民主都主要是作為幫助中華民族擺脫列強欺辱、走出積貧積弱命運的手段而得到強調。在中國共產黨取得在中國社會的領導權之後，給予科學以及以科技工作者為代表的知識分子的政治待遇，在不同歷史時期均有不同，但政治與科學兩者的根本關係沒有改變：前者對社會發展的認識和願景為決定性因素。中國的科學觀或科學主義依然是「實用理性」範疇下的。然而，理解在黨治國下政治與科學的根本關係是一回事，評判政治關於科學作用的認識又是另一回事。本文對過度依賴「技術治理」的批評，並不意味着主張回頭走向對科學和適度「技術治理」的否定，而是希望提醒注意，在共產黨治理下的中國，政治有對科學和技術進行調整、有效利用的能力。那麼，這裏的關鍵問題就是，應當堅定甚麼樣的政治治理目標，為了誰的利益，以甚麼樣的方式利用好科學和技術手段？我們提出，最重要的還是回到中國共產黨反覆強調的

那個理念，「一切為了羣眾，一切依靠羣眾」。這要求在新的歷史條件下拓展和保障行業協會、勞動羣體和其他各類社會主體參與決策；探索使技術治理更好服務於共產黨最珍視的政治價值的制度創新；通過加強中國共產黨引領廣泛的民主參與的能力建設，促使技術治理服從於共產黨領導下的民主政治審議。只有通過堅決貫徹技術發展是為了勞動者等廣大人民羣眾利益的價值理念，技術樂觀主義與技術民族主義各自的弊端及其相互之間的緊張衝突，才能得到消除。

1987 年 9 月 14 日，北京市計算機應用技術研究所實施的國際聯網項目 —— 中國學術網（Chinese Academic Network，簡稱 CANET）向德國卡爾斯魯厄理工學院發出了中國第一封電子郵件：「Across the Great Wall we can reach every corner in the world.（越過長城，走向世界）」，揭開了中國人使用互聯網的序幕。[1] 當時為成功接入全球網絡而鼓舞的科學家可能沒有明確意識到，與新信息技術前沿並軌，很快使中國直接面對一個更複雜、更具多樣性的未來，新信息技術在賦予了中國科技發展和經濟增長更多機遇的同時，也給國家治理帶來了諸多新的、更艱巨的挑戰。

互聯網是始於 20 世紀 70 年代信息技術革命的核心發明和應用，及至今天，移動互聯、雲計算、物聯網、大數據和智能終端等新一代信息技術加速發展，信息技術產業進入新一輪高速增長期。通用電器公司（GE）預測，到 2030 年工業互聯網將為全球 GDP 帶

1　中國第一封電子郵件的發出時間有 1986 年 8 月 25 日和 1987 年 9 月 14 日之爭。這裏采較為流行的通說，根據中國互聯網協會刊載的《中國互聯網發展史（大事記）》，https://www.isc.org.cn/ihf/info.php?cid=218.

來 15 萬億美元的貢獻。這種趨勢已使世界各國政治精英普遍認識到，推動新一代信息技術與科技及經濟社會發展相融可以成為面向未來競爭的重大戰略。

在當前，我國互聯網基礎設施建設已經居於世界前列，網絡覆蓋率、網民數量、上網頻率等各項指標都超過世界平均水平：截至 2018 年 12 月，我國網民規模為 8.29 億，互聯網普及率達 59.6%；手機網民規模達 8.17 億；網民中使用手機上網的比例達 98.6%，手機上網已成為網民最常用的上網渠道之一；農村網民規模為 2.22 億，佔整體網民的 26.7%；網民的人均周上網時長為 27.6 小時。網民以中青年羣體為主，並有持續向中高齡人羣滲透的趨勢：2018 年末，10-39 歲羣體佔整體網民的 67.8%，其中 20-29 歲年齡段的網民佔比最高，達 26.8%，40-49 歲中年網民羣體佔比由 2017 年底的 13.2% 擴大至 15.6%，50 歲及以上的網民比例由 2017 年底的 10.5% 提升至 12.5%。[2] 網民藉助互聯網從事即時通訊、購物、娛樂、理財、教育等各項活動，互聯網經濟佔國內生產總值（GDP）佔比 2015 年已超過 7%，超越美國成為世界第一，而且仍以年均 30% 的速度遞增，[3] 網絡虛擬世界儼然已成為中國人日常生活不可分割的一個組成部分。

但是，如何從理論上認識新信息技術崛起給共產黨治理下的中國帶來的機遇和挑戰，依然是學術研究中爭論不休的課題。事實上，與互聯網的興起相伴隨，有關新信息技術是賦能（empowering）

2　《CNNIC：2019 年第 43 次中國互聯網絡發展狀況統計報告》，http://www.199it.com/archives/839540.html.

3　戴建軍、田杰棠：《互聯網新興業態規制研究》，中國發展出版社，2017 年，第 5 頁。

社會（即拓展社會主體的行動自由和能力）抑或賦能國家（即提升國家監督和管理社會的能力）的爭議始終不絕於耳。麻省理工學院媒體實驗室創始人尼葛洛龐帝（Nicholas Negroponte）1996 年出版經典著作《數字化生存》，預言一個自由的數字化時代的到來，其中有關基於新信息技術的跨越國界、超越法律的自由人自由聯合的想像，激勵了全世界無數優秀青年人投身互聯網行業。然而，在 2016 年為該書中譯 20 周年紀念版撰寫的專序中，尼葛洛龐帝這位網絡信息時代的「先知」卻不無悲觀地描述了實際發展的狀況：「真實的情況是：民族主義甚囂塵上；管制在升級；貧富鴻溝在加劇。……很簡單：全球化變成了本土化，儘管知識的、經濟的以及電子的骨幹設施都取得了飛速增長。無所不在的數字化並沒有帶來世界大同。」[4] 在曾經的技術樂觀主義者看來，互聯網服從於民族國家的監管，因民族國家疆域而分裂，是自由世界理想墮落的表現，新信息技術在強化了國家監管能力的同時，壓抑了社會自主行動的空間和自由理念展現的舞台。[5] 不過，反過來過於堅持技術民族主義的立場，也並不能為世界帶來福祉：在美國激進技術民族主義者推動下，從 2018 年開始爆發中美貿易衝突，已導致西方世界相當多人無法想像中美可以通過生產領域的合作和正常而和平的制度競爭，實現兩國產業價值鏈的整合以及各自體制的完善。[6]

4　尼葛洛龐帝：《數字化生存：20 周年中文紀念版專序》，范海燕譯，載未來世界網 http://www.51wxjz.com/100473.

5　Jack Goldsmith and Tim Wu, *Who Controls the Internet? Illusions of a Borderless World*, Oxford: Oxford University Press, 2006.

6　Zheng Yongnian, China and the U.S.: A clash of techno-nationalists, *The Washington Post*, May 15, 2018; Cui Zhiyuan, Greater convergence more likely than decoupling, *China Daily*, October 9, 2019.

這裏隱藏着一些值得深究的理論問題：技術樂觀主義（偏重技術自治和個人自由）與技術民族主義（偏重國家監管能力的提升）僅為一對相互對立的範疇？它們沒有可能形成相互促進、相互依存的關係？2015 年 12 月 16 日，中國國家主席習近平在出席第二屆世界互聯網大會開幕式時，發表講話明確強調以「促進開放合作」推進全球互聯網治理體系變革：「『天下兼相愛則治，交相惡則亂。』完善全球互聯網治理體系，維護網絡空間秩序，必須堅持同舟共濟、互信互利的理念，擯棄零和博弈、贏者通吃的舊觀念。各國應該推進互聯網領域開放合作，豐富開放內涵，提高開放水平，搭建更多溝通合作平台，創造更多利益契合點、合作增長點、共贏新亮點，推動彼此在網絡空間優勢互補、共同發展，讓更多國家和人民搭乘信息時代的快車、共享互聯網發展成果。」[7] 顯然，只有以國家治理體系的變革為引擎，才能推動實現這種開放共享、合作共贏的全球網絡治理新格局。我們認為，新時代的網絡監管體制應當建立在這種關於開放共享、合作共贏的辯證關係的深刻認識基礎上，在具體的制度設計中使技術樂觀主義和技術民族主義有機結合，使國家開發和應用新信息技術的能力上升為「促進共享式自由的政治能力」。

本文首先從理念上討論，在中國共產黨治理下的中國，存在着通過政治理念調整科學技術應用方向的意識形態，這種意識形態是一把「雙刃劍」，既有可能破壞科學技術的建設性功能，又有可能將技術路線調適到更有利於治理目標的方向上；然後指出，在近年的

7　《習近平在第二屆世界互聯網大會開幕式上的講話（全文）》，載新華網，http://www.xinhuanet.com/politics/2015-12/16/c_1117481089.htm.

具體治理實踐中，過度依賴技術治理，則已導致了相關領域內政治審議的缺位；文章最後提出，在黨治國家下，擁抱新信息技術崛起而創造的發展機遇並且應對種種重大治理挑戰的途徑，是正視技術路線的政治性問題，通過制度創新而強化政治審議功能，使技術治理服從於政治審議，從而加強技術賦能國家並推進社會開放合作。

一、科學主義：民族國家建構的意識形態？

在中華人民共和國成立後的社會主義建設階段和改革開放歷程中，有關「科學技術」的話語一直存在，但其政策地位和理論意義卻殊少得到深入研究。一種較為流行的認識是美國漢學家郭穎頤（D. W. Kwok）提供的，她認為中國在 20 世紀前半葉雖然全面應用科學的條件非常匱乏，但是卻由此激發了思想界對於科學的備加推崇，科學成為中國人心目中通往國家富強的必由之路，可謂形成了一種「唯科學主義」（Scientism）的教條。[8] 有相當多的證據似乎能證明郭穎頤的觀點，例如清末洋務派士大夫們的軍工機械生產實踐，嚴復在翻譯過程中側重將現代科學作為價值體系加以推廣，五四知識人對於科學與民主以及工業社會的謳歌，新中國成立之後不同歷史時期裏對專業知識分子的大規模任用等等，用胡適在 1923 年的話說：「這三十年來，有一個名詞在國內幾乎做到了無上尊嚴的地位；無論懂與不懂的人，無論守舊和維新的人，都不敢公然對他表示輕視或戲的態度。那個名詞就是『科學』。這樣幾乎全國一致的崇信，究竟有無價值，那是另一問題。我們至少可以說，自從中國講變法維新以來，沒有一個自命為新人物的人敢公然毀謗『科學』

---

8 郭穎頤（D. W. Kwok）：《中國現代思想中的唯科學主義（1900-1950）》，南京：江蘇人民出版社，1998 年。

的。」[9] 但是，回顧 20 世紀初迄今的中國政治實踐，「科學」遠沒有取得過這樣的崇高地位，更遑論在國人心目已形成了「唯科學主義是從」的教條觀念。本文的簡潔梳理試圖揭示一個更接近真實歷史的解釋：科學主義並沒有成為中國共產黨領導下民族國家建構過程中的「意識形態」，而是始終服從於黨的路線和大政方針的調整。這一狀況是由中國共產黨在中國社會處於全面崩潰的危機中實施建國和社會重建的事實所決定的。

五四前後是有關科學的話語最為活躍的歷史時期。雖然如李約瑟（Joseph Needham，1900-1995）這樣卓有影響力的大學者論證了中國古代在科學技術領域取得輝煌成就，但在公共領域中廣泛討論科學話題，在中國歷史上也僅出現過五四運動前後這一段時期。在當時，科學與民主並舉，被倡導者推崇為解決中國積弱積貧之弊端的良藥。中國共產黨的締造者和早期主要領導人陳獨秀是在中國思想文化界倡議「科學」最活躍的知識分子之一，他曾以戰鬥檄文的口吻提出：

> 「反對《新青年》的人，無非是因為我們破壞孔教，破壞禮法，破壞國粹，破壞貞節，破壞舊倫理，破壞舊藝術，破壞舊宗教，破壞舊文學，破壞舊政治，這幾條罪案。這幾條罪案我們直認不諱。但是只因為擁護那德莫克拉西（Democracy）和賽因斯（Science）兩位先生，才犯了這幾條滔天的大罪。要擁護那德先生，便不得不反對孔教，禮法，貞節，舊倫理，舊政

9　轉引自郭穎頤（D. W. Kwok）：《中國現代思想中的唯科學主義（1900-1950）》，第 8-9 頁。

治。要那賽先生，便不得不反對舊藝術，舊宗教。要擁護德先生，又要擁護賽先生，便不得不反對國粹和舊文學。西洋人因為擁護德、賽兩先生，鬧了多少事，流了多少血，德、賽兩先生才漸漸從黑暗中把他們救出，引到光明世界。我們現在認定只有這兩位先生，可以救治中國政治上道德學術上思想上一切的黑暗。若因為擁護這兩位先生，一切政府的迫壓，社會的攻擊笑罵，就是斷頭流血，我們都不推辭。」[10]

不過，在五四時期倡導科學並不是以追求純粹知識為目的，而是帶着鮮明的政治立場，甚至有一種強迫性和規劃性的進步主義思潮作為其基礎。陳獨秀清晰地把科學與民主等同於通向光明的康莊大道，而把與他們的倡議不同的道路歸類於專制和迷信，他說：「現在世上是有兩條道路：一條是向共和的科學的無神的光明道路；一條是向專制的迷信的神權的黑暗道路。我國民若是希望義和拳不再發生，討厭像克林德碑這樣可恥紀念物不再豎立，到底是向那條道路而行才好呢？」[11] 這種涇渭分明的政治立場，與其說同當時剛剛引入中國思想文化界的共產主義理念息息相關，還不如說實則繼承了晚晴洋務派針對改良派的批評，即以進步對保守、現代對復古、法制對禮教的二分法，明確標識出中華民族面對外辱入侵和內部崩潰的重大危機時的不同選擇。也正是有這種過於強烈的政治指向性，對科學和民主的推崇，引起過一些甚至並不反對科學與民主思想的知識分子的非議，如魯迅在五四之前幾年就用一篇佶屈聱牙的文言

---

10 陳獨秀：《〈新青年〉罪案之答辯書》，《新青年》第 6 卷第 1 號（1919 年 1 月 15 日）。
11 陳獨秀：《克林德碑》，《新青年》第 5 卷第 5 號（1918 年 10 月 15 日）。

文批評國人將傳自西方的民主立憲（「眾數」）和科學精神（「物質」）視作救國之本，他分別批評到：「故多數相朋，而仁義之途，是非之端，樊然淆亂；惟常言是解，於奧義也漠然。」「事若盡於物質矣，而物質果品盡人生之本也耶？平意思之，必不然矣。」[12] 換作政治學術語來講，魯迅批評的是，西方民主不能解決「多數人暴政」問題（由於多數人意見不等於真理或仁義道德），科學方法不能解決人生意義和價值問題（由於休謨揭示的事實與價值的二分）。

但是無論倡議者還是批評者，都是在中華民族救亡求存的共同歷史背景下討論科學和民主問題。實際上，在當時的社會文化環境中，純從知識層面探究問題的知識分子可謂鳳毛麟角，無論「科玄之爭」還是新文化運動本身，或者關於中國社會史本質的大論戰等等，諸種規模較大的社會文化討論中，參與者均是要為中華民族奮發圖強尋找出路。因此可以理解，同樣鼓吹科學與民主的胡適將他老師美國哲學家杜威的實用主義（pragmatism）引入中國，旋即成為當時最有影響的思想方法。如同瞿秋白後來反省的：「中國五四運動前後，有胡適之的實驗主義出現，實在不是偶然的。中國宗法社會因受國際資本主義的侵蝕而動搖，要求一種新的宇宙觀、新的人生觀，才能適應中國所處的新環境，實驗主義的哲學，剛剛能用他的積極方面來滿足這種需要。」[13]

瞿秋白恰恰是從不徹底改造現存制度並且拒絕革命的角度來批判實用主義哲學的科學觀的：

---

12 魯迅：《文化偏至論》，載《魯迅全集》第一卷，北京：人民文學出版社，2005 年。
13 瞿秋白：《實驗主義與革命哲學》，載《瞿秋白文選》，成都：四川文藝出版社，2010 年。清華大學崔之元教授指出，瞿秋白使用的「實驗主義」也許是對 pragmatism 更好的翻譯。

「中國這樣的文化落後的國家，處於國際競爭之間，當然需要科學的知識，以為應付之用，所以實驗主義帶着科學方法到中國。其實這是一種歷史的誤會。實驗主義只能承認一些實用的科學知識及方法，而不能承認科學的真理。實驗主義的特性就在於否認一切理論的確定價值。他是歐洲資本主義社會的實用哲學，尤是『美國主義』。實驗主義竭力綜合整理現代市儈的心理，暗地裏建築成一個系統，雖然他自己是否認一切哲學系統的。市儈所需要的是『這樣亦有些，那樣亦有些』：一點兒科學，一點兒宗教，一點兒道德，一點兒世故人情，一點兒技術知識，色色都全，可是色色都不徹底，這樣才能與世周旋。可是決不可以徹底根究下去，不然呢，所得的結論，便是徹底改造現存制度，而且非用革命方法不可。那多麼可怕呵！現狀是可以改造的，卻不必根本更動現存的制度，只要瑣瑣屑屑，逐段應付好了。所以實驗主義是多元論，是改良派。」

然而悖謬的是，即使不接受「庸俗的」實用主義哲學，如在更強調「敢教日月換新天」的革命者那裏，也是以實用主義立場來看待科學 —— 科學同樣是一種促成政治治理目標實現的手段，而其本身很難構成這項目標的意識形態基礎。可以比較一下不同歷史背景下的一些例子：20 世紀 50 年代的政治氛圍下，曾流行一句很重要的口號：「教育必須為無產階級政治服務，必須同生產勞動相結合」，為此，中國大學對科學知識的學習讓步於在生產實踐中接受培訓，清華大學等工科高校的教程被修改為學生參與大型水庫及其他公共工程項目設計和建設的指導，課堂教育也被師生定期參加體力勞動所取代，大學教育的目標按照毛澤東的指示轉變為培養「有

社會主義覺悟、有文化的勞動者」。[14] 在 60 年代，工廠的黨組織由佔絕對多數的工人組成，在入黨上，工人也比技術幹部容易得多，但是進入 80 年代以來，技術幹部入黨的比例日益增多，工廠的主要管理職責也逐漸轉移到行政管理辦公室和技術辦公室，而不再是車間第一線。到了改革開放之後，按照社會學家魏昂德（Andrew Walder）對中國城市居民的調查，毛澤東時代有無大學文憑並不構成入黨考慮的重要條件，而 1987 年以後，大學畢業生在入黨上要高於非大學生近六倍。這些例子表明不同歷史環境裏，以教育程度為標誌的科學技術能力在政治體系中地位並不相同，但是，根本的政治與科學兩者的關係其實沒有改變，依然是政治領導人關於中國共產黨革命和建設道路以及中國社會未來的設想（政治理念）起着決定性作用：50、60 年代佔主導的政治路線是社會主義改造，接受工農羣眾的教育是成為社會主義新人的必經階段；80 年代之後是科技作為第一生產力的以經濟建設為中心的時期，有知識有文化的大學生成為各行各業的主力軍。

　　毛澤東的「馬克思主義原理與中國革命實踐相結合」的理論深刻表達了有關政治與科學之間關係的認識：

> 「要使馬克思列寧主義的理論和中國革命的實際運動結合起來，是為着解決中國革命的理論問題和策略問題而去從它找立場，找觀點，找方法的。這種態度，就是有的放矢的態度。『的』就是中國革命，『矢』就是馬克思列寧主義。我們中國共

14　安舟 (Joel Andreas)：《紅色工程師的崛起：清華大學與中國技術官僚階級的崛起》，香港：香港中文大學出版社，2017 年，第 58-59 頁。

產黨人所以要找這根『矢』，就是為了要射中國革命和東方革命這個『的』的。這種態度，就是實事求是的態度。」[15]

任何科學知識和理論體系都不是不可分拆、必須膜拜的神聖固着物，而是可以從中找出應對實際問題（「的」）方法（「矢」）的工具箱。鄧小平在 1978 年 3 月 18 日全國科學大會開幕式上的講話中，確立知識分子作為「工人階級自己的一部分」的政治地位，強調科技工作在黨和國家建設實踐中具有舉足輕重的作用（「科學技術叫生產力，科技人員就是勞動者」以及鄧小平本人 1988 年提出的更有名的論斷「科學技術是第一生產力」），也是這種根本的政治與科學兩者關係的展現。之所以與此前歷史時期在表述上不同，只是因為黨的路線和方針已經隨時代變化而發生了重大改變了。在理論上，政治學家鄒讜提出一個「中間道路」（the Middle Course）的概念來描述鄧小平時代中國共產黨路線的變化，即在以「經濟建設為中心」與此前的階級鬥爭為綱形成區別，以「堅持四項基本原則」與政治自由化主張形成區別這兩個邊界之間的中間道路，那麼，鄒讜強調，保持和維護黨的領導地位不動搖為最重要的任務是當然之義。[16] 在當前這個全球治理多極格局面臨深刻重構、各個國家的傳統發展模式都需要加以深入反思和調整的新時期，閱讀鄧小平這些有關科學技術的著名論述，應當明確強調並大力闡發其中的政治意義，而不能認為僅是對某種科學主義立場的回歸。

---

15 《改造我們的學習》，載《毛澤東選集》第三卷，北京：人民出版社，1991 年，第801 頁。

16 Tang Zou, *The Cultural Revolution and Post-Mao Reforms: A Historical Perspective*, Chicago and London: The University of Chicago Press, 1986, pp.219ff.

無論如何，在中國共產黨治理下的中國，存在着通過政治理念調整科學技術應用方向的意識形態，而科學主義自身不足以成為共產黨領導下民族國家建構的意識形態。這種狀況是由近代以來中國共產黨在中國社會處於全面崩潰的危機中實施革命、建國和社會重建的歷史事實所決定的。不過，回顧黨的治理實踐，也應當清醒認識到，共產黨有關科學的政治調整性這種意識形態是一把「雙刃劍」，它既有可能破壞科學技術的建設性功能，又有可能將技術路線調適到有利於治理目標的方向上。關鍵是認識黨治國家的治理任務及其面對的時代課題，然後在這種認識下尋找最有效的方法去加以應對。本文以下擬以新信息技術崛起為背景，討論黨治國如何針對新的發展機遇和治理挑戰，實施有效應對方案。

二、新信息技術崛起下的國家與社會

1994 年 4 月 20 日，中國實現與國際互聯網的全功能連接，從此開啟互聯網時代。在此後二十幾年的發展時間裏，新信息技術一方面深刻改變着中國人的生活，一方面成為國民經濟發展的重要驅動力，一方面推動國家在各個領域的治理變革，同時自身還不斷實現着迭代升級。但是，這幅整體上欣欣向榮的發展圖景，並不是每個環節都那麼和諧、融洽、平穩，而是時常生發出相互之間的衝突和牴觸，給國家治理能力提出新課題。

（一）治理新信息技術：推進發展與應對風險

針對新信息技術，中國政治領導層不可避免地面對雙重任務，其一，必需實施有效的政策推動信息技術產業的迅猛發展；其二，需要控制和管理新信息技術帶來的政治風險及社會風險。[17] 前者涉及到黨治國經濟發展模式的深刻問題，後者與黨治國對於中國網絡社會社會的認識緊密相關，我們將指出，在這兩項基本任務中，黨治國的治理實踐既非常有效，但同時也有相當的改進空間。

---

17 Zheng Yongnian, *Technological Empowerment: The Internet, State, and Society in China*, California: Stanford University Press, 2008, p.49.

中國政府主要採取規劃與產業政策扶持相聯動的方式，推動信息產業發展。中國政府的「規劃之手」在近年引起了國際學術界的關注，有西方學者提出，規劃的政策實施機制，既不同於美歐式市場經濟，也不同於前蘇聯式計劃經濟，而是兼具了一定的指向性和靈活性的資源配置手段，從而避免了計劃經濟對市場的壓抑以及市場經濟缺乏長期目標導向的弊端。[18] 關於產業政策，數年之前在國內的兩位著名經濟學家林毅夫和張維迎之間曾引發一場重要爭論。實際上，對於新信息技術這樣需要在前期投入大量資金從事基礎設施建設的產業，很難完全依靠市場來調配資源，而不得不通過國家財政在產業發展規劃指引下實施投入。中國信息產業發展的歷史，說明了產業政策具有不可替代的作用。但是，為避免形成寡頭壟斷、重複建設和大規模浪費，產業政策也不可取代市場的作用以及諸如反壟斷法、預算法等法治監管手段，政策回應市場及社會變化的靈敏度亦必需得到加強。

中國政府在信息產業領域的規劃與產業政策，是不斷加以推進和持續實施的。1997 年 4 月，全國信息化工作會議通過「國家信息化九五規劃和 2000 年遠景目標」，將中國互聯網列入國家信息基礎設施建設，從此保證了新信息技術作為國家信息化工程的重大核心項目的地位。1999 年 1 月，「政府上網工程」啟動，掀起政府網站建設熱潮。2000 年 4 月至 7 月，中國三大門戶網站 —— 新浪、網易和搜狐在納斯達克上市，同年 10 月，中共中央出台《關於制

18　Gang Phan, China's Wen delivers key targets of its development, *International Business Time*, archived from the original on 19 March 2011, Retrieved 5 March 2011.

定國民經濟和社會發展第十個五年計劃的建議》，提出要大力推進國民經濟和社會信息化，以信息化帶動工業化。從 2004 年開始，中國互聯網公司迎來自 2000 年以來的第二輪境外上市熱潮，如百度 2005 年 8 月在納斯達克上市，創下 2000 年互聯網泡沫以來納斯達克 IPO 首發上市日漲幅最高的記錄。2005 年 11 月，《國家信息化發展戰略（2006 － 2020）》審議通過，提出到 2020 年實現的信息化發展戰略目標以及 9 大戰略重點和 6 項戰略行動。2007 年 6 月，《電子商務發展「十一五」規劃》發佈，首次在國家政策層面確立發展電子商務的戰略和任務。2009 年 1 月，工信部向中國移動、中國電信和中國聯通三大運營商發放 3G 牌照。2010 年 1 月，國務院常務會議決定加快推進電信網、廣播電視網和互聯網三網融合。2012 年 2 月，工信部發佈《物聯網「十二五」發展規劃》，強調「物聯網是戰略性新興產業的重要組成部分」。2015 年 7 月，國務院印發《關於積極推進「互聯網 +」行動的指導意見》，提出推進「互聯網與經濟社會各領域的融合發展進一步深化」的發展目標。2016 年 12 月 15 日，國務院印發《「十三五」國家信息化規劃》，制定系統的國家信息化發展指標。除了這些具有產業全局性的規劃和政策部署之外，還有許多如「互聯網 +」具體產業部門、電子政務、電子商務、大數據、數字金融等具體行業的規劃及政策。總之，經過多年來的持續推進，信息產業已成為中國國民經濟體系中最為重要的門類之一，而且在信息產業內部也實現了多點開花、全面發展。

本文不擬過多引述中國信息產業發展在目前取得的成績，僅舉幾組實例來說明中國互聯網基礎設施建設領域的成效：2015 年，電子商務交易額達到 21.79 萬億元，躍居全球第一，2019 年全國電子商務交易額繼續擴大為 34.81 萬億元，而且是在經濟整體下行

的趨勢下取得的成績，顯示了電商平台交易模式在激活消費市場方面的積極影響；電子政務應用方面，到 2015 年，已基本形成統一完整的國家電子政務網絡，初步建成基礎信息資源共享體系，而且服務不斷向基層政府延伸，政務公開、網上辦事和政民互動水平顯著提高；截至 2018 年底，我國域名總數達到 3792.8 萬個，網站總數達到 523 萬個，網頁數量達 2816 億個，IPv4 地址數量為 338、924、544 個，擁有 IPv6 地址 41079 塊 /32，4G 網絡建設網絡覆蓋率超過 98% 的全國人口，4G 基站總規模超過 370 萬個，保持全球最大 4G 網絡的規模，5G 技術研發試驗第三階段測試工作也已基本完成，穩步推進 5G 商用進程。中國的信息產業至少在規模上已取得了並肩美歐等發達國家和地區的地位。當然，如許多關鍵領域的核心技術尚未實現自主創新，信息技術與製造業實體經濟的融合度還有提升空間等等問題依然存在，是我國需要加大力氣予以解決的。

在防範風險方面，中國已形成系統的監管體系，完成了建章立制。我國網管監管長期存在監管主體雜多、職權界定不明的問題，直到 2014 年 2 月 27 日中央成立網絡安全和信息化領導小組，才得到解決。1998 年 3 月，郵電部和電子工業部合併組建信息產業部，承接之前分別由郵電部和電子工業部承擔的信息和網絡監管的職能。2008 年 3 月 11 日，根據國務院公佈的機構改革方案，組建工業和信息化部，負責指導推進信息化建設及協調維護國家信息安全等，成為互聯網行業主管部門。但與此同時，我國可以直接或者間接管理網站的上級部門多達 10 餘家，主要包括國務院新聞辦公室、公安部網絡管理處、中共中央宣傳部、新聞出版署、文化部等等，長期存在的多部門承擔相關業務領域的網絡治理責任，多頭分

工但相互之間權責分配不夠明確，譬如 1998 年 8 月，公安部成立公共信息網絡安全監察局，負責組織實施維護計算機網絡安全，打擊網上犯罪；2001 年 5 月，中國互聯網協會成立；2010 年 6 月，中國人民銀行公佈《非金融機構支付服務管理辦法》，將網絡支付納入監管。行業協會着重推動行業自律和構建行業運作倫理，公安部和中國人民銀行的相關部門主要從打擊網絡違法犯罪的角度，對互聯網實施監管。

與傳統媒體以政策管理為主不同，基於新信息技術的新媒體由於傳播主體多元化的特點，依法管理顯得尤為重要。1994 年 2 月，國務院頒佈《中華人民共和國計算機信息系統安全保護條例》。至今，我國雖然制定實施了大量的法律法規以規範互聯網的發展，但依然存在眾多問題。一方面，我國網絡監管的相關立法及配套制度相對滯後且位階不高。例如，2000 年頒佈的《全國人民代表大會常務委員會關於維護互聯網安全的決定》和 2012 年實施的《全國人民代表大會常務委員會關於加強網絡保護的決定》都為我國互聯網規制的法治化發揮了重要的推動作用，但因為其以「決定」的形式出台，規定的內容在明確性方面仍有很大不足。從法律結構而言，網絡監管方面的基本法比較少、部門規章比較多，互聯網立法碎片化導致了很多部門面對權利時一哄而上，面對義務和責任時則相互推諉。[19] 另一方面，在立法內容層面，以往的法律法規過度強調政府對互聯網的管理，而對於公民個人權利保護則重視不夠。尤其是對於某個時期出現的所謂「敏感事件」，允許正面闡釋的空間太小，

---

19 周漢華：《網絡空間法治化建設》，http://news.youth.cn/jsxw/201410/
t20141026_5910191.htm,2014-10-26.

促使發表言論者在表達觀點前會陷入過度自我審查的漩渦中，最終導致人們不願意就很多嚴肅的問題公開發表自己的觀點。

2014 年成立的中央網絡安全和信息化領導小組，職責在於為保障網絡安全、維護國家利益、推動信息化發展實施頂層設計。2016 年 11 月 7 日，第十二屆全國人民代表大會常務委員會第二十四次會議通過《中華人民共和國網絡安全法》，其中第八條 [20]、第九條 [21] 規定兩項重大舉措，在組織層面和國家法律層面為建立多主體有機協作的網絡治理結構確立基本依據。2018 年 3 月，根據《深化黨和國家機構改革方案》，原中央網絡安全和信息化領導小組改成中共中央直屬議事協調機構 —— 中央網絡安全和信息化委員會，「負責相關領域重大工作的頂層設計、總體佈局、統籌協調、整體推進、督促落實」。這一系列措施標誌着我國已形成「頂層設計—監管執法—行業參與」的完整的網絡監管體系，為克服多頭管理、職責交叉的弊端確立了保障。

不過，治理框架雖然已經搭建完整，但由於新信息技術仍處於迅猛發展階段，在具體領域的治理實踐中，仍然有相當多的制度建設任務未曾完成。近年來，如 P2P 爆雷、個人信息泄露、垃圾郵件、網絡遭受惡意攻擊等等危害程度不一的網絡安全事件層出不窮，提出了持續完善網絡治理機制的新要求。但是，面對日新月異的新信息技術，任何國家都不可能事先制定出完備而有效的治理方

---

20 第八條規定：「國家網信部門負責統籌協調網絡安全工作和相關監督管理工作。國務院電信主管部門、公安部門和其他有關機關依照本法和有關法律、行政法規的規定，在各自職責範圍內負責網絡安全保護和監督管理工作。」

21 第九條規定：「網絡運營者開展經營和服務活動，必須遵守法律、行政法規，尊重社會公德，遵守商業道德，誠實信用，履行網絡安全保護義務，接受政府和社會的監督，承擔社會責任。」

案。需要建設的是有助於不斷追蹤技術領域和網絡社會變化並對其中的問題相應做出處理的制度機制。本文後面的分析將強調，過度依賴技術治理，導致當前的治理體系面對急速變化的技術領域和網絡社會缺少靈敏度。

（二）監管網絡社會：數字賦能與眾聲喧嘩

對互聯網的監管立足於黨治國家關於中國網絡社會特徵的認識。在這個方面，監管領域仍然需要持續加強其制度建設力度。中國網絡社會具有兩個鮮明的特徵：由「數字賦能」而加劇的貧富分化；由「眾聲喧嘩」而演變成的網絡文化平庸化。但目前的監管機制還未能有效針對這兩個問題。

互聯網的「技術賦能」打破了傳統的精英主義壟斷，草根網民在平等、開放的互聯網環境中擁有了更多的聯繫機會和生產性資源。同時，互聯網作為虛擬的空間，給網民的意見表達提供了便捷快速的平台，在網絡中人際傳播由點對點變成了點對面，促使突破了時空限制的個體意識很容易就聚集在一起。這種狀況成就了網絡社會「數字賦能」和「眾聲喧嘩」的特徵：新信息技術與經濟社會發展相融合，激發了新業態的創生，為更多人帶來了參與創新創業的機會；自媒體的高速發展，也越來越多、越來越便利地為普通民眾提供了發聲和展現自我的平台。

但是，網絡社會並不與現實世界中的權力關係相隔絕的，現實世界的資本力量、區域稟賦、政治權力、甚至個人才華機遇等因素，依然對利用新信息技術謀取發展產生影響。因此，數字化手段並不是均等地賦能於每一個參與者，相反，由於網絡的乘積效應，

新信息技術下財富聚集的速度更快、規模更龐大，「數字賦能」並不縮小 —— 相反擴大 —— 貧富差距。[22] 同樣，由個體意識匯集而形成的虛擬組織對個體的黏性非常高，會隨着個體意識的匯集與分散而變化，因此為爭取更多人的跟隨（即所謂「吸粉」或吸引流量），「眾聲喧嘩」的網絡文化會整體上形成一種大眾化甚至平庸化和低俗化的趨勢，大面積地摧毀傳統文化和精英文化的生存基礎，而另一方面，由於我國的網絡內容審查機制過於嚴厲，造成許多嚴肅的公共議題無法進行公開討論，而日益娛樂化的網絡狂歡又基本不在監管範圍以內，於是，網絡社會面臨非常緊迫的公共性文化重建任務。[23]

中國互聯網發展，到目前已經形成所謂三足鼎立的格局，即BAT（百度、阿里巴巴、騰訊）這三家中國最大的互聯網公司，形成了自己的體系和戰略規劃，分別掌握着中國的信息型數據、交易型數據、關係型數據，然後利用與大眾的聯繫通道不斷兼併後起的創新企業。這三家巨頭的故事已足以說明中國網絡社會「數字賦能」特徵加劇財富差異的問題了。但在這裏，本文還打算舉出一個人們較為熟悉的行業 —— 網約車 —— 作為案例，來說明因「數字賦能」而加劇收入差距的現象，在網絡社會有一定的普遍性。因為網約車在習慣上被稱為「共享經濟」，人們通常以為這是一個通過互聯網實現「共同生產，共同分享」的行業，然而以下的梳理表明，事實

---

22 Shoshana Zuboff, *The Age of Surveillance Capitalism:* The Fight for a Human Future at the New Frontier of Power, Profile Book, 2019.

23 有關當代中國現代性條件下的大眾媒體與公共性重建問題，參見呂新雨、趙月枝：《中國的現代性、大眾傳媒與公共性的重構》，載愛思想網站：http://www.aisixiang.com/data/34285.html.

並非如此。

我國網約車始於 2012 年 3 月「搖搖招車」正式上線，隨後，2012 年 5 月快的打車成立，同年 7 月滴滴出行公司成立，自此進入高速發展期。2016 年至 2019 年，我國網約車市場交易規模逐年上升，2019 年中國網約車市場整體交易金額達到 3044.1 億元（如圖 7-1 所示）。但在這樣龐大的市場規模中，網約車市場早已形成了寡頭壟斷的格局：2015 年，滴滴（先後獲騰訊、中信、中投、淡馬錫的多輪投資）佔據中國網約出租車市場份額的 99%，網約專車市場的 87%，在其他業務領域佔比超過 70%。[24]

圖 7-1　2016-2019 年中國網約車市場交易規模（單位：億元）

資料來源：前瞻經濟學人網

在此時實施規範化管理，反而為佔壟斷地位的企業排擠競爭者

24　戴建軍，田杰棠：《互聯網新興業態規制研究》，第 73-74 頁。

提供了便利。2016 年 7 月 26 日，國務院辦公廳印發《關於深化改革推進出租汽車行業健康發展的指導意見》，首次提出將互聯網專車納入預約出租汽車管理，明確網約車的合法地位；2016 年 7 月 27 日，交通運輸部、工業和信息化部等 7 部委聯合頒佈《網絡預約出租汽車經營服務管理暫行辦法》，明確了按照高品質、差異化經營的原則，確立發展定位，有序發展網約車，並要求各地應因地施策，結合本地實際制定具體實施細則。滴滴做出響應：2019 年 1 月 1 日開始，滴滴對所有無證不合格車輛下架、停止派單，規定要成為滴滴專車必須擁有兩本網約車證，「網絡出租車經營許可證」和「網絡出租車駕駛員證」，網約車司機必須持有「雙證」才能在網約車平台上接單。針對這一狀況，有行業分析人士精闢指出，2019 年是網約車合規年，也是中國網約車市場競爭的終結年。[25]

讓我們再來看看網絡社會的「眾聲喧嘩」特徵，這個特徵對傳統的主流文化傳播機制形成了挑戰。一般來說，沒有理由認為網絡社會是「必然」對抗國家權力的。在互聯網崛起之初，政府監管能力和技術水平跟不上來，由此產生一種「互聯網挑戰民族國家監管」的錯誤印象，但是事實上，互聯網技術固然增強了社會主體的行動能力，但也為政府密切監控和管理社會提供了強有力的工具，並不能簡單認為「互聯網挑戰政府」。[26] 以互聯網為基礎構建健全的信息規則體系，對於現代化國家建設有兩個方面的巨大益處：第一，中

---

25 《2020 年網約車市場規模與發展前景分析》，載前瞻經濟學人網：https://baijiahao.baidu.com/s?id=1667000376138315188&wfr=spider&for=pc.

26 鄭永年 2008 年在斯坦福大學出版社發表的 *Technological Empowerment: The Internet, State, and Society in China* 一書，詳細分析了這個狀況。該書已有中譯，鄭永年：《技術賦能：中國的互聯網、國家與社會》(東方出版社，2014 年)。

央政府可以依託互聯網形成完善的信息網絡，掌握基層社會和各個地方的動態、輿情和情緒波動。尤其是，中國作為一個幅員遼闊、地區間發展極不平衡的複雜治理體，僅依靠各級幹部官員難以切實掌握各地人民羣眾的真實情況，必須有一個讓老百姓暢所欲言的發聲平台，通過在各種不同聲音中進行研判，實時掌握社會動態，並且藉助網絡輿論來監督各地黨員幹部，提高黨員幹部為羣眾辦實事的能力。

第二，中央政府可以營造言論平台，使廣大羣眾在一個公開、公平的平台上爭論意見，培育理性、善於以辯證眼光看待問題的能力。現代社會事務複雜，在很多領域難以快速形成有說服力、符合事實的主導意見，如果習慣了用辯證的思維探討問題，則民眾會了解到任何事務都有正反兩方面的可能性，從而不會輕易相信謠言、謊言和極端言論。更進一步說，有了辯證思維，民眾對於政府具體政策實施中的困難甚至失誤會有更多的體諒和包容，更能「慎思而後動」，不容易盲從於少數人的煽動。總而言之，健全的互聯網監管機制能拉近中央政府與基層民眾之間的距離，一方面使中央政府的觸角延伸到社會每一個角落，感知社會各個角落的動態，另一方面使基層民眾能在中央監管部門的居間維護下進行意見碰撞，提升辨別是非、顧及他人態度的意識。

因此，針對網絡社會的「眾聲喧嘩」特徵，政府有必要也有條件創新治理手段，全面推動監管公開化、信息透明化、交流規範化，為完善黨治國家下網絡輿情治理體系確立支點。在我們看來，政府監管部門可以綜合採取葛蘭西（Gramsci Antonio，1891-1937）所說的「陣地戰」和「遊擊戰」的方式，形成政府主導下的網絡主流文化傳播平台與多種社會力量有序參與建設的網絡傳播平台，相互

之間良性競爭、有效互動，共同推動網絡社會與官方推崇的主流價值觀相融合。但正如本文馬上要分析指出的，過度依賴「技術治理」，使得監管部門未能從有助於培育政治審議能力的角度來探索網絡社會輿情監管的制度建設。

三、技術治理的限度及其表現

　　在我國學術界的討論中，所謂「技術治理」，有兩個層面的含義：一是指基於規範化、技術化和標準化的規則實施治理，一是指運用信息技術參與政府治理和社會治理。[27] 在一定的範圍內，無論是規則化治理還是技術手段參與治理，都是非常有必要的，因為一方面，如同德國社會理論家韋伯（Max Weber，1864-1920）論證的，現代社會高度複雜，官僚機構需要恪守程序性、常規性、標準性的流程來處理日常事務，以便最大限度地降低官僚實施自由裁量而誘發腐敗的可能；另一方面，信息技術手段有精準預測日常行為規律的功能，有基於對海量信息進行分析和處理而檢測風險的能力，有通過對社會事件的及時預測提高管理效能的效用，因此能夠為政府提高履職能力和民眾管理公共事務和自身事務，提供更多的便利。但是，因為無論實施規則化治理還是應用技術手段參與治理，都是以一般性公眾為對象，無法甄別、考慮、同情具體個人的具體情況以及具體事務的多樣性細節，所以，規則和技術經常難以成為維護

27　參見王雨磊：《數字下鄉：農村精準扶貧中的技術治理》，《社會學研究》，2016年第 6 期；劉永謀：《技術治理的邏輯》，《中國人民大學學報》，2016 年第 6 期；張現洪：《技術治理與治理技術的悖論與迷思》，《浙江學刊》，2019 年第 1 期；韓志明：《技術治理的四重幻象 —— 城市治理中的信息技術及其反思》，《探索與爭鳴》，2019 年第 6 期；劉秀秀：《新時代國家治理中技術治理的雙重維度及其出路》，《行政管理改革》，2019 年第 10 期。

「人的全面發展和社會全面進步」的手段。

（一）信息產業推進策略中的過度「技術治理」

我國政府在推進信息產業發展過程中對「技術治理」的過度倚重，主要體現在兩個方面。其一，信息技術及相關科技領域規劃和產業政策的實施，是基於一種趕超戰略的思路，即「採取扭曲產品和要素價格的辦法和以計劃制度替代市場機制的制度安排，提高國家動員資源的能力，突破資金稀缺的比較劣勢對資金密集型產業發展的制約，進而使產業結構達到先行發達國家水平的發展戰略。」[28] 實施趕超戰略，必然要配備一整套龐大的管理體系和項目運作程序，「技術治理」的流程感、管理習氣都非常強，相應對從事前沿工作科技人才的主觀認知、市場的需求和社會的需要等等因素的敏感度都會極大降低。應該說，在技術路線明確的領域裏，趕超戰略能夠取得較大的成績，但是，對於需要更多創新性思維和前沿性探索的科學技術領域，過度依賴技術治理的趕超戰略就表現得非常不足了。

事實上，新知識的產生有兩種方式，一種是「漸進連續式」，技術曲線呈平滑穩定前進的發展態勢；另一種是「突變跳躍式」，是指知識的飛躍性突變，在技術的延續曲線上出現斷點，呈跳躍性發展。在科學技術領域，對應於不同的知識創新過程，有「延續性創新」和「顛覆性創新」這兩種創新模式，前者即是基於明確的技術路線，其創新性主要表現為鞏固和改進既有的技術路線，而後者的發明會全盤取代既有的技術路線，顛覆原來的研究和生產。如表

28　林毅夫：《解讀中國經濟》，北京大學出版社，2012 年，第四講。

7-1 所示，以 OECD 成員國的研發投入統計數據為樣本，分析中美日三國技術創新能力的內在差異可以發現：美國相較於日本，在高科技含量高的新興產業領域實施了更大的投入；日本研發經費較多的產業既有其傳統的優勢產業如汽車產業，又有如醫藥製藥這樣的新興產業，說明日本一方面對其優勢的傳統產業保持着高水平的研發投入，另一方面，也積極向高科技領域進軍；相比之下，我國的研發整體投入雖然已在數量上超過日本，但是投入還是集中在傳統的產業上，而對科技含量更高的產業投入佔比較少。可以得出一個結論：相較於美日兩國，我國在科技含量要求相對更高、創新更密集的產業中投入較少。這說明我國的研發投入仍處於由中高技術產業向高技術產業過渡的階段，對於有顛覆性創新能力的高科技產業支持力度相對美日而言較弱。

表 7-1　中美日研發經費投入比較（2013-2015）　單位：百萬美元

美國		日本		中國	
各國研發投資最多的 6 種製造業					
醫藥以及生物製藥	203491	汽車以及掛車	96333.6	機械設備	97547
電子配件及電路板	101640	醫藥以及生物製藥	45559.8	金屬加工	80917
航空航天器及相關器件	89476.2	機械設備	39551.6	電子設備	78459
汽車以及掛車	55205.7	通信設備	25346.2	化工	69057
通信設備	51671.4	化工及化學製品	23839.2	電子配件及電路板	67331
測量儀器及導航設備	39085.2	電子配件及電路板	19015.7	汽車以及掛車	67256

資料來源：OECD：「Standard Analysis R&D expenditures in Industry [ISIC Rev. 4]」.

放在全球研發投入狀況中觀察，如圖 7-2 顯示，從 2000 年至
2015 年，全球製造業研發投入增幅最大的 6 類產業是航天航空產
業、生物製藥產業、通信設備產業、電腦及周邊產業、電子醫療設
備產業以及成像技術產業；研發投入縮減最大的 4 類產業，前者為
後者為金屬加工、汽車產業、機械設備以及印刷業。可以看出，
全球研發投入更注重高科技產業，而對傳統技術型產業的研發投入
正在衰減。結合表 7-1 進行比對，能夠發現，在全球高新產業的整
體研發費用還較少的時候，美國就已提前佈局，因此實現了其在醫
藥、航天等領域的投資佔比遠超其他國家。而我國在全球研發費用
開始減少的金屬加工、汽車以及機械設備產業仍然保有較大佔比的
研發投入，產業研發投資結構落後於美國和日本兩國。

圖 7-2　全球研發投入變動情況

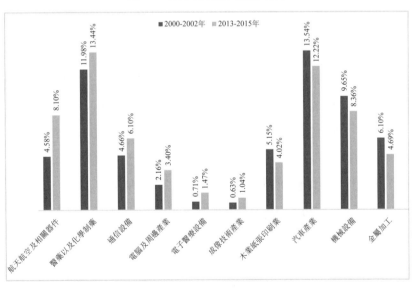

（資料來源：OECD：「Standard Analysis R&D expenditures in Industry
　　　　　　[ISIC Rev. 4]」）

其二，在以鼓勵顛覆性創新為主流的信息技術行業裏，我國多個地方政府的政策推進模式是基於對美國矽谷發展經驗的學習，但由於對矽谷制度環境最突出的三個特點——社會創新文化的營造，創新導向型制度的建立，以及自負責任投資系統的創設——理解不夠，[29] 往往在各地的「中國矽谷」建設過程中依然採取大項目投入的趕超模式。而且，即使矽谷模式本身，在當前的全球化新發展趨勢下，也開始顯露出西方制度下因為過於偏重「科學主義」以及資本運作「規律」而拒絕政治審議（如通過民主機制對技術資源進行再分配）的某些弊端，例如：這種流行的創新驅動模式具有阻礙可持續性創新、增大收入差距、加劇貧富懸殊等負面效應。

美國著名經濟評論家邁克‧曼德爾（Michael Mandel）早在 2009 年 6 月的《商業周刊》（Business Week）發表的一篇題為「美國不再能實現創新」的文章分析指出，美國大型科技企業早已不再依靠其科技創新能力生存，而是直接從股票市場中贏利。另一位著名社會學家、管理學家拉佐尼克（William Lazonick）近年發表多篇數據更扎實的學術研究，指出在納斯達克上市的科技公司通過「回購」公司股票而大幅獲利。2000 年至 2008 年全美回購股票金額最多的十大公司中，高新科技公司佔了四席，包括微軟、IBM、英特爾、惠普，這幾家公司用於股票回購的資金遠遠超過其研發投入。此外，收取巨額專利費用，而不是將這些發明專利投入應用，也是這些大型科技公司近年的主要利潤來源。

源自矽谷的信息技術革命，創造出了一種先進的生產方式，

---

29 吳軍博士的暢銷書，《矽谷之謎》（北京：人民郵電出版社，2016 年），很生動地闡述了矽谷崛起和發展的這三個重要制度特點。

但由於存在大量的技術門檻和制度壁壘，使這種先進生產模式目前僅局限於一些前沿生產領域，能直接從中受益的人口非常有限。同時，由於全球勞動分工的影響，研發和生產製造通常能夠分離，生產製造更趨向於在勞動力和土地等生產資料價格成本低廉的國家或地區聚集。由此造成的就是一國以內收入差距的急劇拉大，無力進入高新技術研發領域的家庭，在本地連從事中低端生產製造的機會都很少，從而不可能分享到高新技術迅猛發展帶來的紅利。總而言之，以美國矽谷模式為模板的創新驅動戰略，的確擁有催生信息技術革命的巨大生產力，但同時也造成了美國國內經濟發展的嚴重失衡，從而導致如今的民粹主義政治盛行。這是我國在社會主義條件下推進創新驅動戰略，所要清晰認識、堅決克服的弊端。

（二）網絡社會監管領域的過度「技術治理」

在網絡監管領域，過度依賴「技術治理」又有另一副面容。通常而言，對於我國網絡監管的批評，是說我國的網絡監管體制偏於嚴厲，經常無法保障某些正常的言論表達。但這種意見過於籠統，並不足以幫助我們認識問題。

的確，在具體的網絡監管措施中，目前還存在許多問題。其中比較突出的一點，就是我國對於包括互聯網在內的媒體服務實行「嚴格核准主義的管理原則」，就非法信息內容的限定而言，是最為嚴厲的。例如，不但規定了西方許多國家嚴格禁止的泄露國家秘密的信息、向未成年人傳送色情信息、宣揚暴力和種族主義的信息、

威脅恐嚇他人為目的的虛假信息等，更列明「鼓動聚眾滋事」[30]、「煽動非法集會」[31]、「利用互聯網組織聯絡邪教組織」[32]、「危害社會公德或者民族優秀文化傳統」[33] 等非法信息內容，這些內容在當今世界多數主要國家都沒有加以明確界定或禁止。

但是，最大的問題還不在於上述嚴厲的內容監管規定。從本世紀初期開始，國家監管部門開發應用了如通過 IP 報文關鍵字過濾的技術對互聯網國際入口的大部分信息進行監測、通過在國家級入口網關直接進行 IP 地址阻斷、實施主幹路由器關鍵字阻斷、控制 DNS 實行域名過濾等等技術手段，非常嚴格地控制着互聯網上的自由，成為名副其實的最為嚴厲的網絡監管體制。這就是網絡監管對「技術治理」的過度依賴：(1) 過於依賴以敏感詞控制、流量控制等為主要內容的自動檢測技術；(2) 過於依賴對於網絡謠言、不良信息等的舉報機制。過度依賴「技術治理」，導致簡單粗暴地屏蔽掉網絡信息，而不理會實質內容或立場，從長遠看，這種治理方式一方面滋長某種猜忌、狐疑、不信任的文化心理（即懷疑任何不可言說的事件背後都隱藏着不可告人的「陰謀」），另一方面，也因為形成不了有針對性的論證和辯駁，從而為造謠、誹謗、或者純屬宣泄個人情緒的言論打開了方便之門，導致網絡上難以就重大問題形成有序、健康、高質量的討論，反而只能通過諧謔、反諷、戲仿、娛樂化來宣泄不滿。網絡社會由於「眾聲喧嘩」而迫切要求的公共性文化重建，在過度依賴「技術治理」下是無法實現的。

30　如《教育網站和網校暫行管理辦法》第 18 條第 1 款。
31　如《互聯網新聞信息服務管理規定》第 19 條。
32　如《關於維護互聯網安全的決定》第 2 條。
33　如《互聯網絡服務營業場所管理條例》第 14 條。

此外，過度依賴「技術治理」，也使網絡監管法治化發展的內在動力不足，導致我國有關互聯網信息傳播及網絡安全的監管責任規定，多為原則性和籠統性的表述，在實踐中缺乏可操作性。在這種原則性的嚴格責任監管之下，互聯網企業為了規避法律責任，對用戶發佈的信息進行層層加碼的嚴厲規制，網絡信息內容動輒被刪除，而救濟機制也僅有向服務商平台申訴一途。這種局面加劇了我國網絡監管領域制度發展碎片化的趨勢，即無法通過監管部門與行業、社會和網民的平等協商、理性溝通來推進網絡法制的發展。

　　表面上看，各種網絡監管問題的產生是監管實踐過於「考慮政治因素」的後果，但是如果仔細分析，可以發現事實正好與此相反：自動檢測技術和舉報機制粗暴地堵塞了理性政治審議的可能性。實際上，在互聯網、社交媒體等新信息技術產生之前，世界各國對社會輿情的監管都是以政治審議為基本手段的，即以保障政治大局為根本，調控着各種不同言論之間的平衡，既允許無論左的還是右的意見發言，又使各種意見形成對峙，防範極端化傾向。在網絡監管過度依賴自動檢測技術和舉報機制等「技術治理」之後，由於過濾機制本身是沒有任何「大局觀」可言的，舉報也容易淪為發洩私憤和相互攻訐，目前這種表面上看來相當嚴厲的監管機制，事實上卻產生了對維護政治大局非常不利的後果：譬如，(1) 所謂「高級黑」、「低端紅」的言論經常得不到有效干預，影響老百姓對黨和政府的信任和尊重；(2) 下流的、庸俗的信息得不到及時治理，造成互聯網環境惡化；(3) 正當的嚴肅話題交流、適度的情緒性發洩等卻被粗暴遏制，加劇普通網民的不滿。在不久之前，國家網絡監管部門剛剛封了一批所謂做「愛國生意」的公眾號，它們打着「愛國」旗號造謠抹黑其他國家，甚至在新冠疫情防控期間導致了一些

國家向我國提出抗議。這類公眾號的長期存在也說明，互聯網監管更重要的責任是培養網民們理性、深思、明辨的態度，如此才能推動形成網絡社會風清氣正的公共文化品質。

四、黨治國下的技術治理創新：向何處去？

　　現代科學孕生於歐洲 17-18 世紀的啟蒙運動。啟蒙運動是一場思想解放運動，用理性之光驅散了封建專制和宗教蒙昧。但是，當科學精神所推崇的「理性」與「規律」被當作「絕對的確定性」加以追求時，就造成了對文藝復興以來開啟的人文主義精神和個性解放的壓抑。[34] 在歐洲現代思想史上，從伯格森和尼采等人的生命哲學，克爾凱郭爾和海德格爾等人的生存哲學，到福柯、德里達等人的解構主義等等卓有影響的哲學流派，還有陀思妥耶夫斯基和卡夫卡的小說，卓別林的喜劇電影，甚至激進的反進步主義思想家如邁爾斯和柯科斯以及卡爾・施米特等等，無一不是在批判科學主義以及建基於其上的「技術治理」。不過，這股強勁的反科學主義思潮通常滑向徹底否定科學技術的價值，最終徒然造成思想認識上的混亂。譬如，針對幾乎給歐洲文明帶來毀滅性災難的法西斯主義，德國公法學家卡爾・施米特認為是對英美議會政治等「技術治理」的克服，[35] 匈牙利哲學家喬治・盧卡奇認為其本身是一種激進的非理

34　Stephen Toulmin, *Cosmopolis: Hidden Agenda of Modernity*, Chicago: University of Chicago Press, 1990.

35　施米特：《中立化與非政治化的時代》，載《施米特文集：政治的概念》，上海：上海人民出版社，2004 年。

性主義表現，[36] 而社會學家彼得・諾維克、勞倫斯・里斯則揭示其整齊規劃、機械化運作的極端理性主義表現。[37]

中國古代思想上沒有西方近現代的「科學」概念。中國哲學家李澤厚認為中國文化傳統是一種「實用理性」，偏重實踐和效用，在抽象性和規範性上不足，從而無法形成作為純粹知識探究的科學理念。對比康德的範疇體系，李澤厚說：「而中國傳統實用理性的最大缺陷和弱點就在於，對這一實踐操作本性的感性抽象的意義和力量缺乏足夠認識和充分發展。這也是中國缺乏高度抽象思辨的純粹哲學的重要原因。如我以前多次指出，中國有技藝，無科學。中國文化由於過分強調『理論聯繫實際』，沒有也不能產生歐幾里德幾何學和 Pythagoras。中國傳統實用理性過於重視現實的可能性，輕視邏輯的可能性，從而經常輕視和貶低『無用』的抽象思維。」[38] 經過五四運動，「賽先生」進入了中國人的視野範圍，但正如我們前文論述的，科學與民主都主要是作為幫助中華民族擺脫列強欺辱、走出積貧積弱命運的手段而得到強調。在中國共產黨取得在中國社會的領導權之後，給予科學以及以科技工作者為代表的知識分子的政治待遇，在不同歷史時期均有不同，但政治與科學兩者的根本關係沒有改變：前者對社會發展的認識和願景為決定性因素。中國的科學觀或科學主義依然是「實用理性」範疇下的。

只有從中國共產黨與中國社會的關係出發，才能理解在黨治國家下政治與科學的這種關係。中華民族在近代遭遇來自西方的軍

36　盧卡奇：《理性的毀滅》，南京：江蘇教育出版社，2005 年。

37　彼得・諾維克：《大屠殺與集體記憶》，南京：譯林出版社，2019 年；勞倫斯・里斯：《大屠殺：一部新的歷史》，南京：譯林出版社，2020 年。

38　李澤厚：《實用理性與樂感文化》，北京：三聯書店，2005 年，第 12 頁。

事、文化、經濟和制度的全面衝擊，傳統帝制皇朝的幾大支柱全部崩塌，士大夫階層、儒家德治體系、小農經濟、親緣倫理，統統被當作阻礙中國走向現代化的消極因素。在這種社會秩序整體崩潰、人性渙散的歷史背景下，無論國民黨還是共產黨，都選擇了藉助蘇聯列寧主義政黨組織模式來統合社會各界的路徑，由此形成後來偏重於權力集中的政治治理格局。如同經過 2017 年十九次全國代表大會部分修改的《中國共產黨章程》的這段既有深厚傳承又有鮮明時代色彩的話所表明的，中國共產黨並不外在於中國社會，其自我認知、使命設定以及政權組織方式都牢牢扎根於中國社會，這就決定了中國共產黨有意願也有能力對中國社會、科學、文化、教育、經濟等等方方面面進行全面引領：

「中國共產黨的領導是中國特色社會主義最本質的特徵，是中國特色社會主義制度的最大優勢。黨政軍民學，東西南北中，黨是領導一切的。黨要適應改革開放和社會主義現代化建設的要求，堅持科學執政、民主執政、依法執政，加強和改善黨的領導。黨必須按照總攬全局、協調各方的原則，在同級各種組織中發揮領導核心作用。黨必須集中精力領導經濟建設，組織、協調各方面的力量，同心協力，圍繞經濟建設開展工作，促進經濟社會全面發展。黨必須實行民主的科學的決策，制定和執行正確的路線、方針、政策，做好黨的組織工作和宣傳教育工作，發揮全體黨員的先鋒模範作用。黨必須在憲法和法律的範圍內活動。黨必須保證國家的立法、司法、行政、監察機關，經濟、文化組織和人民團體積極主動地、獨立負責地、協調一致地工作。黨必須加強對工會、共產主義青年團、

婦女聯合會等羣團組織的領導，使它們保持和增強政治性、先進性、羣眾性，充分發揮作用。黨必須適應形勢的發展和情況的變化，完善領導體制，改進領導方式，增強執政能力。共產黨員必須同黨外羣眾親密合作，共同為建設中國特色社會主義而奮鬥。」

當然，應該馬上說明，理解在黨治國下政治與科學的根本關係是一回事，評判政治關於科學作用的認識又是另一回事。無論如何，科學對於促進社會進步、經濟發展、改善人民福祉都有極其重要的建設性意義，就這一點而言，鄧小平實施撥亂反正，重新肯定科學以及科技工作者在共產黨體制中的作用和地位，是再如何強調也不為過的。本文對過度依賴「技術治理」的批評，並不意味着主張回頭走向對科學和適度「技術治理」的否定，而是希望提醒注意，在共產黨治理下的中國，政治有對科學和技術進行調整、有效利用的能力。那麼，這裏的關鍵問題就是，應當堅定甚麼樣的政治治理目標，為了誰的利益，以甚麼樣的方式利用好科學和技術手段？

習近平在十九次全國代表大會上作的報告，已經回答了當前中國共產黨的政治治理目標問題：首先，中國共產黨調整了她關於當前中國社會主要矛盾的認識，即「中國特色社會主義進入新時代，我國社會主要矛盾已經轉化為人民日益增長的美好生活需要和不平衡不充分的發展之間的矛盾」；然後，提出了中國共產黨的應對方案，即「我們要在繼續推動發展的基礎上，着力解決好發展不平衡不充分問題，大力提升發展質量和效益，更好滿足人民在經濟、政治、文化、社會、生態等方面日益增長的需要，更好推動人的全面發展、社會全面進步。」最後，強調了中國共產黨實現其當前政治

治理目標的進路，即「全黨要牢牢把握社會主義初級階段這個基本國情，牢牢立足社會主義初級階段這個最大實際，牢牢堅持黨的基本路線這個黨和國家的生命線、人民的幸福線，領導和團結全國各族人民，以經濟建設為中心，堅持四項基本原則，堅持改革開放，自力更生，艱苦創業，為把我國建設成為富強民主文明和諧美麗的社會主義現代化強國而奮鬥。」透過這一系列意識形態的話語表述，簡而言之，我們可以明確中國共產黨在當前為其自身確定的治理任務，是「更好推動人的全面發展、社會全面進步」。

那麼，如何在「更好推動人的全面發展、社會全面進步」的治理目標下思考科學和技術手段的作用？我們可以在理論層面上初步探討這個問題。有大量研究表明，科學和技術並非中立的，科學技術進步涉及對哪個羣體有益以及沿着甚麼方向發展的政治學問題。在《資本論》第一卷第十三章，馬克思揭示了技術進步的社會政治後果，提出「技術是具體歷史中展開的社會關係」的命題，當代西方馬克思主義理論家埃爾斯特 (Jon Elster) 進一步分析指出，「在給定時間內不止一種有效率的技術」，從而開放出多種技術路線競爭的思考。[39] 實證研究表明，如數控機牀、電視機、建築、城市交通設施、電腦操作系統等技術規劃，原本有多種的方案可供選擇，其中有的更有利於管理者，有的更有利於勞動者，有的更利於普通消費者。[40] 技術路線的可選擇性為民眾參與技術發展並且分享技術發

---

39 關於馬克思技術決定論傾向的分析，見崔之元：《1848 年的馬克思、托克維爾和蒲魯東》，《二十一世紀》(香港中文大學・中國文化研究所)，2018 年 6 月號，總一六七期。

40 戴維・諾布爾：《生產力：工業自動化的社會史》，北京：中國人民大學出版社，2007 年；達拉斯・斯邁思：《自行車之後是甚麼？：技術的政治與意識形態》，《開放時代》，2014 年第 4 期。

展成就，創造了條件。共產黨領導的國家建設實踐過程中，有許多案例也初步證實了這個觀點。例如，中國在缺乏資本和電子信息科學技術的歷史環境下，已經開展過大規模的普通羣眾參與的技術創新，如 50 年代在上海等城市推動「電子掃盲」運動，60、70 年代依靠由此培養出來的普通工人中的「赤腳電工」的經驗，實現了許多行業的全自動化生產。[41] 在當前，我國的科學技術人才儲備和經費積累都已經達到了相當水平，此時更應該探索使科學技術與廣大勞動者羣體（包括科技工作者和普通勞動者）緊密聯繫起來的發展模式。

本文前面分析指出，在產業推進和網絡監管過程中，過度依賴「技術治理」已經導致了如寡頭壟斷市場、研發投入結構陳舊、網絡公共文化衰敗等問題。如何改變這種局面，創造一種全新的新信息技術發展模式，使黨治國家既有效推進信息產業發展又妥善監管網絡社會？在結束這篇文章之前，我們提出，最重要的還是回到中國共產黨反覆強調的那個理念，「一切為了羣眾，一切依靠羣眾」。這要求在新的歷史條件下拓展和保障行業協會、勞動羣體和其他各類社會主體參與決策；探索使技術治理更好服務於共產黨最珍視的政治價值的制度創新；通過加強中國共產黨引領廣泛的民主參與的能力建設，促使技術治理服從於共產黨領導下的民主政治審議。只有通過堅決貫徹技術發展是為了勞動者等廣大人民羣眾利益的價值理念，技術樂觀主義與技術民族主義各自的弊端及其相互之間的緊張衝突，才能得到消除。

---

41 王洪喆：《從「赤腳電工」到「電子包公」：中國電子信息產業的技術與勞動政治》，《開放時代》，2015 年第 3 期。

第八章

科技創新體系的比較分析

摘要

　　美國在科技領域構建了公共部門與私人企業之間的共生共贏關係，營造出一個「網絡型科技創新體系」，即通過在公私部門之間建立起科技創新網絡，激勵其海內外多元主體共同參與科技研發和成果轉化，並且鼓勵參與主體相互之間既合作又競爭。這種網絡型科技創新體系，才是美國長時期維持科技實力領先地位的根本保證。

　　中國科創體系具有顯著的分層特徵：（1）最上層是國家主導的科研活動，包括重大科技攻關、重大科研任務，針對的是對國家發展有重大意義的科技研發項目。在這個層面，「舉國體制」的科技創新機制發揮最大作用；（2）中間層是國家主導、多元科研主體共同參與的科研活動，以非行政命令的方式動員了從中央到地方、從政府到高校、科研院所和企業等多個領域科研力量參加。這個層面主要實施定向配置資源和競爭性經費使用等機制；（3）最下層是科研人員的自由探索，在形成「顛覆性創新」方面收取始料未及的效果。這個層面目前主要是以鼓勵各高校和科研院所自主設置科研培育項目的機制加以推行。

　　中國的分層型科技創新體系與美國的網絡型科技創新體系都各有其優勢，亦各有其不足。在美國，政府、軍方、企業、大學等各方主體結成了嚴密的創新網絡，沒有哪一種力量可以壟斷技術路

線的決定權，而各個創新主體之間的競爭又使廣大科技專家有機會獲得資源去不斷探索新的技術路線。在這其中，政府部門同樣有動力投資於早期技術開發，以科學原理和技術原理的突破來創造新產業和新市場。換句話說，網絡型科技創新體系的優點，是它的「勇於創新」的特性。美國網絡型科技創新體系也存在內在脆弱性和易變性的弱點，在當前已經遇到了顯著的挑戰。

在中國，國家主導着主要的科研資源。就優勢而言，最上層由國家主導的重大科技攻關，是迄今為止最為有力而且成就最顯著的科研活動領域，近年如航空航天、高鐵研發、量子信息等重大項目取得世界領先的成果，都是在這一層科研資源的支持下實現的。中間層的研發活動在國家自然科學基金委等機構的主持下，也同樣取得了相當顯著的成績，尤其是推動了許多企業參與國家科技專項的研發之中，形成了政府與市場、社會的合力。企業和科學家自主創新的空間也在相應增大，許多民營科技公司的發展已超出了公眾的意料之外。尤其值得期待的是，隨着國家層面推動的科研管理體制改革的深入實施，我國科技創新體系的層級化色彩已經在發生改變，「國家主導，監督推進」的科研模式得到了越來越廣泛的應用，立項方式和成果評價標準的多元化亦有所展現。

就中國的分層型科技創新體系而言，目前突出的問題有三點：（1）科學家羣體的意見目前已在各類科研立項和管理中得到了高度重視，但產業界和其他社會大眾的意見還沒有適當的渠道加以反映；（2）國家主導的科研體制改革，是推動科技創新發展的主要引擎，但各種改革舉措的實際效果缺少科學嚴謹且公開透明的第三方評估，不利於及時總結改革經驗教訓；（3）是第三層的科研，即科學家和企業自由探索的科研，還比較薄弱。創新我國科研管理體

系、優化提升我國國家創新能力，應當充分調動各個層級科研主體的積極性，同時以政府調整具體領域的市場制度為引擎，引導形成最適合相關產業發展的創新模式，在政府制度創新之下激發市場活力，推動我國科技創新能力的整體高質量發展。

總而言之，通過中美兩國科技創新體系的比較分析，我們能形成對雙方優勢和不足的理性判斷。而改革創新我們的科研管理體制，需要在分層型科創體系中注入更多的網絡化元素，以便形成多元創新主體有機聯繫、緊密互動的格局，保證多樣性技術方案得以生長、共存和相互競爭，產生激勵科技創新能力持續提升的內生動力。就我國當前科研體制的特徵而言，特別需要強調激發各類企業自主投入科研的制度機制建設，以多元的創新主體的充分激活來保障國家整體科技創新能力的提升，為中國引領未來科技發展奠定基礎。

在 2021 年底，哈佛大學貝爾弗中心發佈一項研究，用一系列報告比較中美兩國在經濟、科技和軍事上的實力差距。研究宣稱，中國現在是一個「全方位的同行競爭者」，是美國這個當今世界唯一超級大國在過去幾十年裏遇到的「最可怕的崛起的敵手」。[1]

顯然，這項研究迎合了美國迅猛抬頭的民粹主義政治，報告充斥着危言聳聽的言辭。項目主持人之一、哈佛大學著名國際關係學者格雷厄姆‧艾利森說明，這些報告原本是給 2020 年 11 月大選後新政府準備的一攬子過渡期備忘錄的一部分，目的在於告訴新上台的決策層，中國已經不僅是「接近同行的競爭者」，「不要光站在那

---

1 The Great Tech: Rivalry: China vs the U.S.，見貝爾弗中心官網 https://www.belfercenter.org/.

兒，要做點甚麼」。因此，為吸引眼球，這些報告誇大其詞，將中國視作有可能破壞「世界範圍內的健康和繁榮增長」的挑戰者，而美國則是為「自二戰以來領導的 70 年國際秩序提供了一個罕見的『長期和平』」。報告一再強調它的主旨：美國這樣的「世界歷史的最大玩家」，需要「創造有效的、可持續的對華政策」。

對這項研究表達出的敵意，我們應該引起戰略上的重視，但完全不必陷入美國政治輿論場的話語圈套。中國人民已經形成共識，中國的崛起不是為了挑戰任何國際秩序，而是為了使得每一個中國人都有能力參與創建和享受「促進人的全面發展，社會全面進步」的制度環境。從這個共識出發，我們需要清醒認識，中國依然存在許多阻礙全面、均衡發展的問題，我們應當集中精力辦好自己的事情。哈佛大學貝爾弗中心的上述研究，如果還有些許可取之處，則在於它至少可以提醒我們，不妨着手一項基礎性研究工作，即通過中美兩國在具體領域中的體制機制比較，分析我們存在的不足，為進一步完善制度、實施政策創新確立方向。

以「科技」這個重大議題為例。我國的科技創新力量大而不強，原創性基礎研究缺乏，很多關鍵核心技術尚未實現自主可控，這些都是我們有清晰認識的尖銳問題。而貝爾弗報告的「科技篇」卻指出，中國會很快在 21 世紀的幾大重要科技領域 —— 人工智能、半導體、5G 無線技術、量子信息科學、生物技術和綠色能源 —— 成為全球領導者，在某些領域，中國已經超越了美國。報告為此提供一些數據作為佐證，如在 2020 年中國生產了全球 50% 的電腦和手機，美國只生產了 6%；中美太陽能電池板的生產比是 70:1；中國賣出的新能源電動車數量是美國的 4 倍；中國的 5G 基站數量是美國的 9 倍，網絡速度是美國同類服務的 5 倍；中國在人工智能的實

際應用領域，包括人臉識別、語音識別和金融科技，目前已明顯超過美國；中國在全球半導體生產中的份額從 1990 年的不到 1% 上升到如今的 15%，而美國份額則從 37% 下降到 12%，等等。應該說，這些數據不是憑空捏造的，其他國際機構近年發佈的數據，也能反映中國科技實力上升的趨勢。例如，世界銀行 2019 年發佈的《全球價值鏈發展報告》說明，從 2007 年智能手機進入全球市場以後，中國的信息通信技術出口在全球價值鏈中的地位逐步升級，「中國製造」的科技含量日益增加；美國國家科學委員會（NSB）在 2018 年的《科學與工程指標》上指出，中國佔全球高新製造業產出的份額，從 2003 年 8% 上升到 2018 年 27%（仍比美國低 2 個百分點）。然而，這些數據能夠證明中國在許多科技領域已經接近甚至超過了美國？作為世界唯一超級大國，美國為甚麼在近年會有科技創新能力下降的表現？要真正增強中國的科技創新實力，我們還需要在哪些領域扎實推動制度革新？我們認為，只有立足實踐，對美國和我們自己展開一個相對全面且清晰的比較研究，才能形成關於中美兩國的科技創新地位的理性認識，避免滋長完全沒有實際效用的「話語自傲」。

中國政府對科技領域的重視和投入，在近年有大幅增強。按照國際獨立智庫國際貿易與創新政策聯盟（GTIPA）[2] 提供的數據，從 2007 年至 2017 年，中國的研發（R&D）投入年增長率為 13.1%，2017 年達到 4960 億美元。這個數據超過了美國聯邦層面的投入規模，在 2017 財年，美國聯邦政府的研發投入為 1253 億美元，僅佔該年 GDP 的 0.62%，是自 1955 年以來的歷史最低水平。

2　見 https://www.gtipa.org/.

但是，美國在推動成果轉化等方面，有着顯著的效率：從 1996 年到 2015 年，美國各大學的學術專利商用轉化，為美國 GDP 提供了高達 5910 億美元的支持，貢獻了 1.3 萬億美元的工業總產值，並支持了年均 427 萬人的就業。與之形成對照的是，中國大學和科研機構的科研人員，卻多數局限於論文發表的工作，對於科研成果轉化並不積極熱心，而且在過度追求論文發表的制度環境下，出現了種種浪費科研資源的問題。GTIPA 報告指出：2016 年，中國作者在國際學術期刊上發表了超過 42.6 萬篇同行評議的科學和工程學論文，是十年前的 19 萬篇的兩倍多，但這些論文大部分存在質量上的問題；雖然近年來中國學者的文章和專利的引用率達到了全球平均水平，但這並不能說明中國學者的科研成果已經接近世界水平，因為中國學者論文和專利引用率的增長有 72% 是作者自引產生的，他們引用自己論文和專利的次數是其他國家作者的三倍多。在中國的科研考評體系中，國際發表是評估科研人員個人和機構的主要指標，科學家發表的每一篇文章都能直接獲得報酬，這導致他們缺少動力從事其他有創造性的工作，而是專門尋求最快的發表，由此甚至產生了剽竊和捏造數據等不端行為。

　　此外，中國企業在整個科技創新體系中的作用還沒有得到充分發揮，尤其是，龐大的國有企業缺乏強大的利潤激勵機制來提高業績，導致它們的研發生產率低於一些民營企業。這是一個嚴重的問題，中央政府為此在近年發佈多項政策，要求加強中央企業在科技創新過程中的引領作用、積極參與國家重大科研任務、強化科技人才隊伍建設等。2022 年 3 月，國務院國資委還專門成立科技創新局，旨在推動中央企業強化科技創新。

　　不管怎麼說，我國要建成「科技強國」，要切實提升我們的科

技創新能力，就必須從實踐出發，深入了解中美兩國科技創新體系的基本特點，通過對兩國科創體制進行比較分析，啟發我們的制度創新思路。因為，只有基於全面而深入的認識，我們才能在理論上明確兩國科創體制各自的優點與不足，幫助我們通過有針對性的制度創新和政策創新，完善我們的科技創新系統，為切實建設「科技強國」、構建中國在未來科技發展中的引領力奠定基礎。

一、美國的網絡型科技創新體系

（一）美國也是一個「發展主義」的國家

　　長久以來，我們對美國科技創新體系的認識，都受到其本國意識形態話語的干擾。美國有着悠久的市場原教旨主義傳統，認為「自由放任」的市場是實現財富增長和社會福祉的不二法門，因此在意識形態中特別警惕對於政府作用的強調。與蘇聯的冷戰對抗，更加深了這種根深蒂固的意識，以為政府控制資源、處處「政治掛帥」的蘇聯模式是「意識形態」，而崇尚小政府、依靠市場來配置資源的西方模式才是「科學」。在這種傳統中，聯邦和地方政府就激勵新興科技迅速發展而投入的龐大資源、實施的政策創新以及創造相關市場的努力，都小心謹慎地披着意識形態外衣，盡量避免引起公共輿論注意。這也就是「美國僅靠『市場』就實現了科技進步和社會發展」這個神話故事的由來。

　　而在近年，隨着中美衝突日益加劇，美國聯邦層面不再遮遮掩掩，不斷出台「科技民族主義」的戰略和政策，例如頒佈「5G 國有化」方案、《關鍵和新興技術國家戰略》和《創新與競爭法案》等，強調科技戰略與國家戰略相統一。這一系列作法，又使我們中的很多人反過來過度強調「國家或政府」的作用，質疑「市場」只是個急功近利的東西，對國家長遠的科技競爭力的發展沒有用處。這個觀

念多數以「反美」姿態出現，然而卻沒有意識到，與上述市場原教旨主義一樣，這個觀念其實也只是在重複美國當前的流行話語，並沒有從實踐出發加以理性分析，對我們的建設事業沒有任何幫助。

英美科技創新領域當代權威專家，如加州大學戴維斯分校的弗雷德・布洛克、倫敦大學的瑪麗安娜・馬祖卡託等已經指出，美國政府在推動科技發展方面的作用，與此前亞洲四小龍的經濟發展模式沒有甚麼實質區別，四小龍被稱為「發展主義國家」，美國政府同樣也是以發展為先。實際上，美國在科技領域構建了公共部門與私人企業之間的共生共贏關係，營造出一個「網絡型科技創新體系」，即通過在公私部門之間建立起科技創新網絡，激勵其海內外多元主體共同參與科技研發和成果轉化，並且鼓勵參與主體相互之間既合作又競爭。這種網絡型科技創新體系，才是美國長時期維持科技實力領先地位的根本保證。

一言以蔽之，追求在科技領域的卓越和在市場上的回報，是美國政府科技政策部門、大學、公私科研機構和眾多市場主體心有靈犀的共識。美國政府的強烈的「發展掛帥」傾向之所以「看不見」，僅因為它長期隱藏在市場原教旨主義的意識形態話語背後 —— 這種傾向即使顯露出來，也是因為外部敵手競爭壓力所致。在這種話語掩護下，美國的選民既可以享受科技創新實力增強帶來的好處，又不必因「不能解決問題，它本身就是問題」的政府擴大其規模而恐懼。

（二）網絡型科創體系的歷史發展

美國的網絡型科創體系，是在多種歷史條件綜合作用下形成

的。在二戰之前，美國科技領域充斥着對聯邦政府制定干預性政策的懷疑之聲，認為政府「挑選贏者」式的產業政策模式並不利於科學發展和技術創新。這一時期的聯邦政府，的確在科技領域殊少貢獻，大企業、基金會和大學之間的合作聯盟，在如通用電氣、杜邦、AT&T 等大公司下創建的工業技術實驗室，才是科技發展的主力軍。比如在後來的信息通信技術革命中起到重要作用的貝爾實驗室，在 1920 年代就是 AT&T 和西方電子共同持有股份的實體研究機構。之後有三個關鍵的歷史條件，相繼促成了美國獨特的網絡型科技創新體系。

首先，多頭科研格局，以及「科學主義」文化傾向，為後來公私部門聯合構建科技創新網絡，奠定了組織結構和思想意識方面的基礎。

二戰前後的軍事競爭，使美國建立一種「軍方提需求，科學家探索方案」的科技研發資助模式，軍方把控聯邦政府最主要的科研經費和科技發展議程設置權力。這種科技發展模式引起科學家羣體的不滿。1934 年，羅斯福總統的科學顧問委員會成員、麻省理工學院校長卡爾·康普頓公開提出聯邦政府應基於科學家共同體的意見而實施全面的科研政策，對科學研究和技術發明進行規劃和干預。麻省理工學院副校長萬尼瓦爾·布什也在羅斯福總統授意下發表著名的《科學：無盡的前沿》，提出美國應大力投入基礎科研，確保國家安全和工業經濟健康發展。這份報告最核心的政策主張，是要求建立一個由科學家主導、獨立於國會甚至總統本人的科學基金會，以精英科學家來統籌所有公共部門的研究項目。但是，對政府自上而下管理事務的懷疑以及軍方對失去科研資源配置權的擔憂，導致精英科學家的方案得不到支持，《科學：無盡的前沿》等

報告在戰爭結束後直到 40 年代末期，也沒有產生實質的政策效果。

不過，這一輪關於科技政策的政治辯論，使軍方擔心遲早會有總統偏向以精英科學家來壟斷科研政策，因此自 1944 年開始，各軍種紛紛加緊籌建自身獨立的科研機構，如戰時科學研究與發展局（OSRD）、原子能委員會（AEC）等軍方背景的科研機構相繼建立。1950 年，朝鮮戰爭爆發期間，聯邦政府終於意識到統籌科學研究的重要性，於是成立國家科學基金會（NSF），在聯邦政府之外獨立「支持除醫學領域外的科學和工程學基礎研究和教育」。但是，軍方背景的諸多科研機構，加上二戰前已有的大學和工業研究實驗室為主體的科技創新體系，美國這時已在事實上形成多頭科研的格局，NSF 不可能真正承擔統合全國科研資源的任務，大企業、大學、政府、軍方、各類基金會等都有自己的經費來源和科研自主空間。這種多頭科研的格局，在冷戰時期，能集中力量為軍事競爭提供服務，但是隨着冷戰對抗逐步放緩，如何實現科研成果的商業價值成為問題，因此為日後的網絡型科技創新體系的構建確立了基本的組織保障。

而在多頭科研格局形成的時期，美國社會卻出現了對科學進步和技術發明缺少積極動力的狀況。一方面是政府對已有科技成績相當自滿，政客們沒有為鼓吹科研投入來吸引選民眼球的需要，另一方面是軍方對科學的興趣大幅降低，一度討論是否將一些軍方科研部門轉為民用。這造成了在朝鮮戰爭結束後直到整個 20 世紀 50 年代中期，美國從政府到社會的上上下下生出一種對於科學技術發展的倦怠情緒。

1957 年 10 月和 11 月，蘇聯接連成功發射兩顆人造衛星，宣告太空時代的來臨。這一事件震動了整個西方世界，美國公眾瞬間

哀歎美國的科技和技術已經落後於人，新聞媒體甚至不斷以與蘇聯之間的「導彈距離」來刺激公眾對政府科研主導能力屢弱的不滿。美國總統艾森豪威爾其實了解，就科技進步狀況和安全事務而言，蘇聯衛星並不代表任何重大的對於美國的戰略威脅。如同科技戰略研究者分析指出的那樣，蘇聯用一枚軍事火箭來發射衛星的事實，說明了俄國人專注於打心理冷戰而非軍事冷戰（前沿科技用於探索外太空，而並不發展洲際彈道導彈），加上通過 U-2 飛機的高空偵察，美國加深了對於蘇聯戰略意圖的認識，這使得艾森豪威爾政府的反應相當平靜。但在國內輿論壓力下，艾森豪威爾不得不實施科技體制改革，如很快任命麻省理工學院當時的校長基里安為總統特別科技助理，同時組建和加強總統科學顧問委員會，為總統履行國防和基礎科研方面的科技政策制定權提供諮詢；創立美國國家航空航天局（NASA），領導實施阿波羅登月計劃、「天空實驗室」空間站和後來的航天飛機研究項目；成立國防部高級研究計劃署（後定名為 DARPA），從事超前的國防科技研發，等等。

　　蘇聯衛星事件導致的一系列改革，一方面提高了精英科學家在科技決策中的地位，另一方面，更重要的是，激發了美國社會大眾強烈的愛國主義熱潮和科學主義熱情，吸引整整一代年輕人投身到科學和工程學事業中，為 1980 年代以後網絡型科創體系的創建準備了豐厚的人才。這兩個重大變化助長美國文化中的「科學主義」傾向。從冷戰期間直到最近，多項民調顯示，公眾對科學家和工程師的信任度始終高居各個職業之首，這也使美國許多重要的科技決策和法案可以在沒有經過兩黨激烈辯論的情況下得以出台。政治理論家莫理特·羅·斯密甚至認為美國文化中有種「科技決定論」的假想，以為任何社會矛盾和衝突都能在科學進步和技術發明的持續

推進下得到解決。

其次，應對日本製造的競爭壓力，以及冷戰放緩後的國防科研轉型，為科技創新市場繁榮發展提供了巨大資源。

根據著名工業史學家阿爾弗雷德‧錢德勒的分析，直到 1960 年代，美國大型企業的研發能力和產品創新能力產生了巨大的壟斷效益。例如，在 1947 年，美國 200 家最大的企業佔有製造業增加價值的 30%，到了 1968 年，這個佔比數已經上升為 60.9%。大型工業企業還包攬了絕大部分的非政府基金以及政府之外從事工業研究和開發的研究人員。但是，日本製造業在 1970 年代中後期的迅猛崛起，衝擊美國大型企業的生產模式和科研模式。原本通行的企業家治理模式，即實行集中化管理、按職能劃分部門進行市場對接、在企業內部創建科研部門等作法，已經無法應對大公司產能過剩、與市場需求脫節等難題。

除了員工序列制等烙有日本文化顯著特徵的制度之外，日本企業還創造出模塊化生產、小團隊生產、「無庫存」生產等極具特點的製造模式。這些新製造模式使日本企業能夠同時實現大批量的標準化生產與靈活性的定製化生產，比起美國那些大型企業來，更能適應變動不居的市場需求。打不過對手，就向對手學，美國通用汽車公司、通用電氣公司和杜邦公司等大公司借鑒日本企業經驗，率先實施企業組織變革，包括：通過分拆公司業務，設立分支公司，精耕專業市場，打造模塊化的商業模式；壓縮企業內部科研部門的規模，或乾脆將之外包，在大學、公共科研機構和市場上尋找科研夥伴，進行新技術的合作開發，等等。大企業的這些變革舉措是將模塊化生產方式運用到企業內部管理上，將龐大的、作為有機整體的企業拆解為一個一個的小功能模塊，並賦予這些模塊向市場、向

社會鏈接資源的權力，從而構建出涵蓋廣泛的企業發展網絡。由於大企業內部科研部門的規模壓縮和拆解，大批科研人才不得不走向市場、走向社會。

同時，伴隨冷戰對抗的放緩，美國軍事研究的需求也向非國防研究轉移，公共科研機構認識到為了維持其部門預算不至於被削減，它們必須實現資助項目的商業價值，因此更多科研資源被用來促進公私機構合作，共同開發有商用前途的項目。在這其中最為出名的合作研發機制，就是公共科研機構在 1987 年牽頭成立的美國半導體行業製造技術研究聯盟（SEMATECH）。這是美國半導體行業為應對日本的競爭壓力而成立的，最初是由 12 家半導體公司組成，由美國國防部高級研究計劃署（DARPA）每年提供 1 億美元的資助，聯盟成員也有出資，共同發起。聯盟的使命是提升「半導體製造食物鏈」的技術潛力，並創建研究和教育基礎設施「以保持美國在半導體技術領域的領導地位」。經過 10 年發展，DARPA 退出聯盟，因為此時聯盟已成為了自給自足、僅依靠行業捐款就能良好運轉的機構。

進入 1990 年代以後，美國整個科創制度環境和科研生態已經發生根本性變化。國家科學基金會（NSF）數據顯示，1979 年，在僱員超過 1 萬人的企業全職就業的有博士學位的科學家和工程師，接近受訪對象總數的 80%，只有 7% 的博士學位科學家和工程師在僱員不足千人的私人企業全職就業；20 年後，已有超過 25% 的博士學位科學家和工程師在僱員不足 500 人的私人企業就職，約 30 萬人，2004 年這個數字則上升為 48.2 萬人。大型企業工業實驗室的解體或市場化轉型，以及大量政府科研資源向市場主體的注入，產生了極為重大的後續影響：科研人員自主創業成為科技界的一種

主流生活方式，帶動中小微科技企業的興盛。科學家創辦的這些小型科技企業，在新一輪科技革命中起到引領作用，如日後在矽谷領導了半導體製造技術革命的科學家，就是從貝爾實驗室出來自主創業，並在最初接受了聯邦資助從事研發的。

最後，不斷出台支持合作科研和共同開發的制度創新，以及實施的生產任務離岸外包，最終促成了美國科技創新網絡的全球建構。

在美國，自從蘇聯衛星事件之後，有關科研領域投入的討論，黨派爭執已不成為阻礙因素，即使不斷有共和黨出身的總統對科學家的作用提出質疑，如尼克松任期內曾解散過總統科學顧問委員會、小布什任期內曾以多個藉口拒絕增加國家科學基金會（NSF）的預算、特朗普任期內曾宣佈砍掉若干個應對氣候問題的科研項目，但他們都很快以其他方式進行了彌補，安撫精英科學家羣體和社會大眾。1980 年代以來，無論民主黨還是共和黨執政，都出台大量支持和刺激科創事業發展的政策和法案。

在其中，具有突出重要作用的是兩項法案。其一，是 1980 年美國國會通過的「貝赫—多爾法案」，後又經多次修訂，允許中小企業和大學取得對聯邦政府經費資助的科技發明的所有權。這項方案極大刺激了美國私人部門對研發活動的參與，並激勵了以專利為技術轉移目標及融資對象的矽谷模式的繁榮；其二，是 1982 年的《小企業創新發展法案》（SBIR），2011 年經重新授權立法，更名為《小企業研究與發展法案》，鼓勵有效藉助小企業實現聯邦研究與發展目標。依照該法案，任何公共部門都有義務從其預算中分出一定份額來建立小企業創新計劃（SBIR 計劃），該計劃需要符合小企業管理局提供的指導方針和法規，每年兩次邀請小型企業提交創新研

究申請，對滿足該公共部門科研要求並具有商用化潛力的項目，予以資助。

這兩項法案起到相輔相成的作用，「貝赫─多爾法案」將與公共部門合作取得的科技發明的所有權賦予了中小企業和大學，小企業創新法案為中小企業利用手中的發明專利參與市場活動開闢了路徑。由於任何公共部門都有實施 SBIR 計劃的義務，而且多數公共部門相互之間沒有直接的統轄關係，小企業可以在遭遇某個部門拒絕後又去申請另一個部門的資助，這相當於為小企業的市場化發展建立了多樣的資助渠道。另外，由於小企業創新法案規定，第一階段經費的資助對象可以僅僅只是一個「創意」，第二階段則資助研發過程，那麼 SBIR 計劃就擁有了風險投資所不具備的優勢，因為風投只關注有商用前途、成長期內的科研，而小企業創新法案卻對從科研的創意到研發的全過程給予資助（按規定，第三階段經費資助的是科研成果的商用轉化，但直至目前，這個階段經費的使用還極為微小）。有數據表明，相當多因接受 SBIR 計劃支持而渡過艱難初創期的小企業，之後又獲得了多輪風險投資，SBIR 計劃已經成為一種指引投資的信號和證明，給風險投資人一定的信心保證。總之，「貝赫─多爾法案」和小企業創新法案（以及許多其他有相近功能的法案和政策），構成美國科技創新體系的制度關節，圍繞着它們，公共部門、大學、科研機構、實驗室、市場主體、風險投資人等等多元主體聯結起來，共同結成一張可以相互通達的網絡，推動美國科技創新能力提升。

隨着經濟全球化的到來，美國製造業企業大規模向海外轉移，尋找勞動力和合作夥伴，美國這張科技創新網絡也延伸到世界的不同地區。最初，對於美國本土而言，這種製造業企業外移的選擇，

只是創造了一種「在這裏創新，在那裏生產」的新商業模式，在其預期之中沒有想到這會對美國自身的經濟社會發展狀況產生甚麼負面影響。當時一個流行的經濟觀點是，美國應當順應這種製造業產業外移的趨勢，在本土大力發展高新科技產業和高端服務業，後者創造價值的能力可以補償因製造業流失造成的損失。然而，事後看來，情況遠非如此理想。

製造業企業外遷以及生產環節外包的舉措，帶動了世界很多其他地方的經濟騰飛和科創能力提升，並對今日世界的發展格局產生深遠影響。比如，以色列、愛爾蘭、亞洲四小龍等國家和地區，在 1950 年代之前都極為貧窮，本土沒有甚麼現代化產業基礎，從 1960 年代，這些國家和地區開始承接外包而來的美國產品的生產任務，並且還在其政府主導下大規模利用外資，發展出本土的高新科技產業。進入 80 年代以後，伴隨基礎設施建設的日益完善和技術人員隊伍的逐漸壯大，這些國家和地區不但達到中等發達國家收入水平，而且發展出本土的大型高新科技企業，成為該產業全球價值鏈上不可被忽視的競爭力量。有美國政客說，是美國自己創造了自己的科技競爭對手，這話不是全無道理。從這個意義上講，美國的網絡型科技創新體系，在此時已經隨經濟全球化擴展到全球範圍，發展成「全球性的科技創新網絡」。

必須指出，在這個全球網絡的創建過程中，美國科技精英和商業精英依然是最大的獲益者，因為通過其網絡型科技創新體系的全球延展，美國的科技資本極大地利用了世界各國的優質勞動力、優秀人才以及當地的環境資源等。但是，這種發展對於美國本土的經濟社會發展卻形成不小的衝擊。美國製造業在這個發展過程中快速衰敗。根據 2012 年的數據，美國的製造業產品國內需求中，只

有 53% 是通過美國製造的產品提供的；計算機和電子產品的國內需求有 72% 通過進口滿足，包括蘋果公司的 iPhone。產業空心化導致的是社會嚴重分裂，受製造業衰敗影響最大的人群，是原工業區的藍領和白領工人，以及學歷不高、需要在多樣的製造業企業尋找就業機會的年輕人，這個群體目前已成為最頑固反對全球化的力量。麻省理工學院產業政策專家威廉姆·邦維利安很有感慨的說：「隨着製造業下滑，在城市生產中心擺脫貧困的重要途經也隨之減少；底特律目前的空心化在很大程度上是講述了這個故事。」我們可以進一步補充，近年來美國社會分裂、民粹主義政治抬頭（2016年特朗普當選為標誌性事件），乃至美國政府悍然發動針對中國經貿和科技的打壓，也在相當程度上是講述相同的故事。

美國科技創新體系在全球化時代形成的錯綜複雜聯繫，使得要清晰區分一個高新科技產品（比如智能手機）的哪一部分價值是由哪個國家或地區的哪個人群創造的，變得非常困難。這也是本文開頭時提到的哈佛大學貝爾弗報告會從數據表面推斷出美國科技創新能力已處於衰落之中的原因。其實，美國的科創實力並沒有明顯衰落，全球創新基金會 Nesta 在 2019 年發佈的一份研究報告指出，與全球製造業中心在最近 20 餘年裏不斷發生位移不同，世界公認的全球科技創新中心，雖因技術迭代和經濟狀況起伏而時有變動，但始終只是美國（少數在西歐）的那幾個地區而已。根據中國學者近期完成的一項研究，我國也有一些科創產業集聚區域近年躋身入全球科技創新中心之列。但是，中國還是要夯實科技強國的底座，還需要艱苦從事相當多的基礎性工作。

（三）網絡型科技創新體系的運作機制

美國的科技創新網絡是如何運作的？我們知道，在美國，負責科技政策研究和制定的公共部門以及負責推動科技創新發展的公私機構不勝枚舉，許多不同的機制交互運作，這些機制或是自上而下推動政府資源下沉，或是自下而上為科研創意尋找經費支持，或者橫向聯動，帶動多元的創新主體相互競爭和相互合作，總之，共同推動着龐大的科技創新網絡的動態運行。我們在很多文獻中已經了解航天航空局（NASA）、能源部（DOE）、國家科學院（NAS）、國家科學基金會（NSF）等重要科技機構的運作情況，但是，對其運作機制卻缺少分析。以下指出幾種具有顯著代表性的運作機制，它們已成為美國的網絡型科技創新體系的支撐性機制。

第一種，「定向配備」。這是聯邦和地方公共科技部門常用的機制，而國防部高級研究計劃署（DARPA）將這種機制運用得最為細緻，以至成為其他公共部門的效仿對象。DARPA 是艾森豪威爾總統在蘇聯衛星事件之後於 1958 年成立的機構，最初專注三項關鍵任務：太空、導彈防禦和核武器試驗檢測。之後逐步拓展其資助領域，支持和推進的項目涉及到材料科學、信息技術、計算機科學發展、人工智能、信息和電子、生物技術等等諸多領域。與國家科學基金會（NSF）通過對項目申請組織「同行評議」的作法不同，DARPA 模式最突出的特點是以專業的項目經理為核心，為研發項目「定向配備」資金。因此，DARPA 項目資助方式是一種自上而下的推動：政府的專業部門根據國家發展需求設置科技攻關項目，由 DARPA 定向委託有研發能力的團隊予以攻關，專業的項目經理負責跟進並且廣泛聽取公共部門和相關專家的意見，委託期限一般

是 1 年，委託期滿後立即進行專業評估，考慮是否繼續資助該項目的科研。在預期的項目目標上，DARPA 關注的是能實現技術能力重大變化的項目，故此可以支持基礎科學研究，但目的還是在於能通過該基礎研究產生新的技術。

第二種，「同行評議」。這是國家衛生研究院（NIH）的常用機制，同樣也已推廣到其他公共部門。NIH 最早是海洋醫院服務中心的一個內設衛生實驗室，從事細菌研究，之後獲得法律認可，指定為負責生物醫學和公共衛生研究的主要機構，目前隸屬於美國衛生與公共服務部。NIH 在推進生物醫學科學研究方面非常有成就，資助佔世界生物醫學研究文獻的近 30%（其他美國來源的資助約佔 40%，所有外國來源的資助約佔 30%），同時在推動製藥、醫療器械和生物技術等領域科技創新發展上，也取得顯著成績。在專門測度國際科研水平的「自然指數」排名中，2019 年，NIH 在生物醫學科學領域排名僅次於哈佛大學。NIH 倡導的是一種「百花齊放，百家爭鳴」的科研理念，因此其資助模式不是自上而下的，而是鼓勵項目申請人堅持自己認可的技術路線，通過同行專家對這些項目進行評議，最終確定是否予以支持。換句話說，與國家科學基金會（NSF）的作法相似，NIH 依賴對項目申報書的「同行評議」，將資金分配給同行專家認為最有價值的研究項目。而且，NIH 的資助不以短期收取回報為目的，資助期經常以 5 年、10 年計，同時也非常支持受委託團隊主動將科研成果商業化，並不進行干預或分利。近年，NIH 也嘗試在小範圍採取 DARPA 的「定向配備」方式，對一些國家重點關注的醫學類科研攻關項目進行定向委託。

需要強調的是，通常會認為，自上而下的「定向配置」機制，更適合應用研究和工程類研究，不適合純科學研究，而「同行評

議」更能符合科學原理探索型的研究，但是，有相當多的成功案例顯示，這兩種機制的綜合使用才是推動科技創新發展的最好選擇。DARPA 也資助過電子通信的分組交換、計算機分時、集成大規模芯片設計和網絡等研究項目，這些項目側重於「純」原理性探索；NIH 同樣資助過大量以任務為導向的科研項目，這些項目最終實現了技術開發和商用轉化。因此，並不能說「定向配置」和「同行評議」更適合於哪一類科研。而且，在當前，基礎研究與應用研究、科學發現與技術發明之間的界限已經被打破，科學家通常會在工程技術開發過程中探索出具有重大理論價值的原理，而新的科學技術原理的發現也往往能引發新產業的誕生，以科研項目的性質來確定資助方式的選擇，已經不是一種好的作法了。美國公共部門目前多數在綜合使用這兩種機制，根據科研目的、團隊狀況、項目情況等因素來確定資金的分配方式（是配置性使用還是競爭性使用？）。

不過，僅依靠自上而下的「定向配置」和自下而上的「同行評議」這兩種機制，並不能保證網絡型科技創新體系得以順暢運行。在這兩種明確的機制構建而成的科研運行大框架之中，還有許多小且模糊、但卻同樣十分重要的機制穿插其間，保障着整個科技創新體系以網絡狀的形態順利運作。還有如下幾種值得專門強調。

第三種，「中介機制」。包括技術中介與商業中介這兩大類。技術中介通常涉及以新的方式整合現有技術，通過整合併形成新的價值來創造新技術。商業中介的作用旨在幫助試圖將新產品商業化的技術團隊建立他們需要的各種商業聯繫。發達的技術中介系統和商業中介系統，使得美國各個科研主體能夠在心無旁騖地從事專業科研活動的同時，享受到高效而系統的市場化服務（包括配套科技

研發的市場和成果轉化的市場）。

第四種，「助力機制」。即政府通過制定標準、建立法規，幫助新技術研發清除各種技術標準、法律制度方面的障礙，以及通過建設基礎設施，推動新興技術的有效應用和推廣，如對信息通信基礎設施建設的投入、對技術基礎設施進行有效的管理等等。在美國的政治體制下，能啟動助力機制的主體有很多，包括公共部門、公民團體、利益集團等。助力機制的運作經常能產生改變科創生態格局的效果，如前文提到的「貝赫—多爾法案」和《小企業創新發展法案》（SBIR），前者將聯邦和地方政府資助的科研成果所有權給了科研人員和企業，後者為科研人員從事自主創新開闢了多條獲取資助的路徑。這兩個法案出台之前，科研人員自主創業還是一件較為艱難的事，如 1979 年斯坦福大學一位基因學家以能源局資助完成的成果開辦公司，就遇到他在科技界同行們的奚落，幸虧當時的能源局管理層表達了支持的態度，他才沒有受到「侵權」起訴。在兩個法案推動下，科研人員投身創業已成為科技界的「時尚」，整個科技創新市場因此得以壯大和活躍，而商業上的成功反過來又為科研活動提供了更豐富的財力和人力，激發科研事業的繁榮。

第五種，「風投機制」。科技創新是一項非常耗費資源的活動，而且充滿不確定性。固然，現代國家只要具備條件，通常都會大力支持各類科技研發，但也都不可能以「高風險，高回報」作為資助原則。因此，「定向配置」和「同行評議」這兩種主要機制必然有一定的保守性，會導致許多風險性大、前途並不明朗的項目通不過審查。風投機制的出現，很大程度上彌補了僅依靠國家來支持科研的弊端。美國風投基金約有 50% 集中在矽谷，對矽谷許多高精尖技術行業的發展起到關鍵作用。依靠細微的信息做出重大判斷、通

過高風險的投入換取高額的利益回報，這些都是風投行業的做事風格，也是國家財政不可能做到的。當然，如同本文前面論述的，風投機制對相當多處於初創期的小企業幫助不大，這項機制還需要與其他的機制相配合，才能真正做到對整個經濟社會發展有利，否則就會淪為一種純投機牟利的手段。

第六種，「自由探索激勵機制」。無論使用哪一種機制來考察科研項目，都不可避免存在一定的局限性。科學研究從根本而言，是「對未知的探索」，因此在初始時期多數「理念」都難以獲得較廣泛的認可。正是認識到這一點，美國的許多公私科研機構，包括隸屬聯邦部門的國家衛生研究院（NIH）、情報高級研究項目局（IARPA），屬於私人基金會的霍華德‧休斯醫學研究院（HHMI）等等，都設有激勵科學家自由探索的機制。在這些機制下，符合一定條件的科學家可以得到一定期限的資助，不附帶任何其他條件（包括沒有論文發表要求和專利獲取要求，有些機構甚至都不要求在固定地點集中辦公），資助期滿後，根據較寬鬆的考評程序，多數人還可以得到第二期、第三期的資助機會。這種極其寬鬆、甚至稍顯放任的資助機制，相反卻激發了大量有創造性的科研。比如霍華德‧休斯醫學研究院（HHMI）目前已成為世界性的基礎生物醫學研究和科學教育基地，為世界各國培育了無數生物醫學領域的傑出科學人才。

概言之，在美國的科技創新體系中，「定向配置」和「同行評議」是居於核心地位的兩大機制，搭建起科技創新體系的運作框架，而「中介機制」、「助力機制」、「風投機制」、「自由探索激勵機制」等雖小但卻十分重要的機制與之形成相互配合、相互補充的關係，共同推進着科技創新這個巨大網絡的動態運行。本文後面的分析也

將指出，美國這種網絡型科技創新體系雖然長期維持其國家科創實力，但是也存在着內在的脆弱性和易變性等問題，近年的許多跡象表明，美國科創體系已經在面臨嚴峻的挑戰了。

二、中國的分層型科技創新體系

（一）中國科創體系的基本特徵

　　早在明末，西方科學知識就已通過傳教士傳入中國。傳教士用《禮記·大學》裏的「格致」一詞來翻譯 science。不過，科學知識在當時並沒有融入老百姓的日常生活，僅在文人、讀書人圈內流傳，助推了清代考據之學的興盛。康熙皇帝本人就很喜歡西方天文學、數學等知識，還留下不錯的學習心得。到了清末，中華民族遭遇外辱入侵，從洋務運動、維新變法，到辛亥革命、新文化運動，向西方學習科技知識都是作為能實現富國強民夢想的重要手段得以強調的。在中國人心目中，「科學」既有棄絕蒙昧、開啟民智的啟蒙作用，又有幫助民族獨立、追求富強的救亡功能，因此，自近代以來，在我國的多數歷史時期裏，從政府到社會，對於科學探索和技術創新的熱情始終都相當高漲。中國共產黨的意識形態基礎確立為「科學社會主義」，正是這種政治文化和社會文化心理的典型反映。

　　近年，中國政府尤其在加大科研投入、改革科研管理體制、培育科研人才梯隊、完善科技創新體系等方面出台了大量措施，中國在建設「現代化科技強國」的道路上邁出了堅實的步伐。

　　但是，針對我國科創體系的研究卻遠遠跟不上實踐中的努力。

我們的教科書和理論文章中，多是借用西方理論界提出的幾個概念，如「國家創新體系」「區域創新體系」「創新資源集聚」等，只能抽象提出一些大而化之的建議，卻既無法描述中國構建科技創新體系的實踐歷程，又不能從實際問題出發為進一步的制度建設工作提出意見。我們官方將國家科技創新體系表述為兩個部分的有機構成：「社會主義市場經濟條件下的新型舉國體制」與「以企業為主體、市場為導向、產學研深度融合的技術創新體系」。如何在實踐中理解我國的這種獨特的科技創新體制機制？這兩個部分各自的核心特徵是甚麼，相互之間如何銜接、互補、互動？相比於美國的網絡型科技創新體系，我們的科創體系有甚麼獨特優勢及不足？還需進行怎樣的革新，以便為切實建設「科技強國」確立制度保障？這些都需要立足於實踐的分析研究，才能回答的重要問題。

基於實踐觀察，我們認為，與美國的網絡型科技創新體系形成對照，中國科創體系具有顯著的分層特徵：(1) 最上層是國家主導的科研活動，包括重大科技攻關、重大科研任務，針對的是對國家發展有重大意義的科技研發項目。在這個層面，「舉國體制」的科技創新機制發揮最大作用；(2) 中間層是國家主導、多元科研主體共同參與的科研活動，以非行政命令的方式動員了從中央到地方、從政府到高校、科研院所和企業等多個領域科研力量參加。這個層面主要實施定向配置資源和競爭性經費使用等機制；(3) 最下層是科研人員的自由探索，在形成「顛覆性創新」方面收取始料未及的效果。這個層面目前主要是以鼓勵各高校和科研院所自主設置科研培育項目的機制加以推行。應該說，這三個層次的科研並不是截然區分開的，相互之間有銜接也有滲透，但是由於我國是一種資源相對集中的政治體制，這導致了科研項目和創新活動必然會因為與經

濟社會發展需求是否聯繫緊密，而在資源配置以及項目受重視程度上遇到明顯的區別對待，因此，三個層次的「分層性」還是較為顯著的。

不過，我們也將論述，改革開放前後有許多引發經濟社會重大變化的科技創新成果，是在沒有受到當時決策者高度重視的情況下做出的，科學家自由探索的作用不可小覷；隨着決策層對於現代科技創新活動的認識越來越深刻、越來越豐富，我們的科技創新體系雖然仍保持較清晰的分層特性，然而不同層級之間的差距和隔閡已經在逐步鬆動了。「分層型科技創新體系」這個概念，更多是我們針對中國科技創新實踐經驗的理論提煉，並不代表一成不變的狀況。

（二）不同歷史時期的中國科創體系

1. 建國初期已形成具有顯著層級化特點的科技創新體系，各個層次科研項目有其獨特的推進機制，相應也取得了許多成績。

新中國成立之後，國家立即仿效蘇聯體制創建中國科學院、高等教育體系、產業部門、地方科研系統和國防科研系統等，並且根據具體國情，不斷調整有關科技領域知識分子的政策。1949 年 11 月組建中國科學院，作為國家科學技術方面的最高學術機構。1956 年，為響應毛主席「向科學進軍」的號召，中央政府成立科學規劃委員會，負責全國科學工作，並制定全國科技發展十二年規劃。1958 年，中央發佈《關於教育工作的指示》，強調技術革命是社會主義革命的重要部分。1961 年，為糾正反右派擴大化的傾向，國家科委黨組和中國科學院黨組提出《關於自然科學研究機構當前工

作的十四條意見（草案）》（即著名的「科研十四條」），獲中央批准，強調要爭取一切可能爭取的知識分子為社會主義科學事業服務，幫助他們走又紅又專的道路。在這一歷史時期，我國的科技創新工作主要學習蘇聯經驗，並在最初得到蘇聯專家的直接指導，國家科研的目的是着重為工業化建設服務，由此形成了國家主導全部科研資源、科研活動圍繞國家建設路線展開的格局。

1950 年代末期，中蘇關係惡化，隨着蘇方專家的撤回，中國進入在許多重大科研領域以及工業生產過程中「自主探索」的階段。

對於重大科研任務，中國實施「舉國體制」的項目運行機制。例如，針對原子彈、導彈、核潛艇和人造衛星這幾項重大工程，在毛澤東「對尖端武器的研究試製工作，仍應抓緊進行，不能放鬆或下馬」的明確指示下，中央成立周恩來擔任主任、多位副總理和部長級幹部任委員的「中央專門委員會」，指揮和協調全國上下所有相關科研部門、管理部門、生產製造部門和後勤支持部門集體攻關。如在原子彈研製過程中，有 26 個部委，20 個省市、自治區，900 多家工廠、科研機構、大專院校參加了攻關會戰。錢學森先生後來回憶中央專委的工作方式：「那時中央專委的決定，要哪一個單位辦一件甚麼事，那是沒有二話的。那決定也很簡單：中央專委哪次哪次會議，決定要你單位辦甚麼甚麼，限甚麼時間完成⋯⋯也不說為甚麼，這就是命令！中央專委的同志拿去，把領導找來，命令一宣讀，那就得照辦啊！好多協作都是這樣辦的，有時候鐵路運輸要車輛，一道命令，車就發出來了」。「舉國體制」是以高度集中性的行政命令為保障，將科研活動上升為「重大政治任務」，作為政治領導層應對「危機」或者挑戰的一種特殊機制。可以說，中國在科技水平不高、科研資源十分有限的條件下，能實現科技領域的重

大突破,「舉國體制」功不可沒。除了今天人們耳熟能詳的「兩彈一艇一星」等重大科研成就外,通過不同程度的集中力量攻關克難,我國的噴氣技術、半導體、電子計算機、自動化技術等,在這個歷史時期也取得了一定突破。

然而,能夠進入決策層視野從而啟動「舉國體制」的重大科研任務,畢竟屬於極少數。在日常的工業生產過程中,中國更多是採用組織機制變革和動員工人、羣眾廣泛參與的方式推動技術革新。在國家經委黨組 1960 年 3 月提交的有關「當前技術革新和技術革命羣眾運動情況」的彙報中,就提到一個案例:蘇聯協助下建設的哈爾濱鋁加工廠,通過工程技術人員、管理者和工人在生產實踐和技術革新中的「三結合」,把蘇聯技術人員奉為經典的熱壓—冷壓工藝改變成中溫壓延,極大壓縮了工序,使生產週期縮短 40%,設備減少 15 台,人員減少 31%,產量提高了 29%。這種以廣泛動員、廣泛參與的方式推動科技創新的機制,在科學含量更高的電子工程領域也取得了一定成績。如 1970 年代初,上海一家街道小廠承擔製造電子計算機的任務,工廠以拋車工、衝牀工、電鍍工組成主力隊伍(之後還增加焊接小組工人參與到儀錶製造),邀請上海計算技術研究所和復旦大學的專業知識分子進工廠配合和培訓工人,於第二年組裝完成 11 萬次積體電路通用電子計算機。同一時期,上海羊毛衫行業通過「在英文字母旁邊注漢字,給電子元件取各種形象的代號」等方法培訓原本連電阻、電容都不懂的擋車女工,再依靠其中掌握了電子技術基本知識的業務骨幹改造舊設備,1973 年實現全行業 14 個廠、1500 台織機全部半自動化,在不增加設備的情況下,增多產品品種,大幅度提高產量。

這個歷史階段裏還非常值得強調的,是許多科學家在極為艱難

的條件下，基於「自由探索」取得顛覆性科研成果。如袁隆平先生的雜交水稻技術研究。在他的口述自傳中，袁隆平講述大學畢業後到湖南湘西的安江農校任教的經歷，在此期間開始了他的科學研究探索。他說，「1956 年，黨中央號召向科學進軍，國務院組織制定全國科學發展規劃，我考慮應真正搞點研究。」於是就帶着學生科研小組搞起了試驗。在反覆試驗中，袁隆平認識到當時處於主導地位的蘇聯米丘林、李森科「無性繁殖學說」與事實不符；他從 DNA 雙螺旋結構遺傳密碼的研究獲諾貝爾獎的消息中獲得啟發，開始走孟德爾、摩爾根的遺傳學路子試驗育種，1964 年對一株「天然雄性不育株」人工授粉，成功結出了數百粒第一代雄性不育株種子；又經過兩年的試驗觀察，1966 年，袁隆平在大學畢業、下鄉任教 12 年後發表第一篇有分量的學術論文，引起國家科委領導和專家的重視，研究工作自此獲得支持；1973 年成功選育了世界上第一個實用高產雜交水稻品種「南優 2 號」。與袁隆平有類似研究經歷的科學家還有很多，如提出「陸相生油」理論的李四光、發現反西格瑪負超子的王淦昌、研發漢字計算機激光排版系統的王選、完成哥德巴赫猜想中的「1+2」的陳景潤，等等等等。首位因本土科研工作而在 2015 年獲諾貝爾科學獎的中國科學家屠呦呦，她從事的青蒿素研究開發，雖然是始於 1969 年中國中醫研究院接受的抗瘧藥研究任務（523 任務），然而她本人作為項目負責人卻不被看好，之後帶着一批研究員長時期從事艱苦探索，期間還經歷了課題下馬等各種問題，直到 523 任務成為國家系統工程，研究條件才有較大好轉。這些科學家的故事雖然不盡相同，但是都展現了科學研究者自由探索的意志在科研工作中的極端重要性。

新中國的科技創新工作是在一窮二白的基礎上艱辛展開的，而

且由於所處歷史環境和經濟社會發展條件的限制，取得的突破性成就非常有限。我們認為，今天回顧這段歷史，不宜將當時的科研工作狀況浪漫化，而是應當梳理其時推進科技項目、取得偉大成就的種種有效機制，並且理性分析各種機制的內在局限性，以便於思考如何在現在的條件下更好發揮這些機制的優勢。

「舉國體制」對於完成重大科研任務不可或缺，但是存在着過於依賴行政命令、長期激勵不足等問題。需要注意的是，正是由於「命令」所具有的短期高效性，「舉國體制」對於需要探索新技術方案的科研並不十分有利。當時取得重大發展的項目，如原子彈研製工程，「怎麼幹」的技術路線基本已由蘇聯專家確定好了（教學模型和圖紙資料在中蘇決裂之前已經提供給中國專家），中國決策層在此關口面臨的問題是「能否幹」。張愛萍將軍 1961 年受中央指派牽頭調查原子能工業狀況，得出的一個結論是「當前的困難更多屬於工程性的問題，而工程性的問題是可以通過組織協作解決的」。這個調查結果幫助中央下定了決心。在蘇聯專家撤走之後，我國的科學研究領域和工業生產領域，科技創新工作遇到的多數是如何摸索新出路的難題，因此，單講行政命令，既會導致科研活動變得封閉，又不利於反覆試錯和大膽創新，並不是好的政策選擇。如青蒿素研究那樣持之以恆的支持必不可少，而激勵一線的技術人員和勞動羣眾共同參與新技術研發、給予科學家更多的自由探索的空間，也都是完善科技創新政策體系所必須充分考慮的因素。「舉國體制」「科技參與」「自由探索」這些在不同層次的科研項目中發揮重要作用的機制，只有相互之間形成緊密銜接、互促互進的聯繫，才能推動我國的科技創新能力整體大幅提升。

2. 隨着國家工作重心轉向經濟建設，科技事業獲得極大的發展

空間，科研管理體制亦相應發生變革。

在 1978 年召開的全國科技大會上，鄧小平提出「科學技術是生產力」的重要論斷，海內外輿論稱中國科技事業自此迎來了「科學的春天」。對科技事業的肯定，是國家工作重心轉向經濟建設的表現之一。十一屆三中全會確定科技工作為經濟建設服務的政策，十二大報告將科技列入經濟發展的戰略重點，1988 年鄧小平再次指出「科學技術是第一生產力」，科技創新作為經濟發展的決定因素得到強調。

國家相應對科技活動加強管理和引導。首先，出台一系列科技發展規劃，如 1978 年制定《1978-1985 年全國科學技術發展規劃綱要》，1982 年編制完成《1986-2000 年全國科學技術發展規劃綱要》，80 年代末研究制定《國家中長期科學技術發展綱領》，90 年代初又組織制定了《1991-2000 年科學技術發展十年規劃和「八五」計劃綱要》，形成「為改變科學與技術的落後狀況，儘快追趕世界先進水平」的科技發展目標；其次，實施科技創新體制重大改革，如 1985 年發佈《中共中央關於科學技術體制改革的決定》，制定「改革撥款制度，開拓技術市場，克服單純依靠行政手段管理科學技術工作，國家包得過多、統得過死的弊病」等措施，1988 年頒佈《國務院關於深化科技體制改革若干問題的決定》，提出「鼓勵和支持科研機構以多種形式長入經濟，發展成新型的科研生產經營實體。」最後，為有效配置科技資源，創立中國科學基金制，並推出一系列科技計劃。科學基金制的創立以 1986 年 2 月正式成立國家自然科學基金委員會為典型代表，專為中國的科學研究和交流提供經費資助。在科技計劃方面，有更多突出表現，如高技術研究發展（863）計劃、國家重點基礎研究發展（973）計劃、集中解決重大問

題的科技攻關（支撐）計劃、推動高技術產業化的火炬計劃、面向農村的星火計劃、支持基礎研究重大項目的攀登計劃、支持基礎研究的國家自然科學基金、支持中小企業的科技型中小企業技術創新基金等等。這些舉措旨在改革以高度集中管理為顯著特徵的原有科技體制，打開了科創體系開放和市場化發展的窗口，使不同層級的科研的運作方式呈現多元化，之前多數科研活動「封閉運行」的情況得到了改變。

國家重大專項層面的科研，可以從著名的 863 計劃（即高技術研究發展計劃）的項目運作看出其變化。1986 年，出於應對美國「星球大戰」計劃、歐洲尤里卡計劃以及日本關於今後十年科學技術振興政策的考慮，王大珩等 4 位重量級科學家向中央遞交了「關於追蹤世界高技術發展的建議」的報告，獲鄧小平批示。在國家科委和國防科工委牽頭組織多輪討論下，最終通過了《國家高技術研究發展計劃綱要》，最先選擇了生物技術、航天技術、信息技術、激光、自動化技術、能源技術和新材料等領域作為支持方向，1996 年增加了海洋技術，共 8 個領域。此外，還設置了兩個軍口項目由總裝備部負責管理。863 計劃一直實施了共 30 年，2016 年，整合了多項科技計劃的國家重點研發計劃正式啟動實施，標誌着863 計劃退出歷史舞台。863 計劃是政府主導的對國家長遠發展具有戰略意義的高技術研究計劃，但在運作機制上與之前保障「兩彈一艇一星」實施的「舉國體制」有了顯著差異：(1) 精英科學家參與重大科技政策議題設置，表現得十分明顯。鄧小平在科學家的報告上批示「宜速決斷不可拖延」，是從國家領導人的戰略高度上肯定了科學家的專業認識，啟動了國家科委和國防科工委牽頭組織的多輪專業研討；(2) 建立了較為齊備的常規性管理體系。計劃的主要

組織實施部門是國家科技部和總裝備部，下設聯合辦公室負責日常工作，每個技術領域都分別設置了領域辦公室，負責本領域項目的組織實施。此外，還設立了專家委員會和技術領域專家組，為本領域的戰略決策和組織實施提供諮詢和技術指導，並參與管理工作。建立了發揮同行評議職能的 863 計劃專家庫；(3) 項目參與者範圍擴大，並且強化了成果轉化的要求。863 計劃的主要實施力量是國家級科研院所和高校，在初期有一部分經過嚴格篩選的企業也參與到計劃中。1988 年，與 863 計劃相銜接的「火炬」計劃開始實施，目標是促進高新技術研究成果的商品化，將 863 計劃的成果或階段性成果，國家重點攻關計劃中的部分成果、基礎成果、科技發明、專利成果等提取開發。「十一五」階段，隨着國家強調企業是創新主體，企業逐步承擔了更多的項目，尤其在生物醫藥領域；(4) 在項目經費方面，也明確為財政保障與企業配套雙管齊下。863 計劃經費是由中央財政專項撥款支持，獨立核算，專款專用，但與之前的「舉國體制」以及稍後實施的基礎研究 973 計劃的最大區別在於，863 計劃有相當額度的經費是由企業和承擔單位進行經費匹配，尤其是企業承擔的產業化特色比較鮮明的項目，對企業提出了明確的經費匹配要求。

從 863 計劃的項目運作情況來看，一方面可以觀察到國家重大攻關的科研推進機制發生了較大變化，不再是舊「舉國體制」的那種帶有軍事化色彩、高度依賴行政命令的機制在起作用；另一方面，也能察覺，在國家重大科技攻關與國家主導、多元主體參與的中間層科研項目之間的層級和界限已經開始鬆動，即使是對國家長期發展具有戰略意義的重大科技創新活動，也有條件地允許更多企業的參與，並且肯定了成果商用轉化的作法。

然而，這一歷史階段出現的最大變化，還是在於整個社會的科技創新理念受到了市場化和開放政策的衝擊。改革開放之初，我國面臨嚴重的儲蓄和外匯「雙缺口」的困境：1979 年國家財政收支出現 170.6 億元的巨額赤字，貿易逆差上升到 20.1 億美元，外匯儲備僅 8.4 億美元；1980 年，財政收支繼續出現 127.5 億元的赤字，貿易逆差雖下降為 12.8 億美元，外匯儲備卻出現 12.96 億美元的缺口。在這種約束條件下實施改革開放，難以避免採取以優惠政策利用外資和引進技術，相應也就形成不了對於推動本土自主創新的優先考慮。由此，在科技創新領域，產生了兩個比較突出的發展特徵：

　　其一，經濟上實施「以市場換技術」的政策，對自主品牌、自主可控技術的強調反而沒有得到應有的重視。面對「雙缺口」約束，國家倡導「通過吸引外商直接投資來引進技術」，鄧小平在 1979 年 7 月對不同政策選擇有過細緻分析：「搞補償貿易，我們得不到先進的東西。搞合資經營，對方就要經濟核算，它要拿出先進的技術來。儘管它對某些技術有保留權和擁有權，但不管怎麼樣，總在這裏用了，用了我們總會學會一點。」為配合利用外資、引進技術的政策，國家逐漸放鬆對國內市場的保護，如 1984 年國務院批轉《關於做好技貿結合和舊設備選購工作的報告》的批語指出，「把對外商品貿易與引進技術結合起來，實行技貿結合，用我們的一部分市場換取國外的先進技術，這是加速我國技術進步的一項重大方針。」應該說，「以市場換技術」是在當時條件下不得不採取的舉措，而對比日本、韓國、台灣等後起國家和地區的發展歷程，也能夠發現，如果在這個政策之外輔之以鼓勵自主創新的措施，可以至少在部分技術領域走出一條「從引進到自創」「從模仿到創新」的路徑。然而，多數中國企業卻始終困守在技術依賴型發展的道路上，

類似倪光南那樣早在 90 年代中期就呼籲中國企業要做自己的核心技術的主張得不到足夠重視。2021 年 10 月聯想集團科創板 IPO 申請撤回時，人們才發現常年居於世界 500 強的所謂科技巨頭聯想集團，在 2019/2020 財年，研發投入佔營收的比例僅 3.27%（2019 年科創板上市公司的平均研發投入已達 12% 左右）。中國科技界多年來都有學者強調轉向技術開發型發展的重要性，但卻沒有在產業政策中引起實質的回應。

其二，科技領域也在過於凌亂的市場化改革中迷失了，科研與市場相結合的多數舉措以失敗告終。隨着科技體制改革的深入，很多科研機構通過轉型投入到創新創業過程中。如 1998 年的國務院機構改革，就將 242 個依附於該年被撤銷的國家部委的大型應用型研究院所轉為企業和中介機構（部分劃入高校或直接撤銷）；隨後對科研院所進行更大規模的轉制，到 2003 年底，有 1050 所應用型研究所完成轉制為市場主體。與此同時，國家也採取一系列政策措施，鼓勵大型國企建立企業研發中心，並成立科技型中小企業技術創新基金等機構，支持中小企業創新。但是，在這個市場化改革過程中，一方面，國家財政已經不再負擔諸多應用型科研機構的運作，國家層面推動的科研項目有相當部分不與經濟發展部門產生直接聯繫，科研成果的轉化成為不了激活市場的引擎，另一方面，企業的創新需求又並沒有被激發出來，很多企業依賴引進而來的技術發展得很好，而大型國企作為一個研發、生產、製造和銷售全過程鏈條較為自給自足的實體，也沒有帶動科創市場活躍的可能性。由此，大量轉制後的科研企業其實名存實亡，並沒有太多有助於企業創新的科研項目，僅能承接一些可有可無的地方政府決策諮詢或者企業發展戰略課題。

總之，開放和市場化推動了中國科技創新體系的變化，為科技事業重大發展迎來更大的空間。但是，由於更深層次的體制機制上的阻礙依然存在，科技管理體制改革同時也帶來了許多新的嚴峻問題，需要通過進一步的制度創新加以應對。

　　3. 全球化下的利益分化顯現，導致對自主創新的需求日益強烈，國家創新驅動發展戰略相繼引發科技創新體系的重構。

　　進入 21 世紀，隨着中國加入世界貿易組織（WTO），經濟全球化的影響愈加深入，如芯片研發和製造、生物醫藥、電子信息等諸多產業出現海歸創業和民企崛起的熱潮。政府為應對全球科技領域的新發展，也組織了大量的科技專項予以攻關。不過，由於在此前歷史階段片面看待「以市場換技術」的政策，多數企業仍奉行「造不如買」策略，在研發能力和工業製造能力上落後歐美發達企業相當大的距離，導致許多領域難以追趕上國際領先水平。與此同時，經濟全球化的迅速發展，不僅帶來貨物、服務、資本、人員等在各國間的頻繁流動，更帶來了思想意識、價值觀念、行為方式的相互碰撞，世界各國之間的貿易衝突和科技競爭愈來愈強烈，複雜的地緣政治博弈經常發生，加劇了世界秩序的不確定性。在這些狀況的綜合影響下，無論是國家還是有遠見的企業，都開始認識到加強自主創新的重要性。

　　中國從 2013 年以後，在新一屆國家領導人的高度重視下提出「創新驅動發展戰略」，相應實施了一系列針對體制機制的改革措施。如：2014 年，國務院發佈《關於深化中央財政科技計劃（專項、基金等）管理改革的方案》；2015 年出台《中共中央、國務院關於深化體制機制改革加快實施創新驅動發展戰略的螺杆意見》。同時，國家推動修訂《促進科技成果轉化發，並頒佈《實施＜中華人

民共和國促進科技成果轉化法＞若干規定》，制定《促進科技成果轉移轉化行動方案》，完善了成果轉移轉化的制度規範。2016 年，中央發佈《國家創新驅動發展戰略綱要》，強調為中共科技創新為了發展提供頂層設計和系統謀劃，並且明確了到 2050 年的中國產線驅動發展目標、方向和重點任務。2021 年 12 月，全國人大常委會修訂通過《科學技術進步法》，規定了「國家鼓勵科學技術研究開發與高等教育、產業發展相結合，鼓勵學科交叉融合和相互促進。」（第六條）

　　在此期間，中央政府還發佈《關於大力推進大眾創業萬眾創新若干政策措施的意見》，推動科技創新與雙創融通發展。與這一系列改革舉措相銜接，我國的科研項目管理制度和科研人員評價機制上也做出了重要的革新。如 2016 年 7 月，《關於進一步完善中央財政科研項目資金管理等政策的若干意見》發佈，提出為科研人員鬆綁解套，下放預算調劑權限；2021 年 8 月，國務院辦公廳印發《關於改革完善中央財政科研經費管理的若干意見》，再次強調簡化科研項目申報和過程管理，擴大科研項目經費管理自主權。此外，2020 年，教育部辦公廳與人力資源社會保障部辦公廳共同起草《關於深化高等學校教師職稱制度改革的指導意見（徵求意見稿）》，2021 年中共中央、國務院印發《深化新時代教育評價改革總體方案》，針對職稱評定、科研人員評價機制提出了改革措施。

　　針對與發展議題有緊密聯繫的重要科研項目，在此歷史時期，中央加強了集中化的設置和管理。其主要實施的措施有兩種，一是以科技部 2016 年正式啟動國家重點研發計劃為代表，該計劃整合了原有的國家重點基礎研究發展計劃（973 計劃）、國家高技術研究發展計劃（863 計劃）、國家科技支撐計劃、國際科技合作與交流

專項、產業技術研究與開發基金和公益性行業科研專項等科技計劃，形成「為國民經濟和社會發展主要領域提供持續性的支撐和引領」的科技計劃佈局；二是通過國家自然科學基金委的持續改革和完善為主要抓手，形成中央層面集中化部署學科體系和設置及管理科研項目的制度。國家自然科學基金委在近年建立起了以學科體系為框架、同行評議為手段、績效評估為輔助的經費分配體系，形成決策、諮詢、執行、監督各個環節相互協調的科學基金管理系統，同時根據發展需要逐步建立由青年科學基金、國家傑出青年科學基金、創新研究羣體科學基金、與地方政府合作的聯合基金等各種項目類型，構成較為完整科技人才資助體系。這兩種舉措拓寬了國家推進重大科技項目的機制，使科技領域的「新型舉國體制」有了更為具體化、可操作性的內容。

　　隨着科技管理體制改革的持續推進，全社會創新創業熱情和市場活躍度，在此期間也得到大幅提升。2015 年 3 月中共中央、國務院《關於深化體制機制改革加快實施創新驅動發展戰略的若干意見》提出，「促進企業真正成為技術創新決策、研發投入、科研組織和成果轉化的主體。」2020 年 11 月，黨的十九屆五中全會明確提出，「強化企業創新主體地位，促進各類創新要素向企業集聚。」市場和社會對這一系列改革舉措的反應相當強烈：企業已經成為我國研發經費投入和研發人員投入的主要來源（見表 8-1 和表 8-2，數據來源：沈家文，「我國科技管理體制改革的重大成效與政策展望」，《中國發展觀察》2022 年第 2 期）。而據統計，企業佔國內發明專利授權總量的比重持續增長，已從 2012 年的 54.7% 上升至 2019 年的 61.6%；2020 年，國內擁有有效發明專利的企業共 24.6 萬家，企業發明專利申請量佔全國的 65%，企業創新主體地位顯露。

表 8-1　全國研發人員按活動類型與執行部門分佈（單位：萬人年）

2019 年	全國	企業	研究機構	高等學校	其他
全計	480.1	366.8	42.5	56.6	14.2
基礎研究	39.2	1.2	9.2	26.7	2.2
應用研究	61.5	14.3	14.8	25.8	6.6
試驗發展	379.4	351.4	18.4	4.1	5.5

表 8-2　全國研發經費的資金來源構成（2015-2019 年）（單位 %）

年份	政府資金	企業資金	國外資金	其他資金
2015	21.3	74.7	0.7	3.3
2016	20.0	76.1	0.7	3.2
2017	19.8	76.5	0.6	3.1
2018	19.1	76.5	0.4	2.8
2019	20.5	76.3	0.1	3.1

　　這個時期的許多改革舉措還在持續推進階段，目前難以給予最終評價，不過有幾個明顯的發展趨勢，值得在此指出。其一，通過科研體制改革加強政府、市場與科技主體之間聯繫的意圖更加明確，政府在科創領域也注重履行公共服務職能，力圖促成產學研深度融合；其二，着力從需求側出發設置科技創新項目，即使是政府主導的重大科技專項，也有相當大一部分是出於產業發展的需求考慮，並傾向於以推動企業參與和成果擴散為目的，由此在相當程度上激發了科創市場的活躍；其三，實施綜合配套改革，提高科技創新政策的整體協同。由於科技創新涉及多個政府部門，只有提高政策體系整體協同水平，使創新資源、創新主體、運行機制、外部協同、創新環境等保持高度的關聯作用，才能真正提升國家科技創新能力，因此中國政府近年在優化營商環境、加強產學研融合和國際化合作研發、提高金融發展對創新項目的資本配置總量、重點解決

企業基礎研究投入不足等問題上都出台了大量的綜合配套改革舉措。當然，這些改革措施能否收取實效、在實踐運行過程中還有甚麼新的問題產生，則還需進一步觀察分析。

（三）分層型科技創新體系的運作機制

從新中國建立之初，我們學習蘇聯經驗，建立了國家主導科研資源的科研體制，到改革開放以來，我們在內部發展狀況和全球化競爭的雙重壓力下改革和發展科研體制，我國的科技創新體系已經發生了巨大的變化，不但開放性和市場化的因素日益增多，而且在與國際通行的科研路線接軌方面，也不再存在顯著的障礙。但是，就科技創新體系的基本形態而言，我們依然保持了分層化的特徵：國家主導的科技創新研究，仍然佔據舉足輕重的地位；國家主導、多元科研主體和產業界力量共同參與的科研，在國民經濟中所處位置越來越重要，國家層面也在有意識地實施體制改革，希望向社會和市場釋放更多的科創資源，從而更好實現政府引領經濟社會發展的效果；企業和科研人員自主探索的空間有所擴大，尤其是在政府政策和市場條件的共同激勵下，各類企業大幅增加研發投入，成為近年的一個引人矚目的現象。

以下也總結出 6 種較為重要的運行機制，以便形成與美國網絡型科技創新體系的對照。通過這些機制，我國的科研項目一方面保持相對清晰的分層化特點（不同機制分別在重要性不同的科研項目中運作），另一方面，也在局部領域模糊和鬆動了不同科研的層級差異（某些機制串聯了不同層級的科研項目）。由於中國的科技創新體系在近年正處於較為重大的改革過程中，許多運行機制還尚未

定型，因此以下的歸納僅屬一種暫時性的觀察。

第一種，「精英科學家參與論證的重大科技議題設置機制」。與改革開放之前相比，重大科技專項設置方面最突出的變化，是決策層建立了精英科學家參與論證的程序。「兩院院士」等制度的完善，為這個程序的運行提供了保障。精英科學家不僅活躍在如 863 計劃以及後來的國家重點研發計劃這樣的重大科技戰略規劃的制定過程之中，甚至許多有重大戰略發展意義的具體產業領域的科技項目，也通過專門組建的科學諮詢委員會進行嚴格論證。不過，目前參與國家重大科技專項論證的科學家範圍依然過窄，科技界和產業界有建議拓寬專家範圍，在現有基礎上更多吸納產業界的意見。

第二種，「基於專家意見的科技項目設置機制」。無論是科技部等國家部委還是國家自然科學基金委公佈的科研任務，在設置項目指南的過程中，都會向高校、科研院所廣泛徵詢意見，在集中分析和整合各方專家意見之後形成項目發佈。這個機制增強了國家科研項目設置的開放性。

第三種，「重大項目資源定向配置及管理上的閉環控制機制」。對於某些重大科技專項，國家實施資源定向配置，同時對項目進行全過程閉環控制管理。從議題設置、項目立項審批及經費劃撥、到啟動研究、評審結題的全過程，都由政府專業部門進行指導和監督，項目承擔方遵守保密義務，項目研究通常不以市場化為目標。

第四種，「重點項目資源定向配置及半開放式管理機制」。對於有市場化預期的重點科研項目，政府科技行政部門也可以實施半開放式的管理機制，即允許項目結項之後，在解密和脫密的條件下推動成果商用轉化，政府依照協議收取應得的利益份額。

第五種，「學科建設與同行評議相輔相成的經費競爭性使用機

制」。這是國家自然科學基金委常用的項目機制，而「同行評議」也廣泛應用於其他各類科研項目，不同之處只是對專家意見賦予的權重有所不同。這個機制將學科系統的建設與專家同行評議作為相輔相成的手段，基於相關專業專家對項目申請書質量的意見，來確定是否給予資助。「十四五」規劃提出要實行「揭榜掛帥」「賽馬」等項目資助制度，這些制度從本質上也是競爭性使用經費，好處在於它們要求面向全社會開放徵集科技創新成果，能調動社會的智力資源，因此是對常規採用的機制的補充和完善。當然，經費競爭性使用機制的優勢，在於有助於提高項目申請的質量，但缺點是難以對有潛力的研究團隊形成長期的資助。

第六種，「扶助項目啟動但依託企業運作的項目管理機制」。對於有明確的市場化目標的科研項目，政府有關部門經常通過投入一定資金啟動和引領項目運作，在項目成熟時退出資助的方式進行扶持。

從以上的簡要介紹可以看出，我國的科技創新活動主要還是國家加以主導的。但與改革開放前的「舉國體制」相比較，此時的國家主導科研資源，已經發生了極大的變化。新型科技創新體系的首要變化，在於科學家群體的「參與」獲得了高度的重視。不但在國家重大科技專項的設置方面，而且在重大和重點項目的立項、管理和評審等環節，都已離不開專家的參與；其次，新型科技創新體系還顯露出「國家主導、監督推進」的特點。不論是閉環管理的項目還是半開放式管理的項目，國家專業部門的全程監管都是非常重要的一環。就這一點而言，新體系已經模糊和鬆動了某些最上層科研項目與第二層科研項目之間的差別，在運作機制上近似於中國古代「官督民辦」的作法；最後，專業部門扶持下成長的科創企業，是國

家驅動市場化發展的成果，是國家為科創市場的活躍創造的機會，在這裏，國家主導的科研與企業為核心的創新產生了銜接。無論如何，我國的科技創新體系雖然還是具有明顯的分層化特徵，但是已經發生某些網絡化、相互重疊化的演變，使政府、市場、專家、科技機構和企業各自都能在各類科技創新活動中發揮作用。

當然，我們的科技創新體系的不足之處仍然相當明顯。例如，各運作機制主要還是圍繞政府及其部門的目標服務，只有在政府預設了科研項目的市場化前景的條件下，才會給予科研成果的商用化途徑打開通道。社會上也已出現風投、商業中介等市場化機制，但只有極小的規模。這就導致我們的科研活動始終會出現缺乏動力、缺乏可持續性、缺乏創造性的問題，由此產生種種弊端：科技行政部門不關注產業發展狀況、各類中小微企業發展中遇到的共性技術難題沒有解決的途徑、科研人員僅為發表論文而從事科研、企業能買到技術就不會投入創新，等等。

三、中美科技創新體系分析比較

　　中國的分層型科技創新體系與美國的網絡型科技創新體系都各有其優勢，亦各有其缺點。

　　在美國，政府、軍方、企業、大學等各方主體結成了嚴密的創新網絡。網絡型科技創新最大的優勢，其實是在於，沒有哪一種力量可以壟斷技術路線的決定權，而各個創新主體之間的競爭又使廣大科技專家有機會獲得資源去不斷探索新的技術路線。在這其中，政府部門同樣有動力投資於早期技術開發，以科學原理和技術原理的突破來創造新產業和新市場。換句話說，網絡型科技創新體系的優點，是它的「勇於創新」的特性。如互聯網和納米技術等這些引領當前世界科技前沿的技術發展，都是在美國聯邦政府資助下產生的，蘋果公司等私人企業的多項發明也得益於政府支持。總而言之，美國這種高度網絡化的創新體系，充分發揮高水平科技專家的作用，更有效地生產出科技創新成果和理論，並將新的科研成果轉化為實際產品，確保持續的科技進步。

　　在中國，國家主導着主要的科研資源。就優勢而言，最上層由國家主導的重大科技攻關，是迄今為止最為有力而且成就最顯著的科研活動領域，近年如航空航天、高鐵研發、量子信息等重大項目取得世界領先的成果，都是在這一層科研資源的支持下實現的。中間層的研發活動在國家自然科學基金委等機構的主持下，也同樣取

得了相當顯著的成績，尤其是推動了許多企業參與國家科技專項的研發之中，形成了政府與市場、社會的合力。企業和科學家自主創新的空間也在相應增大，許多民營科技公司的發展已超出了公眾的意料之外。尤其值得期待的是，隨着國家層面推動的科研管理體制改革的深入實施，我國科技創新體系的層級化色彩已經在發生改變，「國家主導，監督推進」的科研模式得到了越來越廣泛的應用，立項方式和成果評價標準的多元化亦有所展現。

歷史經驗證明，對於科研資源相對集中的體制下，以制度創新和政策創新，保證技術方案多樣性尤為重要。在這方面，蘇聯是一個典型的反面案例。蘇聯曾取得基礎研究以及高新科技研究方面的許多偉大成就，但是，過於嚴苛的計劃管理系統和過於單一的技術路線，使其科技研究領域日益僵化，形成不了對社會發展的驅動作用。20 世紀 70 年代初，蘇聯只有 12% 的科研人員在企業工作，而美國為 74%。蘇聯大多數科研工作完全圍着政府的研究計劃轉，很少關心市場變化和科研成果的應用和推廣。其結果就是，一度處於世界頂級的基礎研究和高新科技，對整個國家的綜合實力提升沒有起到甚麼正面作用。

我國在建國之初完全學習蘇聯的經驗，但因為中蘇決裂的歷史事件以及我們相當薄弱的經濟管理能力和科研管理能力，我們沒有走上蘇聯那種看起來很精確高效、實質上卻相當僵化的科技發展道路。早在改革開放初期，在 863 計劃實施之前，我國電子工業產業的領導人和專家敏銳發現，使用晶體管的二進制的美國計算機才是世界未來主流，而蘇聯使用電子管的三進制的計算機已經有被邊緣化的危險，於是果斷實施重新佈局，將中國電子工業帶入主流路線，從而才能在後來的互聯網發展大潮中不至於落於人後。這個案

例相當程度上說明了，保持科技領域內部技術方案多元性是十分重要的，只有維持多元技術路線的共存和相互競爭，才能為科技持續發展創造內在動力。

我們無需照搬美國的科技創新體系，也照搬不了，但可以學到幾點基礎性的實踐經驗：其一，需要在高等教育和科學與工程知識生產方面投入大量投資，以便培育出極為豐富的專業人才，滿足政府科技部門、科研機構和社會團體、企業的專業化運作；其二，需要在政府專業部門與科研機構之間建立極為緊密的聯繫，使得專業部門的項目信息和需求能及時為科研機構所獲取，同時使科研領域的前沿發展動態，也為專業部門所適時掌握；其三，需要對科研活動開闢多元的支持渠道，在不同的支持渠道之間建立整合機制，同時以成果轉化機制為引擎，推動需求導向的科研與自由探索的科研建立相互支撐、相互促進的聯繫；其四，需要明確，創新原動力在於市場、在於開放的制度環境和高度活躍的中介機制、風投機制等。

同時，我們也要注意美國網絡型科技創新體系也存在內在脆弱性和易變性的弱點，在當前已經遇到了顯著的挑戰。所謂內在脆弱性，指的是美國這個主權國家其實難以完全掌控它的全球性科創網絡。有一個著名的例子可以說明情況：奧巴馬總統任期內曾要求蘋果公司撤回設在中國蘇州的生產線，但蘋果負責人回答，美國本土如果能提供 8 萬名現場工程師，蘋果就撤回生產線。全球化的勞動分工，已經在不同地方培養出不同技能的工人，美國沒有可能否定掉這幾十年的全球化發展成果，因此難以真正實現與中國的徹底脫鈎。中國不必陷入與美國政客的意氣之爭，而是應明確我們是開放政策和全球化的獲益者，需要同步推進開放創新與自主創新，實現我們在科技領域的持續進步。所謂易變性，指的是美國科技創新網

絡存在「網絡失靈」的隱患，過於強調科技專家的主導作用，科技政策不經過民主討論，從而造成科技創新活動與國內經濟社會發展無法相融合，「科研進路始終會發生潰敗性改變」。這一點倒是應該引起我們的警惕，因為如同北大近期有學者研究指出的，中國政府擁有指引和管理科研的專業，但缺少關注企業發展的動力，這已造成了科研活動與產業發展「兩張皮」的現象。我們需要明確，科技創新活動必須是主要以解決經濟社會發展問題為宗旨，必須是符合中央推行的幫助低收入人羣增加收入的戰略決策；因此，不能為了在科技創新領域追求卓越，尤其是如很多人的意氣之辭「美國限制我們甚麼，我們就大力發展甚麼」，而不遺餘力地加大投入。在科技領域，我們應當保持清醒，堅持「有所必為，有所不為」。

就中國的分層型科技創新體系而言，目前突出的問題有三點：(1) 科學家羣體的意見目前已在各類科研立項和管理中得到了高度重視，但產業界和其他社會大眾的意見還沒有適當的渠道加以反映；(2) 國家主導的科研體制改革，是推動科技創新發展的主要引擎，但各種改革舉措的實際效果缺少科學嚴謹且公開透明的第三方評估，不利於及時總結改革經驗教訓；(3) 是第三層的科研，即科學家和企業自由探索的科研，還比較薄弱。

科學家的自由探索，是在基礎研究上實現重大突破的保證，只有不斷在基礎研究上實現重大突破，我們才有可能不再受限於美國、歐洲已經發展成熟的技術路線。同時，只有通過大力營造支持科學家自由探索的制度環境，我們才可以構建出以投入科學事業為榮的社會氛圍，鼓勵更多的青少年從事科學探索。企業的自由探索，是開拓新產品和新市場的重要路徑，而且，只有激勵企業投入資源展開自由探索，科學家的自由探索才有依託、才有用武之地。

企業和科學家合作從事自由探索，會產生更多的機會實現基礎研究與應用研究之間的相互促進和相互強化。

當前，如國家自然科學基金委已設有傑出青年科學家等資助項目，可以考慮在這些項目的基礎上再向前走一步，規定對獲評優秀的項目、獲傑出青年科學家資助的項目等，在結項之後再追加一到兩期不附帶條件的資助，作為支持這些優秀研究團隊、傑出青年科學家等繼續探索的經費。

對企業自由探索的激勵，我們認為，重點應放在提升中小企業創新能力上。近年，國家將中小企業發展放在更加重要的戰略位置上。2018 年 10 月 24 日下午，習近平總書記在廣州明珞汽車裝備有限公司參觀，提出了「中小企業能辦大事」的論斷。我們認為，為大力促進中小企業發展、使中小企業成長為自主創新的主力軍，可以學習和借鑒美國小企業創新法案的經驗，一方面，通過科研體制改革，將符合條件的合作科研成果的所有權賦予科研人員個人，鼓勵科研人員以此與企業合作；另一方面，中央和地方政府牽頭，搭建政府、企業、科研機構、科研人員密切合作的科研平台，幫助中小企業獲得能解決共性技術難題、開拓新型產業方向的新型技術和工藝，促進中小企業成為維護技術發展路線多樣性的活躍的市場主體。此外，我國目前也在高度重視大型國企的創新能力提升，但是應該強調，大型國企的科研需以帶動相關產業其他中小企業的科技創新能力提升為目的，因此，可以規定，大型國企獲得的科研成果直接進入公共領域，為幫助社會大眾創新創業而使用。

結語

　　比較分析中美兩國的科技創新體系，我們可以形成關於兩國科技創新實力及其發展前景的理性認識。美國的科創實力在近年並沒有表現出明顯衰落的趨勢，它們面臨的問題，是作為主權國家已難以完全掌控其科技創新網絡，在西方國家自身的反全球化浪潮興起和新冠疫情突然爆發後，這種狀況更加顯著。實際上，從上世紀50年代，美國矽谷等全球科創中心產生出新一輪科技革命之後，世界各國都嵌入基於這種新科技的全球勞動分工，目前還遠遠看不到能顛覆這一輪科技革命的新的發展，因此，現在就說美國的科創實力已經衰弱，中國已經可以超越美國，屬於「話語自傲」，對我們從事建設性工作沒有任何幫助。中國需要認清自己的實踐問題，扎實為建設「科技強國」付出努力。

　　創新我國科研管理體系、優化提升我國國家創新能力，應當充分調動各個層級科研主體的積極性，同時以政府調整具體領域的市場制度為引擎，引導形成最適合相關產業發展的創新模式，在政府制度創新之下激發市場活力，推動我國科技創新能力的整體高質量發展。

　　在這個過程中，我們一方面需要充分考慮科研主體自主探索技術路線、自主創新的激勵不足的問題，另一方面，還需要警惕不要陷入西方政治輿論場的話語漩渦，以封閉主義的姿態，人為割

裂「自主創新」與「開放創新」之間的有機聯繫。這裏強調的「開放創新」，是盡一切可能借鑒和學習西方科研知識、與世界一流科研團隊展開合作的努力。開放創新與自主創新並不是相互對立的關係，「自主創新」強調的是需要中國科研人員和中國企業勇於「自己幹」，只有在具體「幹」的過程中積累了經驗和問題，才有可能真正通過「開放創新」吸收新的智慧和技藝。

尤其重要的是，當今世界面臨突如其來的新冠疫情、全球氣候變暖、碳排放等威脅人類命運共同體的嚴重問題，中國政府應當鼓勵中國科學家羣體和企業家羣體發出科學的正義之聲，以團結一致的精神風貌推動科學技術發展，服務於整個人類社會。我們可以考慮就傳染性疾病、公共衞生、氣候變化和碳排放等當前面臨的重要問題，形成重點領域全球研發共同體計劃，以支持海內外傑出優秀青年科研人員中短期參與研發、設立國家博士後項目、資助高水平國際合作研究等多種形式，建立以國內科研團隊為主導、受我國法律和國際通行規則保護的研究項目，在具體的科研過程中拓展學術人脈和網絡，創建嵌入中國發展實踐中的全球科技研發共同體。

總而言之，通過中美兩國科技創新體系的比較分析，我們能形成對雙方優勢和不足的理性判斷。而改革創新我們的科研管理體制，需要在分層型科創體系中注入更多的網絡化元素，以便形成多元創新主體有機聯繫、緊密互動的格局，保證多樣性技術方案得以生長、共存和相互競爭，產生激勵科技創新能力持續提升的內生動力。就我國當前科研體制的特徵而言，特別需要強調激發各類企業自主投入科研的制度機制建設，以多元的創新主體的充分激活來保障國家整體科技創新能力的提升，為中國引領未來科技發展奠定基礎。

主要參考文獻：

（以下僅列出本文的主要參考文獻，文章還參考和引用了許多其他文獻和資料，未能列出或註明，在此深表歉意）

Fred Block, Swimming Against the Current: The Rise of a Hidden Developmental State in the United States, Politics & Society, 2008, vol. 36, issue 2, 169-206.

Fred Block and Matthew R. Keller, Where do innovations come from? Transformations in the US economy, 1970-2006, Socio-Economic Review (2009) 7, 459-483.

Matthew R. Keller and Fred Block, Explaining the transformation in the US innovation system: the impact of a small government program, Socio-Economic Review (2013) 11, 629-656.

Mariana Mazzucato, The Entrepreneurial State: Debunking Public vs. Private Sector Myths, New York: Public Affairs, 2015.

William Lazonick and Jonathan West, Organizational Integration and Competitive Advantage: Explaining Strategy and Performance in American Industry, in Technology, Organization, and Competitiveness: Perspectives on Industrial and Corporate Change, edited by Giovanni Dosi, David J. Teece and Josef Chytry, Oxford: Oxford University Press, 1998.

Zheng Yongnian and Huang Yanjie, Market in State: The Political Economy of Domination in China, London and New York: Cambridge University Press, 2018.

小艾爾弗雷德・D. 錢德勒：《看得見的手：美國企業的管理革命》，北京：商務印書館，1987 年。

袁隆平口述，辛業芸訪問整理：《袁隆平口述自傳》，長沙：湖南教育出版社，2010 年。

路風、何鵬宇：《舉國體制與重大突破 —— 以特殊機構執行何完成重大任務的歷史經驗及啟示》，《管理世界》，2021，37（07）。

封凱棟：《國家的雙重角色：發展與轉型的國家創新系統理論》，北京：北京大學出版社，2022 年。

薛瀾等：《中國科技發展與政策》，北京：社會科學文獻出版社，2018 年。

張軍、陳勁編著：《破局：「卡脖子」技術突破的戰略與路徑》，北京：科技出版社，2022 年。

《中國科技創新政策體系報告》，北京：科技出版社，2018 年。

第九章

共同富裕戰略下的技術路線選擇

摘要

　　興起於美國的信息技術革命是一種「精英化」技術路線，研發及其產品革新不以滿足廣大勞動人羣以及製造業等實體產業的發展需求為目的，目前成為美國國內發展不均衡的原因之一。在我國，發展壯大數字經濟是在加快解決發展不平衡不充分問題、分階段促進共同富裕的戰略理念下得以強調的，要求建設「人人參與的發展環境」，因此有必要在理念上明確技術路線的可選擇性，激勵探索不同於精英化取向的技術方案。實踐中已出現某些非精英化路線的新型技術，其理論意義和政策意義值得發掘。

　　關鍵詞：共同富裕；技術路線可選擇性；技術決定論；數字技術。

一、引言：共同富裕戰略下的數字經濟發展

　　2021 年 8 月 17 日召開的中央財經委員會第十次會議，將「全體人民共同富裕取得更為明顯的實質性進展」作為到 2035 年的社會主義現代化遠景目標之一。習近平總書記在講話中專門指出：「新一輪科技革命和產業變革有力推動了經濟發展，也對就業和收入分配帶來深刻影響，包括一些負面影響，需要有效應對和解決。」習總書記強調，我們的共同富裕是「要防止社會階層固化，暢通向上流動通道，給更多人創造致富機會，形成人人參與的發展環境，避免『內捲』、『躺平』。」[1] 在新一代信息通信技術為核心的技術革命迅猛崛起的背景下，[2] 中國共產黨的共同富裕戰略，提出了探索有助於廣大人羣自主參與發展的制度環境和技術條件的緊迫要求。

　　多項研究表明，近幾十年裏，在多數國家不同程度上從全球化進程中總體獲益的同時，世界財富的分配不均衡狀況也急劇惡化，目前已不是簡單的「富人愈富、窮人愈窮」，而是「富人愈富、中等

1　習近平：《扎實推動共同富裕》，《求是》2021 年第 20 期。載求是網：http://www.qstheory.cn/dukan/qs/2021-10/15/c_1127959365.htm.（最後訪問：2022年 6 月 10 日。下同）

2　本文以下不嚴格區分信息技術 (information technologies)、通信技術 (communication technologies) 以及數字技術 (digital technologies) 等不同表述，指代的都是移動互聯網、大數據、區塊鏈、人工智能、物聯網等新一代信息通信技術。

收入人羣愈加分化、窮人規模愈加擴大」的複雜嚴峻局面。[3] 引發財富增長與不平等惡化同步出現的因素很多，技術變革是其中不可被忽視的原因之一。經濟學家勞拉·泰森（Laura Tyson）和邁克爾·斯賓塞（Michael Spence）在評論託馬斯·皮凱蒂（Thomas Piketty）那部聲名遠播的著作《21 世紀資本論》（Capital in the Twenty-First Century，2014）時，就批評皮凱蒂忽略了信息技術發展形成的「贏家通吃效應」。[4] 羅伯特·福格爾（Robert W. Fogel）用計量經濟學方法研究美國的長時段發展數據，指出巨大的技術進步和人類對技術進步的適應性之間經常出現斷裂，正是這些斷裂引發的危機，不斷促動倫理觀念、宗教信仰以及政治制度發生劇變。[5] 卡爾斯·博伊科斯（Carles Boix）說明，信息技術迅猛發展正加劇民主與市場

3　自 1980 至 2018 年，全球收入最高端 1% 的人羣的購買力增加了 80%-240%，全球收入下端 50% 的人羣購買力增加了 60%-120%；絕對收入增益（absolute income gain）的 44% 長期掌握在全球最富有的 5% 人羣手中，而絕對收入增益總和的近 1/5 流入最富有的前 1% 人羣，相比之下，即使是全球化進程中新興的中等收入階層，總體僅共佔全球絕對收入增益的 12%-13%；在 2018 年，10% 最高收入人羣佔國民收入之比，在歐洲是 34%，在中國是 41%，在俄國是 46%，在美國是 48%，在撒哈拉非洲是 54%，在印度是 55%，在巴西是 56%，在中東是 64%。系統研究可參見 Branko Milanovic, *Global Inequality: A New Approach for the Age of Globalization*, Cambridge, Massachusetts and London: The Belknap Press of Harvard University, 2016（中譯本：[塞爾] 布蘭科·米蘭諾維奇：《全球不平等》，熊金武、劉宣佑譯，北京：中信出版社，2019 年）；Branko Milanovic, *Capitalism, Aone: The Future of the System That Rules the World*, Cambridge, Massachusetts and London: The Belknap Press of Harvard University, 2019; Thomas Piketty, *Capital and Ideology*, Cambridge, Massachusetts and London: The Belknap Press of Harvard University, 2020.

4　[美] 勞拉·泰森、邁克爾·斯賓塞：《技術對收入與財富不平等的影響》，載 [美] 希瑟·布西、布拉德福德·德龍、馬歇爾·斯坦鮑姆編著：《皮凱蒂之後：不平等研究的新議程》，余江、高德勝譯，北京：中信出版社，2022 年，第 179 頁。

5　Robert William Fogel, *The Fourth Great Awakening and The Future of Egalitarianism*, Chicago: University of Chicago Press, 2002.

的固有緊張，數字技術不再如此前歷史階段的技術進步那樣使多數人直接獲益，當前的政治責任在於阻止精英自我封閉、維持功能健全的市場和補償受損者。[6] 國內學者在近年也有關於數字技術導致發展能力差異和財富分配不均衡的大量研究。[7] 經濟史學家卡爾·富瑞（Carl Benedikt Frey）發出的警告，可以視為既有研究的問題意識總結：如果不加以解決，技術進步產生的贏家和輸家之間日益擴大的鴻溝可能帶來的社會成本，會遠遠超出因工作直接受影響導致的個人負擔；日益惡化的經濟鴻溝將轉化為更大的政治隔閡，挑戰人類世界的治理結構。[8]

不過，既有研究還多是從技術外部展開議論，未能基於「技術路線可選擇性」而提出應對之策：能否選擇新的技術路線，以便更有力地推動多數人共同參與發展？在近期，技術精英和商界人士提出了若干回應社會焦慮的倫理建設主張，如「科技向善」、「算法透明」、人工智能倫理規範等，但是這些主張並不觸動產生「贏家通吃效應」的技術條件和制度環境；我們認為，更重要的舉措，是思考如何保障包括廣大勞動人羣在內的普通人自主參與發展過程，使技術真正成為協助人類社會包容性發展的工具 —— 只有使技術進步服從於包括廣大勞動人羣在內的多數普通人的發展需求，才能有

6 Carles Boix, *Democratic Capitalism at the Crossroads: Technological Change and the Future of Politics*, Princeton and Oxford: Princeton University Press, 2019.

7 例如，丘澤奇等：《從數字鴻溝到紅利差異 —— 互聯網資本的視角》，《中國社會科學》2016 年第 10 期；丘澤奇、喬天宇：《電商技術變革與農戶共同發展》，《中國社會科學》2021 年第 10 期。

8 Carl Benedikt Frey, *The Technology Trap: Capital, Labor, and Power in the Age of Automation*, Princeton & Oxford: Princeton University Press, 2019, p.343.

效實現相對均衡的財富增長。[9]

中國共產黨在國內外發展形勢劇變之際提出以發展數字技術、數字經濟作為國家戰略，高度重視數字經濟健康發展對於推動構建新發展格局、推動建設現代化經濟體系、推動構築國家競爭新優勢的作用。[10] 在我國，發展壯大數字經濟需要在加快解決發展不平衡不充分問題、分階段促進共同富裕的戰略理念下加以強調。從共同富裕戰略出發，我們必須正視當前主流技術路線潛藏的嚴重問題，為在數字時代創建「人人參與的發展環境」探尋制度和技術方面的創新。文章第二部分從理論上闡述「技術路線可選擇性」的內涵，並討論國家在選擇過程中的責任；第三部分反思興起於美國的信息技術革命，分析其「精英化」技術路線導致的問題；第四部分論述新型技術路線的理論價值和現實可能性，同時針對實踐中出現的新型技術萌芽，揭示其政策意義。

---

9   從思想淵源上講，本文試圖延續蒲魯東關於機器的認識：機器既是勞動分工的產物，又是勞動分工的對立物，應當也有可能使機器成為「人類自由的象徵」。參見 [法] 蒲魯東：《貧困的哲學》上卷，余叔通、王雪華譯，北京：商務印書館，2010 年，第 164-177 頁。我對蒲魯東的理解，得益於崔之元教授的解讀。見崔之元：《1848 年的馬克思、托克維爾和蒲魯東》，《二十一世紀》（香港中文大學・中國文化研究所），2018 年 6 月號，總一六七期。
10 習近平：《不斷做強做優做大我國數字經濟》，《求是》2022 年第 2 期。求是網：http://www.qstheory.cn/dukan/qs/2022-01/15/c_1128261632.htm.

二、技術路線可選擇性與國家的責任

（一）技術路線可選擇性的理論內涵

　　針對技術進步，始終有樂觀和悲觀的不同態度。技術樂觀主義主張，科技變革是推動經濟社會發展的動力，新技術會帶來生產率的提升和創造新的工作崗位，[11]而在技術悲觀主義看來，技術對勞動的取代是引發社會動盪的根源，技術進步經常並不帶來社會發展，相反掩蓋深層矛盾，不同歷史時期在各地反覆出現破壞生產工具的「盧德主義運動」（Luddism），就是勞動者反抗技術壓迫的明證。[12]但是，這兩種截然對立的態度中卻潛藏某種共同的盲點，未能得到辨識：無論樂觀或是悲觀，都有可能只是從技術外部看待技術，未能打開技術進步這個「黑匣子」，從而陷入「技術決定論」。

　　1. **技術路線的多樣可能性。**打開技術進步的「黑匣子」，能夠發現，某個既定環境下不止一種技術方案存在，不同的技術路線下可以實現投入要素（如勞動和資本）之間配合比例的不同調整。西

11　近年關於人工智能等信息技術的樂觀主義論述，參見麻省理工學院兩位經濟學家的著作，Erik Brynjolfsson and Andrew McAfee, *The Second Machine Age: Work, Progress, and Prosperity in a Time of Brilliant Technologies*, New York: W. W. Norton & Company, Inc., 2014.

12　例如，參見 [美] 奈杰爾・卡梅倫：《機器會奪走你的工作嗎？》，魏倩、王麗陶譯，北京：中國工人出版社，2020 年。

方分析馬克思主義代表學者埃爾斯特（Jon Elster）曾批評所謂生產過程理論的學者，指出他們錯誤認為既定環境下只有一種可行的技術路線，決定着生產要素不變的配合比例。[13] 根據這些學者，馬克思對技術也是一種決定主義立場，當他認識到機器是資本家剝削工人的工具時，能提供的應對措施就只有徹底改變生產關係這種畢其功於一役的手段了：工人階級佔有生產資料，實現社會化生產。[14] 但是，埃爾斯特指出，並存着多種技術實現方案，可以建立多種不同的生產要素之間的關係。例如，通過電解水生產氮肥的過程，生產者可以選擇更多資本（電解室）和更少能源（電力）的要素組合方案，也可以選擇更少資本和更多能源的要素組合方案，在不同的方案下，勞動與資本的相互關係是不同的。[15] 這裏不擬評論埃爾斯特對生產過程理論的批評本身是否正確，僅強調其揭示出的技術路線多樣性，這拓寬了看待技術進步的視域以及實施公共政策的空間。也就是說，能夠利用政策工具，在維持一定技術水平下產出目標不變的前提下，改變技術方案從而改變生產要素投入的配合比例，相

13　Jon Elster, *Explaining Technical Change: A Case Study in the philosophy of Science*, Cambridge: Cambridge University Press, 1983, p.163.

14　關於現代政治理論中「技術決定論」傾向的批評，see William Lazonick, *Competitive Advantage on the Shop Floor*, Cambridge: Harvard University Press, 1990.

15　Jon Elster, *Explaining Technical Change: A Case Study in the philosophy of Science*, Cambridge: Cambridge University Press, 1983, p.94.

應調整勞動者在生產過程中的相對地位。[16]

2. **技術發展過程即社會過程**。打開技術進步的「黑匣子」，要求從影響技術發展方向的各種社會因素的角度去看待技術進步，而不是把技術進步僅僅視為科學技術原理應用的既定結果。如同麻省理工學院技術史學家戴維‧諾布爾（David F. Noble）分析的：「技術發展過程本質上是一種社會過程，而這種社會過程很大程度上隱含着不確定性和自由。在能源和物質的現實約束條件之上，還存在着一個領域，其中人類的思想和行動具有決定性。在那裏，技術並非必要條件。它僅僅存在於人們從中做出選擇的可能範圍之內。」[17] 諾布爾關於自動化技術發展史的研究指出，美國 70 年代前後存在着兩種不同的自動化技術路線，相應預示着兩種不同的社會政治後果。一種是記錄熟練機械工的動作，根據記錄向機器發出指令，並且在應用中不斷予以調整的「記錄—回放」（record-playback）方法，一種是工程師事先編制程序，對生產過程予以控制的「編程—控制」

---

16 美國經濟學家已經認識到，技能偏向型與勞動節約型技術變革替代人工完成了藍領和白領的常規工作任務，使美國普通勞動力實際工資水平停滯、非大學教育水平勞動力出現實際收入限制下降、工會滲透率和談判能力下滑等現象的重要原因，但指出，「實證數據表明資本與勞動的替代彈性在歷史上顯著小於 1。」（[美] 勞拉‧泰森、邁克爾‧斯賓塞：《技術對收入與財富不平等的影響》，載 [美] 希瑟‧布西、布拉德福德‧德龍、馬歇爾‧斯坦鮑姆編著：《皮凱蒂之後：不平等研究的新議程》，余江、高德勝譯，北京：中信出版社，2022 年，第 170 頁）這是理查德‧利普塞（Richard G. Lipsey）批評過的那種顯著表現，由此有陷入「技術決定論」的可能：經濟學家對靜態數據的關注，使他們看不到技術進步過程對經濟增長的動態、複雜影響。Gichard G. Lipsey, Kenneth I. Carlaw, and Clifford T. Bekar, *Economic Transformations: General Purpose Technologies and Long Term Economic Growth*, New York: Oxford University Press, 2005, p.8. 本文後面的論述即力圖說明，不同的技術方案有可能實現不同的資本與勞動的相互關係。

17 [美] 戴維‧F. 諾布爾：《生產力：工業自動化的社會史》，李風華譯，北京：中國人民大學出版社，2007 年，「序言」第 4 頁。

（program-control）方法，前一種方法對熟練勞動力的依賴更大，更能與實踐中的勞動生產過程相結合，後一種方法則滿足管理層、科技界控制技術偏差和監管生產過程的需要，也更脫離實踐中的勞動生產過程。自動化技術路線的社會選擇結果，反映的是各種社會力量的對比關係：由於軍方對標準化、大批量產出的要求主導了整個市場需求，脫離勞動生產過程、從而更有利於管理層控制誤差和管理工人的技術路線成為主流。[18]

上述兩個要點共同構成了「技術路線可選擇性」的核心內容。這一認識反對技術決定論思維，揭示出在所謂技術進步、技術變革、技術統治的表現下其實隱藏着複雜的社會力量對比關係和不平衡的權力分配結構。技術進步不是科學技術原理應用的自然而然的結果，人類主觀能動性可以對技術發展方向產生影響；而要發展有利於多數普通人的技術，需要的是對佔優勢地位的技術精英和商業精英形成制衡。據此，可以理解，技術問題是一個政治問題：探索有助於包括廣大勞動人羣在內的普通人發展的技術進步方案，是國家的政治責任 —— 技術很重要，不能只交給技術專家和商業人士。在現代性條件下，國家要承擔調整技術發展方向的政治責任，應當以構建富有創造力和包容性的經濟社會發展模式為目標，形成其關於技術發明及應用前景的政治哲學。

---

18 [美] 戴維・F. 諾布爾：《生產力：工業自動化的社會史》，李風華譯，北京：中國人民大學出版社，2007 年，第 100 頁。自動化技術的這種社會選擇結果未必是理想的狀況，美國社會在 80 年代早期就出現「高科技所創造的新就業機會遠遠低於製造業所失去的就業機會」的強烈批評，譴責替代勞動力的自動化技術的負面效應。（"Anlerica Rushes to High Tech for Growth", *Business Week* (March 28, 1983)，轉引自諾布爾：《生產力：工業自動化的社會史》，第 412 頁）

（二）國家的技術路線選擇責任

歷史上，有很多國家成功引導技術路線發展的案例。英國在 18 世紀發明一系列節省勞動力和提高能源利用效率的新技術，使得英國工業生產力突飛猛進。但是，英國的技術路線並不適合歐洲大陸國家。如法國，具有勞動力密集、分散化鄉村工業發達等特徵，而且煤礦開採成本極其高昂，不適合廣泛採用英國的新發明。法國政府在 18 世紀末期短暫推廣了珍妮紡紗機等英國新技術之後，就轉而通過設定補貼等機制來支持本國企業探索新的技術路線。在 19 世紀初期，法國人約瑟夫－梅瑞・雅卡爾（Joseph-Marie Jacquard）發明了雅卡爾紡紗機，適合分散化生產方式，同時，通過記錄熟練紡紗工動作的打孔紙帶而形成的程序控制，也能實現一定程度的批量化標準產出。[19] 在雅卡爾紡紗機問世之後，法國城鄉多數中小型棉紡業企業和家庭作坊很快使用了這項新發明，當時的法國皇帝拿破崙・波拿巴（Napoléon Bonaparte）在 1805 年參觀了雅卡爾紡紗機的生產流程，給予新機器極大的支持。據統計，其時法國全境只有大概 1000 架左右的珍妮紡紗機（不到英國保有量的5%），用於設在一些大城市裏的大工業生產。法國的棉紡織業機械

---

19 雅卡爾紡紗機是一種在打孔紙帶上記錄熟練紡紗工操作動作，然後以紙帶控制機器運作的機械技術，既依賴熟練技術工又能提升新技工的操作能力。雅卡爾紡紗機被認為是現代計算機的先驅。崔之元：《1848 年的馬克思、托克維爾和蒲魯東》，《二十一世紀》（香港中文大學・中國文化研究所），2018 年 6 月號，總一六七期，第 28-29 頁。

化主要是應用本國的技術發明而實現的。[20] 年鑒學派史學大師布羅代爾（Fernand Braudel）後來指出，獨特的技術路徑維持了法國較為包容的經濟社會發展，作為工業上層建築的大工業與分散在全國各地鄉村、長期佔多數的小工業得到同步發展（當時法國經濟學家稱為「雙重進步」），多數勞動力在活躍的城鄉小規模企業中工作，並有較大的自己開辦企業的機會。[21]

事實上，《資本論》第一卷、《英國工人階級狀況》等經典著作已經揭示，英國工業化早期付出了沉重的社會代價：其一是小農和小工業生產方式在大工業迅猛發展的逼迫下沒有生存空間，大批失地農民和破產小經營者，不得不進入大工廠成為流水線上的工人；其二是工人羣體在使用了大機器的資本家面前沒有談判能力，產業工人被視為機器的「附庸」。英國道路沒有成為後來的世界經濟大國的效仿對象，如美國，在 19 世紀中後期職業工會與僱主激烈衝突後取得暫時的和解，聯邦政府以支持企業家主導技術發展方向為條件，換取企業界對技能工人高工資和高福利政策的讓步（1930 年代末通過退休金制度，是工會運動取得的最重要成果），到 20 世紀後期逐步建立起基於自由勞動市場、自由技術轉讓制度和風險投資系統的，以顛覆既有技術路線為特徵的科技創新模式；又如德國在工業化早期積極推動手工業部門的組織化變革，並且賦予它們技能資格認證的專有權，形成了穩定的企業內部技能培訓體系和企業間

---

20 關於工業革命時期英國各項新技術得以產生的經濟社會條件，以及法國、印度和中國等各個國家的技術應用和變革情況，參見 [英] 羅伯特・艾倫：《近代英國工業革命揭秘：放眼全球的深度透視》，毛立坤譯，杭州：浙江大學出版社，2012年。棉紡織業領域技術發明和應用情況，見該書第 279-334 頁。

21 [法] 布羅代爾：《法蘭西的特徵：人與物（下）》，顧良、張澤乾譯，北京：商務印書館，1997 年，第 249-265 頁。

關係網絡，到 20 世紀下半葉發展出有利於改進和鞏固既有技術路線的科技創新模式。[22] 總之，歷史經驗表明，要獨立自主發展，核心舉措必須是在適當時機上通過增強國家的技術路線選擇能力，創建與本國政治經濟體制、市場結構、勞動力構成以及文化傳統相適宜的技術發展路徑。

世事變遷，在當今世界，美國的發展樣式和技術路線已被許多發展中國家奉為圭臬。但是，美國主導的技術路線是否有放諸四海而皆準的效力，且保證能通向可持續的經濟增長和平等的財富分配？答案當然是否定的，本文第三部分的簡要梳理，將揭示興起於美國的信息技術革命潛藏的問題。世界目前處於激烈劇變之中，而我國處在構建新發展格局的關鍵時期，冷靜思考甚麼是最適合自己的技術發展路線，於我們而言責無旁貸。

中國有健全的產業鏈條，產業生態能夠支撐從服裝鞋襪到航空航天、從原料加工到工業母機製造的多數工業產品生產，淘汰高能耗、高污染、低產出的工業企業以及提升高端產業創新引領效率這兩項任務都具有相當的緊迫性。同時，中國又面臨實現勞動收入持

---

22 關於資本主義世界各主要國家的制度演化史和技術創新史，已形成兩類相互重疊但各有側重的重要文獻。一類被稱為「資本主義多樣性」，側重揭示各國制度的差異性，經典著作是 Peter A. Hall and David Soskice, *Varieties of Capitalism: The Institutional Foundations of Comparative Advantage*, Oxford: Oxford University Press, 2001. 一類被稱為「技能政治學」，側重研究勞動在各國生產過程中的相對地位，經典著作有 Harry Braverman, *Labor and Monopoly Capital: The Degradation of Work in the Twentieth Century*, New York and London: Monthly Review Press, 1974; Michael Burawoy, *The Politics of Production: Factory Regimes Under Capitalism and Socialism*, London: Verso, 1985; Kathleen Thelen, *How Institutions Evolve: The Political Economy of Skills in Germany, Britain, the United States and Japan*, New York: Cambridge University Press, 2004.

續增長與做大做強先進製造、提升工業競爭力的雙重政策需求。我們所採取的技術路線，如果是一味追求向前沿創新產業轉型，並且在工業企業中倡導以自動化為核心取向（形成機器換人、少人化和無人化的技術革新），則與我們的產業生態和勞動力結構不相符合。此外，近年國家層面雖然提出「大國工匠」的製造業強國戰略，然而政策實施主要針對的是大型企業對特殊技能人才和高質量崗位的需求，對於佔人口多數的普通勞動者以及其他社會大眾的發展願望，應當配備怎樣的技能培訓和資源支持，各個部門還關注不夠。[23]這些複雜的現實問題，都需要得到妥善考慮。無論如何，目前有必要着手一項基礎性研究工作，即在當前發展數字技術、壯大數字經濟作為國家戰略的緊要關口，反思興起於美國的信息技術革命，為國家明確選擇有利於數字時代人人參與發展的技術路線確立基本共識。

---

23 封凱棟、李君然：《技能的政治經濟學：三組關鍵命題》，《北大政治學評論（第 4 輯）》2018 年第 2 期，第 198-200 頁。

三、信息技術革命的「精英化」技術路線

從技術路線可選擇性的視角反思當前的信息技術發展，不是簡單地以決定論思維指責技術與資本、權力合謀侵蝕公共性。如何使技術進步服從廣大勞動人羣在內的普通人的發展需求（技術發展的「大眾路線」），才是值得討論的問題。從這個角度看，興起於美國的信息技術革命踐行的是「精英化」技術路線，導致其創新性理念和創造性潛能無法在更廣泛的行業和各種類型企業中擴散，難以幫助廣大勞動人羣和其他普通人擴大就業創業機會。

（一）從「數字化轉型難」說起

在目前的輿論中，普遍將傳統製造業以及其他產業中的中小企業的「數字化轉型難」問題，理解為如何推動數字技術在企業中應用和擴散的操作性問題。如一家媒體主持的報告指出：[24]「根據第四次全國經濟普查的數據顯示，我國 2000 多家中小型企業中，89% 的企業處於數字化轉型探索階段，僅在設計、生產、物流、銷售、服務等核心環節進行了數字化探索；8% 的企業處於數字化轉型踐

---

24 《工業互聯網淺談：破解中小企業數字化轉型難，關鍵在於補齊人才缺失短板》，https://tech.china.com/article/20210918/092021_879389.html.

行階段，對核心裝備和業務數據進行數字化改造；僅有 3% 的中小企業處於數字化轉型深度應用階段。」該報告分析了導致中小企業數字化轉型難的原因，一是數據採集能力薄弱、技術應用水平低等基礎能力不強，二是轉型成本高和資源投入有限，其中最主要的是「人才供給不足」：中國工業互聯網研究院數據顯示，超過 75% 的中小企業數字化轉型人才佔比小於 20%。

但是，數字化轉型難僅是由於實體企業方面存在問題？當前的數字技術為甚麼不能滿足不同類型企業的轉型和發展需求？能否基於傳統製造業和各類中小微企業的需求來開發數字技術？這些更深層的問題通常被忽視了。一家市場化的諮詢公司近期發現：「中小微企業相比大型企業，缺乏較強的數字化轉型內生需求，其收入水平也不足以支撐系統的數字化改造，相反中小微企業對市場依賴性更高，其數字化升級模式更應首先解決其外部生態環境，進而從外向內推動。」[25] 雖是仍沒有注意到數字技術的不同路線，但這個觀察從企業內部入手，提出了不同企業的不同需求這個問題。

在當前，雖然數字產品的高普及度，讓人們產生信息技術革命已深入生活各個領域的錯覺，但是使用數字產品，並不等於能參與數字經濟發展。製造業等實體經濟企業無法深度應用數字技術（如僅在辦公室管理流程等領域使用了電腦），重要原因在於目前主流的數字技術發展存在「精英化」的取向，使得這些企業的具體需求難以獲得考慮。

一位新技術浪潮的先行者 —— 貝寶（PayPal）的創始人、臉書

---

25 艾瑞諮詢：《疫情觀察：中國中小微企業數字化升級研究報告（2020 年）》，http://www.cbdio.com/BigData/2020-04/13/content_6155587.htm.

（Facebook）的首個外部投資人彼得・蒂爾（Peter Thiel）——曾提出一個著名的批評：我們想要一輛會飛的汽車，得到的卻是 140 個字符。[26]「140 個字符」，指的是臉書每條帖子的最大字符數，這個批評意見指出了興起於美國的信息通信技術產業已經逐步與美國經濟社會發展的需求相割裂。造成這種割裂的原因很複雜，[27] 我們僅從信息產業部門的基本工作狀態，簡略了解這一狀況：微型計算機在 70 年代末出現，獨立軟件供應商成為最大的市場供給方，大約到了 1982 年之後，PC 的發明和普及更刺激軟件業爆炸式增長，「軟件定義一切」、「軟件吞噬世界」，成為信息通信技術部門最常規的工作方式及理想；而軟件開發人員大多來自原有的計算機中心，或者就是直接從大學出來的學生，不了解其他行業勞動人羣的經驗以及其他企業的發展需求，也無需深入生產流程和工作現場，就能

---

26 轉引自 [美] 威廉姆・邦維利安、彼得・辛格：《先進製造：美國的新創新政策》，沈開艷等譯，上海：上海社會科學院出版社，2019 年，第 283 頁。

27 從不同層面分析信息技術革命「精英化」取向得以產生的緣由，see William Lazonick, *Sustainable Prosperity in the New Economy? Business Organization and High-Tech Employment in the United States*, Michigan: W.E. Upjohn Institute for Employment Research, 2009（論述美國科技企業在股東利益最大化原則下，破壞了激勵有助於可持續發展的創新的關鍵因素，如財務承諾、組織整合和內部人控制等，成為收入差距惡化的重要原因）；Paolo Bory, *The Internet Myth: From the Internet Imaginary to Network Ideologies*, London: University of Westminster Press, 2020（論述在互聯網發展過程中，技術精英的話語如何逐步成為塑造互聯網發展方向的主導性敘事）. 批判當前歐美法律制度體系對信息技術「精英化」路線的保護，see Amy Kapczynski, The Law of Informational Capitalism, *The Yale Law Journal*, Vol. 129, No. 5 (2020). 應該說明的是，提出「興起於美國的信息技術革命主流為‘精英化’取向」這個認識，是容易招致質疑的，我希望能另行專門撰文加以論證，在這裏，我更側重於強調數字技術發展的「多樣」可能性及其對經濟社會發展的意義。感謝本文評審專家指出的問題。

完成其工作任務。[28] 卡爾斯·博伊科斯將這種割裂狀況視為對「民主」生活形態的損害：傳統技術條件下公司的創新，需要掌握有關現有生產流程適當知識的有經驗的機械師和工程師在工場裏反覆試錯，由此在技術革新過程中會一定程度尊重一線工人的意見；而在信息技術條件下，頂尖的物理學家、數學家和軟件工程師等組成的團體，在遠離工場的研究室裏就能規定好技術創新的發展方向。[29]

這種脫離生產勞動和經營實踐的工作方式和工作理念，使得計算機和互聯網等信息技術於 1960 年代後期在美國開始普及時，就激起了大量的質疑聲：信息技術引發的革新僅集中在娛樂、信息和通信交流領域，卻不能改變更多領域的既有生產和生活方式。[30] 如本文以下將論述的，信息通信技術產業技術路線的「精英化」取向，最顯著的體現正是其對於製造業等傳統實體經濟沒有直接、即刻的幫助。雖然處於持續衰敗，但是製造業等傳統經濟部門在 2003 年仍佔美國 GDP 的三分之二以上，到 2019 年，美國製造業增加值達 2.34 萬億美元，GDP 佔比為 10.9%，而信息通信產業在美國 GDP 中的佔比，從 2000 年至 2018 年僅約上升了 1%，2018 年產值約

28 ［美］阿爾弗雷德·D. 錢德勒、詹姆斯·W. 科塔達編：《信息改變了美國：驅動國家轉型的力量》，萬岩、丘艷娟譯，上海：上海遠東出版社，2011 年，第 290-291 頁；［美］瑪格麗特·奧瑪拉：《矽谷密碼：科技創新如何重塑美國》，謝旎劼譯，北京：中信出版社，2022 年，第 407-420 頁。

29 Carles Boix, *Democratic Capitalism at the Crossroads: Technological Change and the Future of Politics*, Princeton and Oxford: Princeton University Press, 2019, pp.177-215.

30 ［美］羅伯特·戈登：《美國增長的起落》，張林山等譯，北京：中信出版集團，2018 年，第 552-560 頁。

1.72 萬億美元，GDP 佔比 8.3%；[31] 然而，在信息技術等新興經濟產業迅猛發展的壓倒性話語下，製造業等傳統產業的發展和創新需求沒有得到應有的關注。我國目前出現的針對實體產業中小微企業「數字化轉型難」問題的研判，極有陷入美國「信息技術革命悖論」的危險，需要引起高度警惕：未能引領經濟社會深度變革的數字技術，佔據了政策和輿論話語的核心位置，更多的資源投入和制度保障，反過來又使信息技術革命更加精英化、更加自說自話。[32]

（二）信息技術「精英化」路線與美國製造業衰敗

美國聯邦政府推動信息技術革命的目的，在於生產新一代產品，而不是提升製造業的競爭力，因此從一開始就沒有考慮製造業實體產業勞動人羣實踐經驗的需求。[33] 出於二戰後與蘇聯科技競爭的需要，美國催生國防部機構領導的信息技術革命，如在蘇聯 1957 年發射人類第一顆人造衛星後，美國成立國防高級研究計劃署，資助各個大學和科研機構的科學家自由從事科學研究和成果轉化，還出資計算機科學部，為初創企業提供早期研究支持，推動半導體研

---

31 參見韓文艷、熊永蘭、張志強：《美國信息通信產業近 20 年發展態勢分析及啓示》，《世界科技研究與發展》2021 年第 2 期；國信證券：《海外市場一周概覽：挖掘美國製造業數據》，2021 年 1 月 5 日，https://pdf.dfcfw.com/pdf/H3_AP202101061447750845_1.pdf.

32 Francesco D. Sandulli, Solving the Paradoxes of the Information Technology Revolution: Productivity and Inequality, https://papers.ssrn.com/sol3/papers.cfm?abstract_id=1192568.

33 [美] 威廉姆‧邦維利安、彼得‧辛格：《先進製造：美國的新創新政策》，沈開艷等譯，上海：上海社會科學院出版社，2019 年，第 46 頁。

究和人機互動研究，促成因特網的早期研發。[34] 在大力推動信息產業蓬勃興起的同時，由於過於樂觀地認為科技創新的收益可以補償製造業實體產業停滯或轉移到海外的損失，美國的產業政策從 70 年代中期開始偏重支持不能大規模擴大就業的高新科技和信息技術產業，如麻省理工學院兩位產業政策專家指出：「美國目前不關心顯著增加就業的部門的創新。」[35]

信息技術革命並未給製造業等實體產業帶來激勵作用。1987 年，該年度諾貝爾經濟學獎得主羅伯特・索洛（Robert M. Solow）提出一個著名的「生產率悖論」，質疑當時方興未艾的 IT 產業：「計算機隨處可見，除了在生產率統計數據裏」。[36] 美國之後幾十年的生產率數據變化可以證實索洛的意見，即伴隨着全球頂尖水準的信息技術研發的高速發展，美國整個國家製造業實體產業的生產率增速卻是顯著下降：2004 年至 2014 年，美國全要素生產率年均增長率為 0.4%，是 1890 年之後的歷史最低；2005 年至 2016 年，美國總勞動生產率年均增長 1.3%，不到此前十年（1995 年至 2004 年）年均增長率 2.8% 的一半。美國勞動統計局的一項數據更能直接顯示信息技術至少對製造業實體產業提高生產率幫助不大：1989 年至 2000 年間美國製造業生產率年均增長為 4.1%，而在 2007 年至

34 [英] 瑪麗安娜・馬祖卡托：《創新型政府：構建公共與私人部門共生共贏關係》，李磊、束東新、程單劍譯，北京：中信出版社，2019 年，第 90-101 頁。關於互聯網發展歷史，See Janet Abbate, *Inventing the Internet*, Cambridge, Mass.: MIT Press, 1999.

35 [美] 威廉姆・邦維利安、彼得・辛格：《先進製造：美國的新創新政策》，沈開艷等譯，上海：上海社會科學院出版社，2019 年，第 315 頁。

36 Robert Solow, We'd better watch out, *New York Times Book Review*, July 12, 1987.

2014 年，吸收了信息技術革命收益的製造業生產率則下降到年均增長 1.7%。[37]

　　生產率增速下降並不僅是技術開發造成的（將資源投入到不發生價值產出的經濟活動），而且是技術利用的後果。經濟學家羅伯特・戈登（Robert J. Gordon）解釋了上述生產率增速變化的情況。戈登承認，信息技術大規模進入生產和生活領域，在初期曾經一度提升了各個領域的工作效率，但是他接着指出，與改變了世界各地生產和生活方式所有主要方面的第二次工業革命相比，當前的信息技術革命的影響範圍和深度都極為有限。例如，到目前為止，智能手機在辦公室主要用於個人活動；電子商務在整個經濟中所佔比例太低；數字技術與金融業和銀行業的結合沒有減少企業對財務會計等專業人士的依賴，也沒有抵消銀行實體網點擴張的意願。用戈登教授的話來總結，「上文討論的每個部門（辦公、零售、金融、銀行）都在 20 世紀 80 年代和 90 年代發生了根本性和革命性的變化。只是在過去 10 年，計算機硬件、軟件和業務方法僵化為一套緩慢變化的慣例。」[38]

　　一位計算機研究者在 2000 年美國互聯網經濟泡沫崩潰時，指責聯邦政策缺少對工人及其技能的調整：「過去幾十年來，在基礎設施上所做的巨大投資教會我們如何快速轉移資金、物理實體、信息和日益增加的工作，但我們無法以同樣的速度來部署工人及其技

37　[美] 羅伯特・戈登：《美國增長的起落》，張林山等譯，北京：中信出版集團，2018 年，第 550-551 頁；[美] 威廉姆・邦維利安、彼得・辛格：《先進製造：美國的新創新政策》，沈開艷等譯，上海：上海社會科學院出版社，2019 年，第 74-75 頁。

38　[美] 羅伯特・戈登：《美國增長的起落》，張林山等譯，北京：中信出版集團，2018 年，第 558 頁。

能。」[39] 產業政策專家則更尖銳地指出，不同行業及其各個類型的企業都有其相對獨特、運行良好的技術方案、商業模式和人力資本結構，要求徹底改變這些運行良好的獨特性去適應目前的信息技術，是極不合理，也不可能實現的。[40] 綜合這些批評意見，可以得出一個亟需反思的教訓：以精英化技術路線為主導的信息技術革命，脫離實體產業生產實踐，從而在面對進入 21 世紀美國本土製造業產業顯現出的難以挽回的衰敗頹勢時，提供不了太多正面幫助。[41]

（三）「精英化」技術路線存在的問題

應該馬上指出，批評當前信息通信產業的「精英化」技術路線，並不是否定新技術革命所蘊藏的創新性理念和潛力。換句話說，「精英化」技術路線並非不能帶來創新理念和創造能力，更準確的狀況，或許可以用哈佛大學法學院羅伯託 • M. 昂格爾（Roberto M.

---

39 [美] 布魯斯 • 艾布拉姆森：《數字鳳凰：信息經濟為甚麼能欲火重生》，趙培、鄭曉平譯，上海：上海遠東出版社，2008 年，第 253 頁。

40 [美] 威廉姆 • 邦維利安、彼得 • 辛格：《先進製造：美國的新創新政策》，沈開艷等譯，上海：上海社會科學院出版社，2019 年，第 4-5 頁。

41 關於美國製造業衰敗的數據分析，see Susan N. Houseman, Understanding the Decline of U.S. Manufacturing Employment, Upjohn Institute Working Paper 18-287, https://research.upjohn.org/cgi/viewcontent.cgi?article=1305&context=up_workingpapers. 美國電信設備產業在信息通信技術迅猛發展的背景下卻急速衰敗的案例，譬如曾經的電信設備巨頭北電（Nortel）在 2008 年破產，朗訊（Lucent）不久後也被賣給了法國阿爾卡特公司（後來又被芬蘭的諾基亞收購），也充分說明了圍繞精英化技術路線而實施的聯邦產業政策、監管措施以及公司戰略給電信設備製造業帶來的巨大損害。See Robert D. Atkinson, Who Lost Lucent? : The Decline of America's Telecom Equipment Industry, https://americanaffairsjournal.org/2020/08/who-lost-lucent-the-decline-of-americas-telecom-equipment-industry/.

240 認識中國與探尋進步 —— 世界視野下的中國發展

Unger）教授的術語來刻畫，即當前高速發展的數字化、智能化新技術是一種「孤島式先鋒主義」（insular vanguardism）：[42] 一方面，各類數字技術提供了如低成本共享資源和信息、集中大眾智慧以及打破常規勞動分工模式等承諾，在理念上展現出極具先鋒引領力的前景，但另一方面，又由於其技術路線的精英化取向而脫離大多數勞動生產經驗和企業具體需求，因此無法在實踐中實現廣泛的創新擴散。

就結果來講，信息技術革命的「精英化」路線，使得新技術蘊含的創新和創造僅局限在少數前沿產業及少數前沿企業，在經濟社會發展中形成「贏家通吃效應」。例如：第一，藉助數字技術形成擴張效應。主要表現為通過擴張其規模而實現持續的創新，也就是說，基於數字技術的發展不是如同熊彼特（Joseph A. Schumpeter）所說的那樣通過「創造性毀滅」（創新）來克服邊際收益遞減，而是通過要素的不斷加速投入來實現「邊際收益的持續上升」；[43] 第二，藉助數字技術形成排他效應。這是規模收益上升的必然結果，使少數技術企業必然會成為行業巨頭，而且形成巨型規模的速度會越來越快。巨型平台的資源汲取能力和科研創造能力，決定了它對其他

42　Roberto M. Unger, *The Knowledge Economy*, London and New York: Verso, 2019, p.1.

43　Roberto M. Unger, *The Knowledge Economy*, London and New York: Verso, 2019, p.29.

市場主體的壓倒性優勢和排他效益；[44] 第三，藉助數字技術形成集權效應。主要體現在隨着資源汲取能力和研發能力的提升，自上而下精準決策的能力以及創造市場需求的能力不斷加強，這使巨型公司可以日益脫離經濟社會的真實需要，重新構造一種關於社會生活方方面面的新的生態，不啻獲得一種「單方面主張人類經驗作為轉化成行為數據的免費原材料」的特權。[45] 麥肯錫全球研究所在其2015 年發佈的一份報告中，引用實證研究證實了這種數字化導致贏家通吃效應的狀況：「數字化使得競爭更加激烈、更加迅速，並日益形成了一個贏家通吃的企業環境。自 2000 年以來，北美公司資本回報率的平均方差比 1965 年至 1980 年的普遍水平高出 60%以上。不僅利潤在增長，在一些數字化程度最高的行業中，領先企業的利潤也比以往任何時候都要大。最大的競爭轉變之一是佔主導地位的數字平台的崛起，無論是電子商務市場、操作系統還是社交

---

44 如亞馬遜（Amzon）這樣的大型平台可以利用其信息管理能力和資源調配能力，實施「即時無庫存」（just-in-time）經營模式，極大降低成本，使中小平台完全無法與之競爭。R. M. Unger, Isaac Stanley, Madeleine Gabriel and Geoff Mulgan, Imagination Unleashed: Democratising the Knowledge Economy, Published by Nesta, March 2019. https://www.nesta.org.uk/report/imagination-unleashed/.

45 Shoshana Zuboff, *The Age of Surveillance Capitalism: The Fight for a Human Future at the New Frontier of Power*, New York: Public Affairs, 2019, p.8. 祖博夫在她的著作中主要批判如同谷歌（Google）這樣形成「監控資本主義」的巨型公司。其他文獻提供了更豐富的理論線索，能說明當前的大數據技術塑造市場的能力，如將人羣區分為「高價值」和「高風險」兩大類別，歧視性實施策略。See Amy Kapczynski, The Law of Informational Capitalism, *The Yale Law Journal*, Vol. 129, No. 5 (2020), p.1478.

媒體網絡。」[46]

　　在世界範圍內，新技術也有誘發全球不平等狀況惡化的效果，如同哈佛大學國際經濟學教授丹尼・羅德里克（Dani Rodirik）指出的，在參與全球價值鏈形成的發展中國家和地區，新技術驅動產業發展和出口的效應日益明顯，但全球價值鏈既沒有擴大就業，也沒有促成與出口相關的技術和組織效益在整個經濟中擴散，相反由於新技術節省勞動力和節約資源的作用，削弱了這些國家和地區在非技能勞動力方面的傳統比較優勢。[47]這種欠缺包容性的發展狀況有其政治經濟學根源：目前的全球化發展模式是福特主義生產方式的國際化結果，[48]全球價值鏈建立在產品內部分工的基礎上，研發、原料加工、零部件製造、產品組裝、銷售等不同的勞動任務被分派到不同國家和地區，分享了產品增加值的不同份額；信息技術革命由於其脫離製造生產過程的精英化取向，沒有改變、反而加強了這種日趨僵化的勞動分工，使發展中國家和地區難以通過參與全球化過

46　McKinsey Global Institute, Digital America: A tale of the haves and have-mores, December 1, 2015, https://www.mckinsey.com/industries/technology-media-and-telecommunications/our-insights/digital-america-a-tale-of-the-haves-and-have-mores.

47　Dani Rodirik, New Technologies, Global Value Chains and the Developing Economies, NBER WORKING PAPER SERIES, October 2018, http://www.nber.org/papers/w25164.

48　崔之元：《雙循環、全球價值鏈和增材製造：對新發展戰略的初步理論思考》，《二十一世紀》（香港中文大學中國文化研究所），2021 年 8 月號，總第一八六期，第 40 頁。有關福特主義生產方式以及挑戰它的後福特主義生產方式，參見崔之元：《鞍鋼憲法與後福特主義》，《讀書》1996 年第 3 期；James P. Womack, Daniel T. Jones and Daniel Roos, The Machine That Changed the World, New York: Free Press, 1990.

程獲得在全球價值鏈中地位升級及創新能力提升的機會。[49]

綜上述，在「精英化」技術路線下，全球範圍內廣大勞動者和普通大眾的生產和生活實踐中的知識積累（包括中小企業經營和生產過程中積累的問題和經驗），得不到提煉、助長和發展的機會；而難以與更廣泛的生產、生活場景相融合的數字技術，其創造和應用更有加速財富不平等分配、損害勞動者和中小企業就業創業熱情的趨勢，導致嚴重的發展不平衡，極化社會分裂。應該說，我國通過改革開放的偉大實驗，在現有的全球化發展模式和技術路線下，實現了經濟增長奇跡。[50]但是，在全球發展環境激變和新冠疫情突如其來爆發之後，發展條件已經出現變化，我國的發展戰略從出口導向為主，轉向「雙循環」戰略，以內需為出發點和落腳點。在新形勢下，我們迫切需要創新數字技術發展路徑，改變「精英化」技術路線，以更有利於在廣泛的經濟領域生長和擴散的新型技術，增強包括廣大勞動者在內的普通人和不同產業的各類企業的發展能力。

49　在這其中，中國是少數的例外之一：根據世界銀行發布的「2019 年全球價值鏈發展報告」(Global Value Chain Report: 2019)，從 2007 年智能手機進入全球市場以後，中國的信息通信技術出口在全球價值鏈中的地位逐步升級。中國之所以能實現全球價值鏈攀升，與諸多複雜因素有關，如中國廣闊的手機消費市場、地方政府的各項支持性措施、安卓操作系統的開源以及蘋果操作系統的半開源所帶動的生態系統變動等。崔之元：《雙循環、全球價值鏈和增材製造：對新發展戰略的初步理論思考》，《二十一世紀》（香港中文大學・中國文化研究所），2021 年 8 月號，總第一八六期，第 40-41 頁。

50　對中國參與全球價值鏈形成過程，在財富增長以及受既有全球勞動分工格局制約等方面複雜狀況的分析，還可以參見邢予青：《中國出口之謎：解碼「全球價值鏈」》，北京：三聯書店，2022 年。

四、促進自主參與發展的數字技術新路線

那麼，針對新一代信息通信技術，如何創造不同於「精英化」取向的技術路線？由於新一代信息通信技術尚處於急速發展的階段，各種社會力量的複雜影響還沒有使其完全定型，我們的討論需要從理論辨析開始，並以此對現實中萌芽的新型技術的理論意義和實踐意義加以挖掘，而將更具體領域的制度變革和政策變革建議留待日後討論。

（一）關於新型技術路線的理念認識

讓我們首先在理念上明確相關認識。以人工智能（AI）為例，人工智能的技術發展，在近年已從顯性編程進步到機器學習方法（一種可使計算機和算法從海量數據中學習、預測和執行任務的統計技術）和「深度學習」方法（使用如神經網絡等多層程序來改進機器學習、統計推理和優化的算法），人工智能替代人從事重複性、可計算性的工作的能力達到史無前例的高度。要探索新型的人工智能技術路線的可能性，需要以尊重人工智能等技術手段與人的真實關係為前提。精英化取向的技術路線，秉持「軟件定義一切」的工作方式和理想，實質是對技術與人之關係的扭曲：認為一套外在的、抽象的標準可以指導人類生產和生活的方方面面。

羅伯託·昂格爾教授基於自然哲學研究成果提出，機器可以幫助人類從事重複性、可計算性的工作，在這些方面能夠提高工作的精度和強度，但無法從根本上取代人。這是因為，人的心智（mind）所具有的「想像力」的功能，是任何機器都無法替代的：「想像力的標誌是它的否定能力（negative capability）：心智的那種使自己遠離現象或者事物狀態、然後將其歸入一系列變革性變化之下的能力；拋開固有的方法和挑戰當下的前提，以便更好地看到之前看不到的東西，然後回過頭發掘新方法和設定新前提，以理解此前無法產生的意義。想像力無關乎天賦（facility），與視野（vision）相關。機器甚至在理論上都無法有這種越界性和有遠見的力量。它是一種植根於我們人性最根本屬性的力量：我們對我們之為『存在』的所有限定性的超越，我們不可能被局限在我們所構建和棲居的理念和社會世界之中。」[51] 忽略心智的「想像力」維度的功能，是對於人的主觀能動性的否定、對人的全面發展前景的壓抑。如在機械化大工業時代，雖然古典發展經濟學已經認識到「教育」作為經濟增長的基礎作用，然而被視為機器「附庸」的工人在社會生活中實際並不被期待甚麼「教育」，有「遵守紀律的習性，基本的識字和計算能力，靈

51　Roberto M. Unger, *The Knowledge Economy*, London and New York: Verso, 2019, pp.43-44. 昂格爾與蒲魯東在思想上的親合性顯而易見，可以對勘蒲魯東的論述，[法] 蒲魯東：《貧困的哲學》上卷，余叔通、王雪華譯，北京：商務印書館，2010 年，第 196 頁。

敏度，以及特別是手眼協調度」就足夠了。[52] 從昂格爾的這個認識出發，正確的技術方案只能是：機器作為幫助人增強其拓展和實現「想像力」的能力的工具。應該指出，人的「想像力」本身是難以準確定義的，其邊界和潛能不可能被事先確定，因此任何輔助「想像力」拓展的技術工具的開發，都必須服從人在具體情境下的發展需求、以解決具體發展環境中的問題為起點，而不是與多數普通人的生產生活實際相脫離。這提出了技術進步必須走「大眾路線」的基本要求：任何脫離普通人具體生產和生活實踐的科技創新和技術發明，都難以為人的全面發展提供切實的幫助。

著名經濟學家達倫・阿西莫格魯（Daron Acemoglu）近年集中研究人工智能與勞動力的關係問題，[53] 他建立在實證研究之上的反思，為我們更好理解上述理念認識提供了具體化的示例。阿西莫格魯提出了對主流人工智能技術路線的批評：目前主流的人工智能技術路線是以自動化方向發展為主，傾向於讓相對於勞動力而言更廉價的資本（凝聚成機器）取代一系列原來由人力完成的工作，但是外在於勞動生產實踐的自動化人工智能，又沒有顯著地提高生產率來增加對勞動力的需求，由此可能對收入不平等和社會凝聚力產

---

52 Roberto M. Unger, *The Knowledge Economy*, London and New York: Verso, 2019, p.40.「教育」究竟只是改善人力資本結構的工具，還是可以成為促進人的全面發展的裝置？不妨看看昂格爾的如下教育觀：「我們可以普遍地建立這樣一種教育：在每個孩子身上都能找到一個還不善表達的先知，在每所學校裏都能找到關於未來的聲音，使心智能夠超越既有的思想和生活環境進行思考，並在其中持續前行。」Roberto M. Unger, *The Religion of the Future*, Cambridge: Harvard University Press, 2014, p.29.
53 Daron Acemoglu & Pascual Restrepo, Robots and Jobs: Evidence from US Labor Markets, https://conference.nber.org/confer/2017/PRs17/Acemoglu_Restrepo.pdf.

生災難性的後果。[54] 基於技術路線可選擇性的視角，阿西莫格魯指出了「正確的人工智能類型」的可能性：「由於人工智能不只是一組具有特定的、預先確定的應用和功能的狹窄技術，而是一個技術平台，它可以部署在自動化之外的更多領域；它可以用來重組生產過程，為勞動力創造許多新的、高生產率的任務。如果這種『恢復型人工智能』（reinstating AI）是可能的，那麼就生產率的提高和勞動力需求的增加（這不僅將創造更具包容性的增長，還將避免失業和工資下降所引發的社會問題）而言，社會將有巨大的潛在收益。」[55]

阿西莫格魯設想了幾個新型人工智能技術方案。例如，教育領域，通過人工智能收集學生在學習中遇到困難時具體反應的數據，為實施個性化教育提供信息輔助；醫療保健領域，通過人工智能收集和分析醫患者的信息，增強醫護人員和其他技術人員的工作能力；擴增現實感（Augmented reality）方面，通過採用人機協同技術，使用交互界面來增加人類感知、監控和控制對象的能力，幫助工人執行高精度的生產和集成設計任務。這幾個方案符合非精英化技術路線的要求：人工智能不以取代教師、醫務人員和工人為目標，而是幫助後者更精確地收集和分析信息，為提升後者更具創造性地從事專業工作的能力而實施輔助。阿西莫格魯為我們推進數字

54 Daron Acemoglu & Pascual Restrepo, The Wrong Kind of AI? Artificial Intelligence and The Future of Labor Demand, NBER WORKING PAPER SERIES, http://www.nber.org/papers/w25682.

55 Daron Acemoglu & Pascual Restrepo, The Wrong Kind of AI? Artificial Intelligence and The Future of Labor Demand, NBER WORKING PAPER SERIES, http://www.nber.org/papers/w25682.

技術新型技術路線從理念認識到現實落地，提供了有益的啟發。[56]

（二）數字技術的變革範例與公共政策的可能方向

1. **數字技術的變革範例**。改變既有的數字技術實現路線是否可能？這裏可以舉出兩個獲得一定成功的案例，案例一說明基於製造業實體產業的一線生產需求而改變數字技術實現路線，案例二說明通過嚴格的規則調整既有數字技術運用，是具有可能性的。在介紹我們的案例之前，有必要再次提請注意我們提出的「技術路線可選擇性」的含義：對於相同的科技原理，可以有不同的技術實現方案，不同技術路線有可能產生不同的經濟社會政治效果。

案例一：造紙、食品、建材等傳統流程工業在發展過程中，普遍遭遇嚴峻的制約性問題，如（1）生產過程多依賴人工經驗操作控制，而一線熟練工（「老師傅」）的經驗難以有效提煉和系統整理，隨着熟練工的老去（年輕人日益不願進入工廠），許多行業面臨難以傳承的難題；（2）行業基本特點是：生產原料為自然資源，但又需要去生產標準化、性能均一的產品。因此，基於人工經驗操作，很難保證原料的有效組份，由此經常造成過度的原料浪費和能源消耗；（3）企業一旦實現了一定的規模，則多條生產線和多生產要素

---

56 借鑒阿西莫格魯的思考，我們或許可以嘗試設計一些改變新數字技術實現路線的方案。比如當前引起熱議的 ChatGPT，由人工智能技術驅動的自然語言處理工具。現在討論得較多的是 ChatGPT 實現了智能問答功能，因此可以取代人工客服等工作崗位。但是這個技術路線至少在目前並不值得大力倡導。ChatGPT 還可以調整技術方向，通過精準抓取關鍵詞對談話內容進行歸類整理，這樣也可以實現對海量客服問答內容的深度分析，從而促進電商平台對顧客意見的直接關注並且因此改善產品質量。後面這個技術路線更值得支持。

協同的複雜程度，就會超出人的駕馭能力，此時還依賴熟練工來運作，會導致生產效率偏低。在這裏，我們看到，新一代信息通信技術崛起時所承諾的那些理念，如低成本共享資源和信息、集中大眾智慧以及打破常規勞動分工模式等，能夠應對這些傳統流程工業的發展痛點。但是，現有的數字技術並不能提供這樣的有效方案，因為傳統流程工業的非標準化、不可計算性生產工藝特徵，無法滿足精英主義技術路線下的軟件編程工作要求。一句話，遠離一線生產現場的軟件工程師不懂工藝，既有數字技術融入不了生產現場。

一家由造紙專業技術人員組建的科技公司基於其對傳統工藝的了解，努力實現了突破技術壁壘，將工業互聯網和人工智能技術分拆，嵌入這些傳統流程工業的生產工藝關鍵環節中，為流程型製造業提供數智化轉型的軟硬件產品和數據服務。例如，對一家造紙企業，該科技公司在若干生產環節中嵌入人工智能技術，實現人機料法環測的全面質量管理；通過與熟練工反覆磨合，基於其經驗設置工藝參數，建立了工業大數據分析平台，穩定住工藝流程，同時通過質量的實時預測與預警，幫助分析與快速定位，動態調整原料的有效組份；根據工藝特徵，在關鍵點設置一系列數據分析方法和工具，發現節能改善點，實現制漿與紙機的整體用能優化。我們看見，在這一系列方案中，人工智能、大數據等數字技術並沒有取代熟練工，而是基於熟練工的經驗予以改造，最終達到輔助提升人力的效果。

案例二：廣東某市的水產業中小企業和小農戶普遍長期面臨着生產和銷售過程的一些難題，包括溫控物流需求越來越大、盈利水平低、資金需求量大但因缺乏信用擔保而融資難等問題，以及傳統凍品質押貨物控不住、貨權不清晰、監管成本高、處置變現差等

發展痛點，嚴重制約着中小企業和小農戶的發展。數年前，該市水產業協會在省市主管部門和科技部門支持下創設一個數字平台，通過推動中小企業和小農戶將各自產品的國際貿易、加工、倉儲、物流、銷售數據集中化，實現整個生產、銷售、服務環節的智能互認，具備了全流程可視化和協助融資（通過完整的數據而為中小企業和小農戶提供信用擔保）兩大功能，滿足了中小企業和小農戶的相應需求。但是，中小企業和小農戶決定是否上平台時也存在一定的顧忌，即該平台是否通過壟斷數據來獲利以及在協助融資過程中是否利用信息優勢來賺取利率差？在運營該數字平台的過程中，主管的科技公司與市水產協會達成協議，確立了兩項旨在保證平台公共服務功能定位的規則：第一，嚴格確保數據透明度。平台適時更新不同區域產品價格、金融機構利率等關鍵信息，使得平台運營不壟斷任何相關的數據、信息，保證中小企業和小農戶不必擔心因信息不對稱而在任何一個運作環節中被不合理地收取差價；第二，無需支付融資息差。平台保證不通過所掌握的融資貸款方面的信息優勢而盈利，規定用戶通過平台貸款無需支付額外利息點，只是就每筆業務收取一定的服務費。[57]

本文無意將上述個案描述成為具有普遍示範效力的成功例子。但無論如何，既有數字技術並不像它們的鼓吹者所說的那樣，能夠輕易給傳統製造業或者其他行業的中小企業和小農戶帶來幫助。一方面，現有數字技術「能優化流程，卻無法改變工藝」，這是了解

---

[57] 關於該數字平台的基本信息，參見蔣余浩等：《發展中的廣東數字經濟：觀察與思考》，北京：社科文獻出版社，2024 年。對於該平台運作及相關規則設定的理論分析，見張心旖：《「可負擔的數字化」：中小企業數字化轉型的理念和方案》，https://mp.weixin.qq.com/s/M1U2TsiuQCnSN00cvbjNaw.

製造業的人士的共識，[58] 另一方面，現有的數字技術為平台帶來了太大的信息優勢，致使它們能輕易獲取「贏家通吃」的競爭能力。認識到技術路線的可選擇性，能夠為調控技術運作邏輯做出準備：其一，不再將數字技術視為穩定、普適的技術工具，否定軟件工程師等精英擁有遠離生產現場亦能指揮生產變革的特權，而是要求從製造工藝、一線熟練工經驗出發去分解分拆這些數字技術，使之服務於真實的生產過程本身；其二，在技術運行和產品設計過程中設定規則，限制憑藉技術（如大數據）優勢收穫過多的利益，保障技術能力相對較弱的一方有效分享新技術運作創造的好處。由此形成的新的數字技術運作形態，就是所謂新技術的大眾路線的表現。

2. 實踐中萌芽的新型技術。在現實中，另有某些與製造工藝相結合的新型的數字技術出現，更可能保障數字時代的參與式發展，在廣泛應用之際能增強廣大勞動人羣和一般社會大眾的發展能力和發展機會。這些新的數字技術在綜合性技術應用中起到輔助和推進的作用，呈現出不同於精英化取向的技術路線。

例如，俗稱 3D 打印的「增材製造技術」。3D 打印是依據實體構件的三維數字模型，採用物理、化學、冶金等技術手段，通過連續的逐層疊加材料的方式製造三維實體物件的快速成型技術，融合了數字建模、機電控制、光電信息、材料科學等多學科領域的前沿技術，代表先進製造業發展方向。3D 打印目前面臨材料品種有限的限制（如傳統製造業中可用的金屬種類有幾千種之多，而在金屬 3D 打印領域，可選用的較成熟的原材料只有幾十種），此外，不同

58　這是筆者 2021 年 8 月調研廣州市黃埔區一家智能製造企業時，該企業副總裁的精闢總結。

的工藝對材料形態還有各種特殊要求，而材料科學上的突破不可能依託在既有的智能化、數字化發展上，只能回到研究材料的製備和加工工藝本身；因此在這裏，經改造過的數字化和智能化技術已是不可或缺的輔助手段，卻成為不了定義全部運作過程的主導。一旦實現材料科學等學科上的突破而獲得廣泛應用，3D 打印能展現出革新既有生產和生活方式的潛力：(1) 通過實現設計與製造、管理與生產在同一地點完成，提升企業自主創新能力，可以進一步改變基於產品內部分工的僵化的全球勞動分工模式，在新的技術高度上推進後福特主義「靈活化」「團隊」生產方式；[59] (2) 通過廣泛應用於各類製造業產品，可以同時滿足單一的、標準化產品的批量性生產要求與多樣的、個性化產品的定製性生產要求，實現「規模經濟」與「範圍經濟」兼得；(3) 通過減少對企業規模的依賴，為中小微企業的初創和發展提供大量機會。[60] 正是由於 3D 打印展現出的變革性潛能，著名企業戰略家理察・達凡尼（Richard D'aveni）認為一場「泛工業革命」正在興起：應用新的製造技術的小規模企業平台，正在迅速實現某些前沿先鋒大企業生產大批量單一產品所需的

59　後福特主義生產方式有助於降低企業對於全球產業鏈的過度依賴，美國在稍早時候成功實現「回流」的製造業企業多數具備後福特主義「靈活化」「團隊」生產的特徵，對於後疫情時代的中國企業而言，探索更能維護產業鏈安全的生產模式，也相當重要。美國製造業企業回流的案例分析，參見 [美] 蒂姆・哈特澤爾、戴夫・里珀特：《美國製造業回歸之路：離岸外包、回歸本土與重振策略》，何蓉譯，北京：人民郵電出版社，2016 年，第 54-83 頁。

60　有關 3D 打印技術的一般性介紹，參見杜宇雷編著：《3D 打印材料》，北京：化學工業出版社，2020 年。關於此項技術發展的社會政治意義，參見崔之元：《雙循環、全球價值鏈和增材製造：對新發展戰略的初步理論思考》，《二十一世紀》（香港中文大學中國文化研究所），2021 年 8 月號，總第一八六期；see also Thomas Birtchnell, William Hoyle, *3D Printing for Development in the Global South: The 3D4D Challenge*, London: Palgrave Macmillan, 2014.

質量、速度和效率，擊敗了巨型公司長期從中獲益的基於規模經濟的老式商業模式。[61]

　　另外，由於目前的數據產權模糊狀態，有技術和資本優勢的科技平台容易獲得迅速擴張的資源，形成「贏家通吃效應」。近年出現一些支持數據要素流動和共享的制度創新[62]及理論思考，[63]然而還需要相應的技術條件的支持，才有可能實現打破數據資源壟斷的效果。現實中，針對這種難題，也已有大數據新技術路線的初步發展，值得引起重視。例如，「社會關聯數據」（Solid），這是萬維網創始人提姆・李（Tim Berners-Lee）近年開發的一種新的大數據技術路線，其核心是基於個人的意願而共享數據信息。這種新技術實現了：用戶將個人數據存儲在自由選擇的「個人在線數據儲存器」（pods）；在用戶授予應用程序權限後，Solid 認證的應用程序可以請求數據；用戶可以在幾個 pod 之間分佈式分發個人信息，既保證數據安全，又防止單個開發商獨佔數據。[64]近期，已有消息指出，

61　[美]理察・達凡尼：《泛工業革命：製造業的超級英雄如何改變世界？》，王如欣、葉妍伶譯，台北：先覺出版社，2019 年。又見崔之元：《雙循環、全球價值鏈和增材製造：對新發展戰略的初步理論思考》，《二十一世紀》（香港中文大學中國文化研究所），2021 年 8 月號，總第一八六期。

62　例如，歐盟、美國、新加坡、韓國、印度等近年出台規定，確立或認可了「個人信息可攜帶權」（right to data portability），為激勵個人數據的自由有序流動提供法律支持。這個規定具有打破單個平台對個人數據實施壟斷的前景。我國的《個人信息保護法》第 45 條也接近於這個內容。

63　例如，張鵬、蔣余浩：《政務數據資產化管理的基礎理論研究：資產屬性、數據權屬及定價方法》，《電子政務》2020 年第 9 期；張會平、馬太平：《城市全面數字化轉型中數據要素跨界流動：四種模式、推進邏輯與創新路徑》，《電子政務》2022 年第 5 期。

64　基本情況可訪問 Solid 網站，https://solidproject.org/. 國內學者對於 Solid 這種大數據新技術路線理論意義的闡述，參見賈開：《數字未來的多重技術路線》，《文化縱橫》2021 年第 6 期。

英國正應用 Solid 技術建立「開放銀行」(Open Bank)，促進銀行業的競爭。Solid 展現的新的大數據技術路線為公民個人保護自己的數據信息配備了技術工具，提升個體的自主能力。

3. 公共政策的可行方向。在共同富裕戰略下，中國需要根據其面臨的複雜發展問題，充分調動資本和專業等多項資源，更加有力地鼓勵有利於構建包容性經濟增長模式的技術成果，為增強普通人創業就業能力和各個產業中小微企業發展能力服務。《國民經濟和社會發展第十四個五年規劃和 2035 年遠景目標綱要》將「數字產業化」和「產業數字化」兩項重要措施並舉，清晰展現了推進數字技術與實體產業融合的政策思路。近期已有一系列政策措施出台，如工信部等五部門聯合制定《關於推動輕工業高質量發展的指導意見》，要求實施數字化助力現代輕工產業體系建設。

當前，可以考慮拓展 3D 打印和 Solid 的案例經驗，設置一些創新性機制，逐步改變技術發展制度環境，引領技術路線調整。譬如：其一，設立面向製造業等實體經濟的技術研發平台，激勵開發能與多種製造技術深度融合的新型數字技術，推動形成突破全球福特主義勞動分工方式的新發展模式，為國內中小微企業成長創建一條不同於原來受制於企業規模和有限資源的新路；其二，創新大數據等數字經濟資源的使用機制，保障普通個人在技術進步和經濟社會發展過程中的自主參與權，並且以此為基礎，進一步推動數字技術研發和數字產品創造緊密圍繞普通人的勞動生產和日常生活具體需求及知識積累而展開。

需要強調，倡導新型的技術路線，對勞動者同樣有技能提升的要求，同樣會使企業面臨激烈的競爭，因此也將出現振盪和顛覆，但卻可以通過在技術進步的每一個環節，密切注意增強勞動者羣體

和中小微企業的自主參與能力，而避免過於激烈的破壞性變化。國家還可以針對可能出現的震盪和顛覆，預先設置必要的創新性及保護性制度和政策，為升級勞動者技能及企業運營水平、提升多數人防禦風險的能力提供幫助。如支持個體和家庭獲得「能勝任一個寬泛而變動着的職位範圍的一般性技能」、為普通社會大眾提供更多的培育能力的服務等等。[65] 但不管怎樣，我們倡導新型技術路線，是反對科技創新脫離製造業實體產業、反對盲目以數字技術取代人力，支持更貼近多數普通人實際發展需求從而也更有生命力的技術發明和創新，故此更需要國家鼓勵為普通人賦能的新技術產品，並且完善社會安全保障網絡，為構建高度創新的社會兜底。

---

65 Charles Sabel, Dewey, Democracy and Democratic Experimentalism, *Contemporary Pragmatism*, Vol. 9, No. 2 (December 2012), p.43.

結語

　　「精英化」技術路線最大的問題不在於其無力提供創新理念和創造潛能，而在於其脫離社會大眾：不顧普通勞動者和其他社會大眾的勞動生產實踐和日常發展需求，從而使創新理念和創造潛能很大程度上局限於少數前沿產業和前沿企業，成為惡化財富分配狀況、擴大社會分裂的要素。「大眾化」技術路線的倡議，強調的是通過調整新技術發展方向，使技術進步圍繞廣大勞動者的發展需求和知識積累而展開，切實為多數普通人服務。在今天面對新一代信息通信技術的迅猛發展，有必要重提蒲魯東曾經的敏銳見解：科學和技術不能僅被視為一種專業和行業，而應「被當成一種教育應該培養每一個人具有的能力」。[66] 這個見解能獲得技術發展史研究者的支持，如城市史學名家劉易斯・芒福德（Lewis Mumford）在 1930 年代的觀察：「自動化生產帶來了標準化、大批量生產和個人默默無聞的特點；⋯⋯機器體系的所有偉大進步都是基於手動勞動和科學思想。⋯⋯因為機器體系所能夠做到的決不會超過設計或操作它的人眼、人手和人腦的水平。只要具備基本操作的知識，理論

66　[法] 蒲魯東：《貧困的哲學》下卷，余叔通、王雪華譯，北京：商務印書館，2010 年，第 791 頁。

上人就可以重建世界上任何機器體系。」[67] 相較於工業革命及自動化時期激發福特主義大批量生產方式的各類技術，信息通信技術具有更容易為普通勞動者獲取和利用的潛能，因此有更強的推進後福特主義靈活生產方式的優勢。但是，技術精英和資本精英共同主導的發展路線，卻導致多數勞動者和多數實體產業日常積累的知識被排除在技術創新方案之外，新技術給予社會的先鋒主義承諾難以在更大範圍內擴散。這種狀況不可能保障包容性增長的發展前景。[68]

　　本文的分析嘗試說明，國家可以在發展過程中選擇不同的技術路線，確保技術進步不脫離佔人口多數的普通人的需求。我們在新的發展形勢下發展壯大數字經濟，需要明確以增強不同行業和各類企業發展能力為首要原則來思考數字技術研發和應用，防止為數字化而數字化，過激地以精英化技術路線去推動數字經濟發展，破壞產業生態並且造成大規模失業。只有推動更多的信息技術革命成果真正圍繞多數普通人的生活和生產實際而產生，並以增強普通人的勞動生產能力和創業就業能力為目的，才能促進技術領域獲得更持久的創新力，同時使數字技術服務於而不是阻礙構建「人人參與的發展環境」。

67　[美]劉易斯·芒福德：《技術與文明》，陳允明、王克仁、李華山譯，北京：中國建築工業出版社，2009 年，第 368 頁。

68　關於技術創新被當作勞動生產實踐的外生變量的批判，see Roberto M. Unger, The Knowledge Economy: A Critique of the Dominant View, *American Affair*, Fall 2020 / Volume IV, Number 3.

人工智能治理的三個問題 *

* 本文系與上海交通大學國際與公共事務學院賈開副教授合著。

摘要

　　人工智能的興起不僅是技術或產業領域的重大發展，更是經濟、社會、政治各領域的基礎性和綜合性變革，由此產生的治理挑戰要求公共政策框架的重構與創新，而這又體現為三個基本問題。首先在技術層面，人工智能的核心是算法與數據，其內在邏輯是基於機器學習形成自主決策。其次，傳統科層治理結構、方法以及範圍不能應對新的變化，從而構成了人工智能時代的治理挑戰。各國現有政策所遵循的「無需批准式監管」或「審慎監管」邏輯固然有其合理性，但卻局限於「創新」與「安全」的二維選擇而失於片面。最後，本文提出綜合性公共政策框架，力圖為人工智能時代的崛起建立制度基石。

　　2017 年 7 月，國務院印發《新一代人工智能發展規劃》，不僅對人工智能的發展做出了戰略性部署，還確立了「三步走」的政策目標，力爭到 2030 年將我國建設成為世界主要的人工智能創新中心。[1] 值得注意的是，此次規劃不僅僅只是技術或產業發展規劃，還同時包括了社會建設、制度重構、全球治理等方方面面的內容。之所以如此，是由於人工智能技術本身具有通用性和基礎性。換句

1　國務院關於印發新一代人工智能發展規劃的通知 [EB/OL]. http://www.gov.cn/zhengce/content/2017-07/20/content_5211996.htm.

話說，為助推人工智能時代的崛起，我們面對的任務不是實現某一個專業領域或產業領域內的顛覆性技術突破，而是大力推動源於技術發展而引發的綜合性變革。

也正因為如此，人工智能發展進程中所面臨的挑戰才不僅僅局限於技術或產業領域，而更多體現在經濟、社會、政治領域的公共政策選擇上。首先，普遍建立在科層制基礎上的公共事務治理結構，是否能夠適應技術發展和應用過程中所大規模激發的不確定性和不可預知性？再者，長久以來圍繞人類行為的規制制度，是否同樣能夠適應以數據、算法為主體的應用環境？最後，如何構建新的治理體系和治理工具來應對伴隨人工智能發展而興起的新的經濟、社會、政治問題？

應對上述挑戰並不完全取決於技術發展或商業創新本身，而更多依賴於我們的公共政策選擇。本文試圖在分析人工智能發展邏輯及其所引發的風險挑戰的基礎上，對人工智能時代的公共政策選擇做出分析，並討論未來改革的可能路徑，這也就構成了人工智能治理的三個基本問題。具體而言，人工智能本身成為治理對象，其發展與應用構成了治理挑戰，而在此基礎上如何做出公共政策選擇便是未來治理變革的方向。

全文共分為四個部分：第一部分將探討人工智能的概念及特徵，並進而對其發展邏輯進行闡述。作為一項顛覆性技術創新，其本身的技術門檻對決策者而言構成了挑戰，梳理並捋清人工智能的本質內涵因而成為制定相關公共政策的前提；第二部分將着重分析人工智能時代崛起所帶來的治理挑戰，主要包括三個方面，即傳統科層治理結構應對人工智能新的生產模式的滯後性、建基於行為因果關係之上的傳統治理邏輯應對人工智能新主體的不適用性，以及

人工智能發展所引發的新議題的治理空白；面對上述挑戰，各國都出台了相關政策，本文第三部分對此進行了綜述性對比分析，並指出了其進步意義所在。需要指出的是，儘管各國的政策目標都試圖追求人工智能發展與監管的二維平衡，但由於缺乏對人工智能內涵及其發展邏輯的完整認識，當前的公共政策選擇有失綜合性；本文第四部分將提出新的治理思路以及公共政策選擇的其他可能路徑，以推動圍繞人工智能治理的相關公共政策議題的深入討論。

一、人工智能的概念及技術發展邏輯：
　　算法與數據

　　伴隨着人工智能技術的快速發展，尤其是其近年來在棋類對弈、自動駕駛、人臉識別等領域的廣泛應用，圍繞人工智能所可能引發的社會變革產生了激烈爭論。在一方面，以霍金[2]、馬斯克[3]、比爾·蓋茨[4]、赫拉利[5]為代表的諸多人士呼籲加強監管，警惕「人工智能成為人類文明史的終結」；在另一方面，包括奧巴馬[6]在內的政治家、學者又認為應該放鬆監管，充分釋放人工智能的技術潛力以造福社會。未來發展的不確定性固然是引發當前爭論的重要原因之一，但圍繞「人工智能」概念內涵理解的不同，以及對其發展邏輯認識的不清晰，可能也同樣嚴重地加劇了人們的分歧。正因為此，廓清人工智能的概念內涵和發展邏輯不僅是回應爭論的需

2　霍金. AI 可能成就或者終結人類文明 [EB/OL].http://www.raincent.com/content-10-7672-1.html.

3　Elon Musk. Artificial Intelligence is Our Biggest Existential Threat. https://www.theguardian.com/technology/2014/oct/27/elon-musk-artificial-intelligence-ai-biggest-existential-threat.

4　Microsoft's Bill Gates Insists AI is A Threat. http://www.bbc.com/news/31047780. 2017-8-14.

5　[以] 赫拉利. 人類簡史 [M]. 北京：中信出版社，2014.

6　The President in Conversation With MIT's Joi Ito and WIRED's Scott Dadich. https://www.wired.com/2016/10/president-obama-mit-joi-ito-interview/. 2017-8-14.

要，也是進一步提出公共政策建議的前提。

就相關研究領域而言，人們對於「人工智能」這一概念的定義並未形成普遍共識。計算機領域的先驅阿蘭・圖靈曾在《計算機器與智能》一文中提出，重要的不是機器模仿人類思維過程的能力，而是機器重複人類思維外在表現行為的能力。[7] 正是由此理解出發，著名的「圖靈測試」方案被提出。但如同斯坦福大學計算機系教授約翰・麥卡錫所指出的，「圖靈測試」僅僅只是「人工智能」概念的一部分，不模仿人類但同時也能完成相關行為的機器同樣應被視為「智能」的。[8] 事實上，約翰・麥卡錫正是現代人工智能概念的提出者。在他看來，「智能」關乎完成某種目標的行為「機制」，而機器既可以通過模仿人來實現行為機制，也可以自由地使用任何辦法來創造行為機制。[9] 由此，我們便得到了人工智能領域另一個非常重要的概念 ——「機器學習」。

人工智能研究的目標是使機器達到人類級別的智能能力，而其中最重要的便是學習能力。[10] 因此，儘管「機器學習」是「人工智能」的子域，但很多時候我們都將這兩個概念等同起來。[11] 就實現過程而言，機器學習是指利用某些算法指導計算機利用已知數據得出適當模型，並利用此模型對新的情境給出判斷，從而完成行為機制的

7　Turing, A. M. Computing Machinery and Intelligence. Mind, 1950, 59(236).

8　McCarthy, J. What is Artificial Intelligence. URL: http://www-formal.stanford.edu/jmc/whatisai/whatisai.html.

9　McCarthy, J. What is Artificial Intelligence. URL: http://www-formal.stanford.edu/jmc/whatisai/whatisai.html.

10　McCarthy, J. What is Artificial Intelligence. URL: http://www-formal.stanford.edu/jmc/whatisai/whatisai.html.

11　[美] 佩德羅─多明戈斯 . 終極算法：機器學習和人工智能如何重塑世界 [M]. 黃芳萍譯 . 北京：中信出版社，2016.

過程。此處需要強調一下機器學習算法與傳統算法的差異。算法本質上就是一系列指令，告訴計算機該做甚麼。對於傳統算法而言，其往往事無巨細地規定好了機器在既定條件下的既定動作；機器學習算法卻是通過對已有數據的「學習」，使機器能夠在與歷史數據不同的新情境下做出判斷。以機器人行走的實現為例，傳統算法下，程序員要仔細規定好機器人在既定環境下每一個動作的實現流程；而機器學習算法下，程序員要做的則是使計算機分析並模擬人類的行走動作，以使其即使在完全陌生的環境中也能實現行走。

由此，我們可以對「人工智能」設定一個「工作定義」以方便進一步的討論：人工智能是建立在現代算法基礎上，以歷史數據為支撐，而形成的具有感知、推理、學習、決策等思維活動並能夠按照一定目標完成相應行為的計算系統。這一概念儘管可能仍不完善，但它突出了人工智能技術發展和應用的兩大基石 —— 算法與數據，有助於討論人工智能的治理問題。

首先，算法即是規則，它不僅確立了機器所試圖實現的目標，同時也指出了實現目標的路徑與方法。就人工智能當前的技術發展史而言，算法主要可被劃分為五個類別：符號學派、聯接學派、進化學派、類推學派和貝葉斯學派。[12] 每個學派都遵循不同的邏輯、以不同的理念實現了人工智能（也即「機器學習」）的過程。舉例而言，「符號學派」將所有的信息處理簡化為對符號的操縱，由此學習過程被簡化（抽象）為基於數據和假設的規則歸納過程。在數據（即歷史事實）和已有知識（即預先設定的條件）的基礎上，符

---

12 [美] 佩德羅一多明戈斯 . 終極算法：機器學習和人工智能如何重塑世界 [M]. 黃芳萍譯 . 北京：中信出版社，2016.

號學派通過「提出假設—數據驗證—進一步提出新假設—歸納新規則」的過程來訓練機器的學習能力，並由此實現在新環境下的決策判斷。

從對「符號學派」的描述中可以發現，機器學習模型成功的關鍵不僅是算法，還有數據。數據的缺失和預設條件的不合理將直接影響機器學習的輸出（就符號學派而言，即決策規則的歸納）。最明顯體現這一問題的例子便是羅素的「歸納主義者火雞」問題：火雞在觀察 10 天（數據集不完整）之後得出結論（代表預設條件不合理，超過 10 個確認數據即接受規則），主人會在每天早上 9 點給它餵食；但接下來是平安夜的早餐，主人沒有餵它而是宰了它。

所有算法類型儘管理念不同，但模型成功的關鍵都聚焦於「算法」和「數據」。事實上，如果跳出具體學派的思維束縛，每種機器學習算法都可被概括為「表示方法、評估、優化」這三個部分。[13] 儘管機器可以不斷的自我優化以提升學習能力，且原則上可以學習任何東西，但評估的方法和原則（算法）以及用以評估的數據（數據）都是人為決定的 —— 而這也正是人工智能治理的關鍵所在。算法與數據不僅是人工智能發展邏輯的基石，其同樣是治理的對象和關鍵。

總而言之，圍繞「人工智能是否會取代人類」的爭論事實上並無太大意義，更重要的反而是在廓清人工智能的內涵並理解其發展邏輯之後，回答「治理甚麼」和「如何治理」的問題。就此而言，明確治理對象為算法和數據無疑是重要的一步。但接下來的重要問題

13　[美] 佩德羅－多明戈斯. 終極算法：機器學習和人工智能如何重塑世界 [M]. 黃芳萍譯. 北京：中信出版社，2016.

仍然在於，人工智能時代的崛起所帶來的治理挑戰究竟是甚麼？當前的制度設計是否能夠對其做出有效應對？如果答案是否定的，我們又該如何重構治理體系以迎接人工智能時代的崛起？本文餘下部分將對此做進一步的闡述。

二、人工智能時代崛起的治理挑戰

　　不同於其他顛覆性技術，人工智能的發展並不局限於某一特定產業，而是能夠支撐所有產業變革的通用型技術。也正因為此，其具有廣泛的社會溢出效應，在政治、經濟、社會等各個領域都會帶來深刻變革，並將同時引發治理方面的挑戰。具體而言，挑戰主要體現在以下三個方面。

　　首先，治理結構的僵化性，即傳統的科層制治理結構可能難以應對人工智能快速發展而形成的開放性和不確定性。之所以需要對人工智能加以監管，原因在於其可能成為公共危險的源頭，例如當自動駕駛技術普及之後，一旦出現問題，便可能導致大規模的連續性傷害。但不同於飛機、大型水壩、原子核科技等二十世紀的公共危險源，人工智能的發展具有極強的開放性，任何一個程序員或公司都可以毫無門檻的進行人工智能程序的開發與應用。這一方面是由於互聯網時代的到來，使得基於代碼的生產門檻被大大降低[14]；另一方面，這也是人工智能本身發展規律的需要。正如前文所提到，唯有大規模的數據輸入才可能得到較好的機器學習結果，因此將人工智能的平台（也即算法）以開源形式公開出來，以使更多的人在

14　Benkler, Y. The Wealth of Networks: How Social Production Transforms Markets and Freedom. Yale University Press, 2006.

不同場景之下加以利用並由此吸收更多、更完備的數據以完善算法本身，就成為了大多數人工智能公司的必然選擇。與此同時，人工智能生產模式的開放性也必然帶來發展的不確定性，在缺乏有效約束或引導的情況下，人工智能的發展很可能走向歧途。面對這一新形勢，傳統的、基於科層制的治理結構顯然難以做出有效應對。一方面，政府試圖全範圍覆蓋的事前監管已經成為不可能，開放的人工智能生產網絡使得監管機構幾乎找不到監管對象；另一方面，由上至下的權威結構既不能傳遞給生產者，信息不對稱問題的加劇還可能導致監管行為走向反面。調整治理結構與治理邏輯，並形成適應具有開放性、不確定性特徵的人工智能生產模式，是當前面臨的治理挑戰之一。

再者，治理方法的滯後性，即長久以來建立在人類行為因果關係基礎上的法律規制體系，可能難以適用於以算法、數據為主體的應用環境。人工智能的價值並不在於模仿人類行為，而是其具備自主的學習和決策能力；正因為如此，人工智能技術才不能簡單地理解為其創造者（即人）意志的表達。程序員給出的只是學習規則，但真正做出決策的是基於大規模數據訓練後的算法本身，而這一結果與程序員的意志並無直接因果關聯。事實上也正由於這個特點，AlphaGo 才可能連續擊敗圍棋冠軍，而其設計者卻並非圍棋頂尖大師。也正是在這個意義上，我們才回到了福柯所言的「技術的主體性」概念。在他看來，「技術並不僅僅是工具，或者不僅僅是達到目的的手段；相反，其是政治行動者，手段與目的密不可分」。[15] 就

---

15 Foucoult, M. Discipline and Punish. A. Sheridan, Tr., Paris, FR, Gallimard, 1975.

此而言，長久以來通過探究行為與後果之因果關係來規範人的行為的法律規制體系，便可能遭遇窘境：如果將人工智能所造成的侵權行為歸咎於其設計者，無疑不具有說服力；但如果要歸咎於人工智能本身，我們又該如何問責一個機器呢？由此，如何應對以算法、數據為核心的技術主體所帶來的公共責任分配問題，是當前面臨的第二個治理挑戰。

最後，治理範圍的狹隘性，即對於受人工智能發展衝擊而引發的新的社會議題，需要構建新的治理體系和發展新的治理工具。人工智能發展所引發的治理挑戰不僅僅體現在現有體系的不適應上，同時還有新議題所面臨的治理空白問題。具體而言，這又主要包括以下議題：算法是否能夠享有言論自由的憲法保護，數據的權屬關係究竟如何界定，如何緩解人工智能所可能加劇的不平等現象，以及如何平衡人工智能的發展與失業問題。在人工智能時代之前，上述問題並不存在，或者說並不突出；但伴隨着人工智能的快速發展和應用普及，它們的重要性便日漸顯著。以最為人所關注的失業問題為例，就技術可能性來說，人工智能和機器人的廣泛應用代替人工勞動，已是一個不可否定的事實了。無論是新聞記者，還是股市分析員，甚至是法律工作者，其都有可能為機器所取代。在一個「充分自動化（Full Automation）」的世界中，如何重新認識勞動與福利保障的關係、重構勞動和福利保障制度，便成為最迫切需要解決的治理挑戰之一。[16]

上述三方面共同構成了人工智能時代崛起所帶來的治理挑戰。

---

16 Srnicek, N., & Williams, A. The Future isn't Working. Juncture, 2015, 22(3): 243-247.

面對這些挑戰，各國也做出了相應的公共政策選擇。本文第三部分將對各國人工智能的治理政策進行對比性分析。在此基礎上，第四部分將提出本文的政策建議。

三、各國人工智能治理政策及監管路徑綜述

　　人工智能時代的崛起作為一種普遍現象，其所引發的治理挑戰是各國面臨的共同問題，各國也陸續出台了相關公共政策以試圖推動並規範人工智能的快速發展。

　　美國於 2016 年同時頒佈了《國家人工智能研究與發展戰略規劃》和《為人工智能的未來做好準備》兩個國家級政策框架，前者側重從技術角度指出美國人工智能戰略的目的、願景和重點方向，而後者則更多從治理角度探討政府在促進創新、保障公共安全方面所應扮演的角色和作用。就具體的監管政策而言，《為人工智能的未來做好準備》提出了一般性的應對方法，強調基於風險評估和成本—收益考量的原則以決定是否對人工智能技術的研發與應用施以監管負擔。[17] 日本同樣於 2016 年出台了《第五期（2016-2020 年度）科學技術基本計劃》，提出了「超智能社會 5.0」的概念，強調通過推動數據標準化、建設社會服務平台、協調發展多領域智能系統等各方面工作促進人工智能的發展和應用。[18]

17　Preparing for the Future of Artificial Intelligence. https://obamawhitehouse. archives.gov/sites/default/files/whitehouse_files/microsites/ostp/NSTC/ preparing_for_the_future_of_ai.pdf. 2017-8-14.

18　薛亮 .「日本推動實現超智能社會『社會 5.0』」[EB/OL]. http：//www.istis.sh.cn/ list/list.aspx?id=10535.

儘管美國和日本的政策着力點不同，但其共有的特點是對人工智能的發展及其所引發的挑戰持普遍的包容與開放態度。就當前的政策框架而言，美日兩國的政策目標更傾斜於推動技術創新、保持其國家競爭力的優勢地位；當涉及對人工智能所可能引發的公共問題施以監管時，其政策選擇也更傾向於遵循「無需批准式（permissionless）」的監管邏輯，即強調除非有充分案例證明其危害性，新技術和新商業模式默認為都是被允許的。[19] 至於人工智能的發展對個人數據隱私、社會公共安全的潛在威脅，儘管兩國的政策框架都有所涉及，卻並非其政策重心 —— 相比之下，英國、法國則採取了不同的政策路徑。

　　英國政府 2016 年發佈了《人工智能：未來決策制定的機遇與影響》，對人工智能的變革性影響以及如何利用人工智能做出了闡述與規劃，尤其關注到了人工智能發展所帶來的法律和倫理風險。在該報告中，英國政府強調了機器學習與個人數據相結合而對個人自由及隱私等基本權利所帶來的影響，明確了對使用人工智能所制定出的決策採用問責的概念和機制，並同時在算法透明度、算法一致性、風險分配等具體政策方面做出了規定。[20] 與英國類似，法國在 2017 年發佈的《人工智能戰略》中延續了其在 2006 年通過的《信息社會法案》的立法精神，同樣強調加強對新技術的「共同調控」，以在享有技術發展所帶來的福利改進的同時，充分保護個人權利

19　Thierer, A. Permissionless Innovation: The Continuing Case for Comprehensive Technological Freedom. Mercatus Center at George Mason University, 2016.

20　Artificial Intelligence: Opportunities and Implications for the Future of Decision Making.https://www.gov.uk/government/uploads/system/uploads/attachment_data/file/566075/gs-16-19-artificial-intelligence-ai-report.pdf.

和公共利益。[21] 與美日相比，英法的公共政策更偏向於「審慎監管（precautionary）」的政策邏輯，即強調新技術或新的商業模式只有在開發者證明其無害的前提下才被允許使用。[22]

在本文看來，無論是「無需批准式監管」還是「審慎監管」，在應對人工智能時代崛起所帶來的治理挑戰方面都有其可取之處：前者側重於推動創新，而後者則因重視安全而更顯穩健。但需要指出的是，這兩種監管路徑的不足卻也十分明顯。正如前文第二部分所指出，一方面，快速迭代的技術發展與商業模式創新必將引發新的社會議題，無論是算法是否受到言論自由的權利保護還是普遍失業對社會形成的挑戰，它們都在客觀上要求公共政策做出應對，而非片面的「無需批准式監管」能夠處理。更重要的是，「無需批准式監管」的潛在假設是事後監管的有效性；然而，在事實上，正如 2010 年 5 月 6 日美國道瓊斯工業指數「瞬間崩盤」事件所揭示的，即使單個電子交易程序合規運行，當各個系統行為聚合在一起時反而卻造成了更大的危機。[23] 在此種情形下，依賴於合規性判斷的「事後監管」基本上難以有效實施。另一方面，人工智能本身的自主性和主體性使得建立在人類行為因果關係基礎上的「審慎監管」邏輯存在天然缺陷：既然人類無法預知人工智能系統可能的行為或決策，開發者又如何證明人工智能系統的無害性？

正如本文所反覆強調的，人工智能與其他革命性技術的不同之

21　周衍冰，大數據產業在法國的發展及應用 [N]. 學習時報，2014-11-03.

22　Thierer, A. D., & Watney, C. J. Comment on the Federal Automated Vehicles Policy, 2016.

23　[美] 傑瑞・卡普蘭 . 人工智能時代：人機共生下財富、工作與思維的大未來 [M]. 杭州浙江人民出版社，2016.

處，正是在於其所帶來的社會衝擊的綜合性和基礎性。人工智能並非單個領域、單個產業的技術突破，而是對於社會運行狀態的根本性變革；人工智能時代的崛起也並非一夜之功，而是建立在計算機革命、互聯網革命直至數字革命基礎上的「奇點」變革。因此，面對人工智能時代崛起所帶來的治理挑戰，我們同樣應該制定綜合性的公共政策框架，而非僅僅沿襲傳統治理邏輯，例如只是針對具體議題在「創新」與「安全」這個二元維度下進行艱難選擇。本文在第四部分從承認技術的主體性、重構社會治理制度、推進人工智能全球治理這三方面提出了政策建議，並希望以此推動更深入地圍繞人工智能時代公共政策選擇的研究與討論。

四、人工智能時代的公共政策選擇

《新一代人工智能發展規劃》明確提出了到 2030 年我國人工智能發展的「三步走」目標，而在每一個階段，人工智能法律法規、倫理規範和政策體系的逐步建立與完善都是必不可少的重要內容。面對人工智能時代崛起的治理挑戰，究竟應該如何重構治理體系、創新治理機制、發展治理工具，是擺在決策者面前的重要難題。本文基於對人工智能基本概念和發展邏輯的梳理分析，結合各國已有政策的對比分析，提出以下三方面的改革思路，以為人工智能時代的公共選擇提供參考。

第一，人工智能發展的基石是算法與數據，建立並完善圍繞算法和數據的治理體系與治理機制，是人工智能時代公共政策選擇的首要命題，也是應對治理挑戰、賦予算法和數據以主體性的必然要求。（1）就算法治理而言，涉及的核心議題是算法的制定權及相應的監督程序問題。算法作為人工智能時代的主要規則，究竟誰有權並通過何種程序來加以制定，誰來對其進行監督且又如何監督？長久以來公眾針對社交媒體臉書（Facebook）的質疑正體現了這一問題的重要性：公眾如何相信臉書向用戶自動推薦的新聞內容不會摻

雜特殊利益的取向？[24] 當越來越多的人依賴定製化的新聞推送時，人工智能甚至會影響到總統選舉。也正因為此，包括透明要求、開源要求在內的諸多治理原則，應當被納入到算法治理相關議題的考慮之中。（2）就**數據治理**而言，伴隨着人工智能越來越多地依賴於大規模數據的收集與利用，個人隱私的保護、數據價值的分配、數據安全等相關議題也必將成為公共政策的焦點。如何平衡不同價值需求、規範數據的分享與應用，也同樣成為人工智能時代公共政策選擇的另一重要抓手。

第二，**創新社會治理制度，進一步完善社會保障體系，在最大程度上緩解人工智能發展所可能帶來的不確定性衝擊**。與歷史上的技術革命類似，人工智能的發展同樣會導致利益的分化與重構，而如何保證技術革命成本的承受者得到最大限度的彌補並使所有人都享有技術發展的「獲得感」，不僅是社會發展公平、正義的必然要求，也是促進技術革命更快完成的催化劑。就此而言，在人工智能相關公共政策的考量中，我們不僅應該關注產業和經濟政策，同時也應該關注社會政策，因為只有後者的完善才能夠控制工人或企業家所承擔的風險，並幫助他們判斷是否支持或抵制變革的發生。就具體的政策設計來說，為緩解人工智能所可能帶來的失業潮，基本收入制度的普遍建立可能應該被提上討論議程了。「基本收入」是指政治共同體（如國家）向所有成員不加任何限制條件地支付一定數額的收入，以滿足其基本生活的需求。儘管存在「養懶漢」的質

---

24 Marcel Rosenbach. How Google and Facebook Can Reshape Elections. http://www.spiegel.de/international/germany/google-and-facebook-could-help-decide-2017-german-election-a-1120156.html.

疑，但有研究者已指出，自 18 世紀就開始構想的基本收入制度很有可能反過來促進就業。[25] 芬蘭政府已經於 2017 年初開始了相關實驗，美國的一些州、瑞士也做出了一定探索。在人工智能時代尚未完全展現其「猙容」之前，創新社會治理機制、完善社會保障體系，可能是平衡技術創新與社會風險的最佳路徑。

第三，構建人工智能全球治理機制，以多種形式促進人工智能重大國際共性問題的解決，共同應對開放性人工智能生產模式的全球性挑戰。人工智能的發展具有開放性和不確定性的特徵，生產門檻的降低使得人工智能技術研發的跨國流動性很強，相關標準的制定、開放平台的搭建、共享合作框架的形成，無不要求構建相應的全球治理機制。另一方面，跨境數據流動在廣度和深度上的快速發展成為了人工智能技術進步的直接推動力，但各國數據規制制度的巨大差異在制約跨境數據流動進一步發展的同時，也將影響人工智能時代的全面到來。[26] 故此，創新全球治理機制，在承認各國制度差異的前提下尋找合作共享的可能性，便成為人工智能時代公共政策選擇的重要考量之一。就具體的機制設計而言，可以在人工智能全球治理機制的構建中引入多利益相關模式；另一方面，為防止巨頭壟斷的形成，充分發揮主權國家作用的多邊主義模式同樣不可忽視。作為影響深遠的基礎性技術變革，互聯網全球治理機制的經驗和教訓值得人工智能發展所借鑒。

上述三方面從整體上對人工智能時代的公共政策框架做出了

---

25 Van Parijs, P. Basic Income: A Simple and Powerful Idea for the Twenty-first Century. Politics & Society, 2004, 32(1).

26 賈開. 跨境數據流動的全球治理：權力衝突與政策合作 —— 以歐美數據跨境流動監管制度的演進為例 [J]. 汕頭大學學報（人文社會科學版），2017(5).

闡述。與傳統政策局限於「創新」與「安全」之間做出二維選擇不同，本文以更綜合的視角提出了未來公共政策選擇的可能路徑。就其內在聯繫來講，建立並完善圍繞算法和數據的治理體系是起點，其將重構人工智能時代的規則與制度；創新社會治理機制並完善社會保障體系是底線，其將緩解人工智能所帶來的影響與波動；構建全球治理機制則成為了制度性的基礎設施，推動各國在此之上共同走向人工智能時代的「人類命運共同體」。

五、結語

　　在經歷了 60 餘年的發展之後，人工智能終於在互聯網、大數據、機器學習等諸多技術取得突破的基礎上實現了騰飛。在未來的人類生活中，人工智能也必將扮演越來越重要的角色。對於這樣的圖景，我們自不必驚慌，但卻也不可掉以輕心。對於人工智能的治理，找到正確的方向並採取合理的措施，正是當下所應該重視的政策議題。而本文的主旨也正在於此：打破長久以來人們對於人工智能的「籠統」式擔憂，指出人工智能技術發展的技術邏輯及其所引發的治理挑戰，並在此基礎上提出相應的政策選擇。人工智能治理的這三個基本問題，是重構治理體系、創新治理機制、發展治理工具所必須思考的前提。伴隨着我國國家層面戰略規劃的出台，我國人工智能的發展也必將躍上新台階。在此背景下，深入探討人工智能治理的相關公共政策議題，對於助推一個人工智能時代的崛起而言，既有其必要性，也有其迫切性。

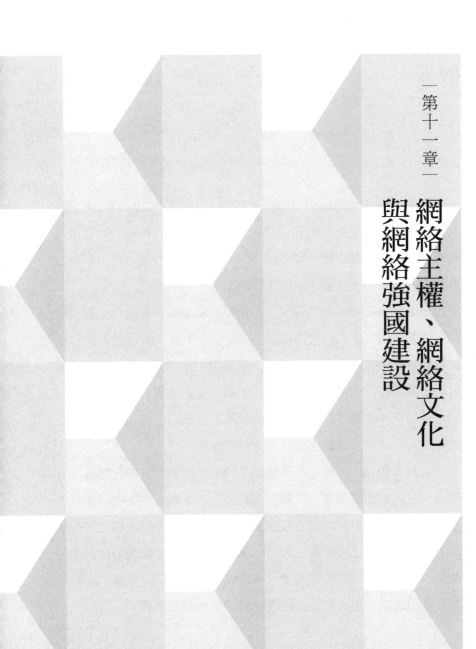

第十一章

網絡主權、網絡文化
與網絡強國建設

摘要

中國社會當前熱議的中美貿易爭端，以及 4 月 20 日至 21 日在北京召開的全國網絡安全和信息化工作會議，使「貿易戰實質是技術轉移和知識產權之戰」（約瑟夫・斯蒂格利茨語）和「自主創新推進網絡強國」（習近平總書記語）等理念深入人心。

全面推進網絡強國的建設，首先需要解決如倪光南院士曾指出的「網絡空間鬥爭主動權的問題」。顯然，在中央處理器和操作系統等核心技術領域實現自主可控，是繁重工作的第一步。然而，要實現這種高新技術領域的自主創新，必須面對美國信息網絡技術長期處於領先和壟斷地位造成的技術發展路徑鎖定、知識產權保護下的利益固化、用戶選擇空間狹小等重大難題。

從根本而言，需要中國構建出在知識創新領域有助於挑戰既有權威、在產業組織形態上有助於激勵廣泛共享與合作、在經濟發展領域有助於敦促金融為實體製造業服務的制度和文化。本文擬從網絡社會的基本文化理念衝突入手，探討以開放共享的網絡文化安全理念引領網絡強國建設的意義，希望吸引更多思考者參與討論有利於社會主義文化強國和網絡強國建設的基本制度創新。

一、法國雅虎案中的網絡自由與文化安全

2000 年 8 月 11 日，「反種族主義及反『反猶主義』國際聯盟」在法國巴黎高等法院起訴總部設在美國加州的雅虎，因為後者的拍賣網站上公開陳列黨衞軍軍章、SS匕首、集中營照片等法國法律禁止銷售的納粹物品。原告要求雅虎屏蔽掉法國用戶，即禁止法國用戶瀏覽這些拍賣網。

被告則辯稱：第一，該拍賣網站並不在法國雅虎旗下，而是屬於美國雅虎，不能要求美國雅虎也遵從法國法律；第二，就技術而言，雅虎無法識別瀏覽該拍賣網站的用戶是否為法國人；第三，同樣是技術原因，法國也無法要求雅虎切斷法國用戶進入該拍賣網的所有途徑（這需要關閉法國人的所有互聯網接口，甚至包括電話線）。然而，2000 年 11 月 20 日，主審法官作出終局裁決，認為雅虎違反法國禁止出售納粹物品的法律，並且法國法院有權要求雅虎屏蔽掉法國用戶對該拍賣網的瀏覽。2001 年 1 月 2 日，雅虎從其拍賣網上撤走所有的納粹物品。

在信息社會崛起之初，互聯網被寄託了一種超越國家疆域和政府監管的自由民主夢想。麻省理工學院媒體實驗室創始人尼葛洛龐帝（Nicholas Negroponte）曾從技術的角度講述這種可能性：「一個個信息包各自獨立，其中包含了大量的訊息，每個信息包都可以經由不同的傳輸路徑，從甲地傳送到乙地。……因為我總是有辦法找

到可用的傳輸路徑，假如要阻止我把訊息傳送給你，敵人必須先掃蕩大半個美國。……了解這個道理非常重要，因為正是這種分散式體系結構令互聯網絡能像今天這樣三頭六臂。無論是通過法律還是炸彈，政客都沒有辦法控制這個網絡。」

但是，恰成對照的是，僅在短短數年之後，憲法學家、公共政策專家桑斯坦（Cass Sunstein）就發現，網絡社會的「自由」並不必然導向一種健康、理性、求同存異、有利於公共協商的文化。相反，個人傾向於尋找並且由此強化自己偏好的觀點，網絡上充斥着黨同伐異、極端言論的亂象。

實際上，法國雅虎案背後是法國在二戰之後長期奉行的反對美國文化普世化的「法國文化例外論」的理念。譬如，在美國大力推動下，其《1996 年電信法案》（Telecommunications Act of 1996）規定的極為寬鬆的非法信息內容規定，獲得了 2001 年歐盟《網絡犯罪公約》（Cyber-crime Convention）的接受，但是在法國、德國等歐洲主要國家堅持下，該公約明確禁止了美國電信法案所沒有涉及的「種族主義信息」。歐盟並且在 2003 年 1 月通過了《網絡犯罪公約補充協定：關於通過計算機系統實施的種族主義和排外性行為的犯罪化》（Additional Protocol to the Convention on Cybercrime, Concerning the Criminalisation of Acts of a Racist and Xenophobic Nature Committed through Computer Systems）。雅虎所列出的技術性辯護在這種強大的文化理念面前，其實難以站住腳。

該案判決依據了大量複雜的網絡技術說明，例如，雅虎雖因公司總部設在美國而獲得美國憲法第一修正案的保護，然而其服務器是設在斯德哥爾摩而非美國境內；雅虎還在瑞典安裝了美國主站的同步更新「影像」站點。對雅虎來說，這些設置便利於歐洲用戶，

而在法院看來，這正說明了並不存在「網絡無國界原則」這回事情 —— 雅虎既然可以出於商業理由而自由安裝其設置，主權國家為何不能基於「維護核心價值」的理念而遏制這種商業行為？在這裏，最核心的價值正是維護文化特質的保持與延續。

我們看到，當互聯網自由最強硬的支持者主張「網絡不可能被監管」時，他並不僅僅在說明網絡的技術性特徵，而是在宣示這樣的信念：「信息自由交流的重要性足以讓許多其他擔憂退居次要位置。」然而，這種信念恰恰沒有認真考慮充斥在真實與虛擬世界中的文化侵略、文化衝突現象。因此，僅從技術考慮，網絡自由支持者很正確地提出，網絡空間中很難清晰標識出個人應當遵守的責任；但是，這種技術難題卻不能成為網絡規避監管的藉口，如法國雅虎案中一位反納粹主義律師所言：「法國法律不允許著作、電視或廣播中出現種族主義，我看不出互聯網有甚麼理由例外。」

無論在真實還是虛擬的世界裏，信息傳播都不會在真空中進行，而是與資本、權力、知識、偏見等等因素交織在一起。正是在多樣性與全球化成為時代背景的前提條件下，培育健康的文化信念、維護文化自主與全面落實文化權利的責任才顯得異常突出；而在網絡社會這個以崇尚個性、自由、非約束為至高理想的虛擬空間裏，更應當認真對待主流文化的領導力和指引作用。

二、開放共享的文化安全理念及策略

在 2018 年 20 日至 21 日召開的全國網絡安全和信息化工作會議上，習近平總書記系統闡釋了網絡強國戰略思想的豐富內涵，提出「沒有網絡安全就沒有國家安全」，「核心技術是國之重器」，「網信事業代表着新的生產力和新的發展方向」，「推進全球互聯網治理體系變革是大勢所趨、人心所向」等一系列重要思想。非常突出的，習近平總書記指出，要提高網絡綜合治理能力，形成黨委領導、政府管理、企業履責、社會監督、網民自律等多主體參與，經濟、法律、技術等多種手段相結合的綜合治網格局。因此，如何在加強黨對於網信事業的領導的前提下，實現多元主體共同參與網絡治理，共同推進網絡強國的建設，成為新時代網絡安全和信息化工作的重心。

可以從葛蘭西（Antonio Gramsci）的論述來理解文化領導權與多元主體參與權之間的關係和制度設置。作為西方馬克思主義傳統中極具原創性的理論家，葛蘭西的文化思想非常深厚、複雜。本文認為，可以從四個層次簡要把握其論述：

第一，「文化領導權「與」政治統治權」相輔相成。

因葛蘭西而聞名的「hegemony（ege-monia）」這個術語，經常被譯為「霸權」，由於中文「霸權」含有過強的強制色彩，使得讀者不容易體會葛蘭西使用「hege-mony」隱含着的兩層不同意義：以

強力支配為核心的「政治統治權」與以實現共識為目的的「文化領導權」。

在葛蘭西看來，文化「是一個人內心的組織和陶冶，一種同人們自身的個性的妥協；文化是達到一種更高的自覺境界，人們藉助它懂得自己的歷史價值，懂得自己在生活中的作用，以及自己的權利和義務。」這種文化不是自發演變而成，也不是強力干預的結果，而是與歷史（政治）鬥爭緊密相聯：一方面，這種文化是幫助人們「為把自己從特權、偏見和偶像崇拜中解放出來而作的努力」，經由認識「支配着人的精神的規律」，最終指向「通過別人更好地認識自己，通過自己更好地認識別人」的目標；另一方面，這種文化是無產階級通過對資本主義的批判從而形成的統一的意識，其在羣眾中的傳播是無產階級革命的先導。

而政治統治權強調的是「在無產階級集體經驗的基礎上建立新型的國家，以代替議會制民主國家」，以及保障人民羣眾「使被領導者或被支配者俯首聽命」。無產階級接管了對政治和經濟生活的指導、建立起自己的秩序，並不就等於已經建立了社會主義，「社會主義是一個歷史過程，是從一個社會階段發展到另一個更富有集體價值的階段」。可以說，只有通過在政治上建立起自己的秩序，並且同時通過在文化上使人民大眾保證這種發展的自主權，才有可能實現社會主義。

第二，「文化領導權」的主要作用領域在市民社會。

葛蘭西讚同黑格爾關於國家與市民社會二分的論述，然而，較之黑格爾，葛蘭西更看重治理的現實約束條件：國家機器即使再如何完備，也無法深入市民社會的每一個細微領域。這就使得市民社會能夠享有更多的自主權。不過，這並不意味着市民社會卓然獨立

於國家，相反，正需要在市民社會中實施「文化領導權」，確保廣大人民群眾對於政治統治的接受和認可。

因此，市民社會的活動雖然通常不在國家法律約束的範圍內，但仍可以通過習慣、思想方式和行為方式、道德等方面的演變，施加一種集體的壓力而獲得客觀上的效果。這樣實施教育的目的，是使每個人「能加入總體的人並融為一體」。需要注意的是，上述主張並不倡導將國家與市民社會融二為一。即使在「中央集權」階段（即社會主義新秩序建立之後，「國家生活」的正常形態階段），同樣有必要保持市民社會的相對獨立性：「作為一種積極的文化因素（即作為一種創造新文明、新型的人及新型公民的運動），可以使國家和個人（某個社會集團的個人）保持一致，這一論斷必須有助於下決心在政治社會的外殼裏建立一個既複雜又井然有序的市民社會，在這樣的市民社會裏，個人能夠自己管理自己，而又並不因此而同政治社會相牴觸，相反地，倒是其正常的延續，有機的補充。」

第三，「文化領導權」的主要承擔者是知識分子。

與傳統知識分子不同，葛蘭西提出的是「有機知識分子」，即強調每個社會集團都能夠造就自己的知識分子階層，無產階級的知識分子必須同化和戰勝傳統知識分子階層，確定其意識形態上的統治地位。葛蘭西認為，實施文化領導權的過程，既是知識分子履行其職能的過程，也是培養和製造知識分子的過程：「促進同質的鞏固的社會聯合體的形成，這樣就能產生自己的知識分子、自己的突擊隊、自己的先鋒隊 —— 他們反過來也會對這種聯合體起作用，使它們得到發展，而不是使它們永遠保持吉卜賽式的支配地位。」

第四，「文化領導權」的實施策略以「陣地戰」為主。

葛蘭西指出政治鬥爭的複雜性：戰勝的一方必須長期保持戰

鬥，不得鬆懈。這要求在政治領域和市民社會同時實施從運動戰（正面進攻）向陣地戰的轉變：保持領導權的高度集中，以便採取一切控制手段反對機會主義者，鞏固統治集團的領導權「陣地」，不斷地進行組織工作，保障內部不可能瓦解。當然，文化領導權的具體實施過程並不要求統一規劃，而是尋求一種動態的持續性：「文化政策將首先是消極的，即對過去的批判；目的在於摧毀和清除舊思想的影響。有關建設的設計還只是『粗線條的』草圖，這種設計可以（而且必須）隨時加以修改，以同新基礎的實際狀況相適應。」

綜上所述，從葛蘭西的視角看，維護「文化安全」並不是為維護少數人統治地位服務，相反，是為了大多數人能夠當家作主。正如一位研究者指出的，在葛蘭西思想中，「統治階級若非在它實施對於敵人的支配（專政）的同時，也維持所聯合的社會力量的共識（因此需要一種大致同質化的社會和經濟基礎），否則不可能進行統治。支配與共識同為領導權的目的」。實施「文化安全」的策略存在着動態性（持續不斷地進行）、非強制性（以求取有原則的共識為目的）、指導性（以滿足人民羣眾共享統治權為原則）、非規劃性（通過零散但指向明確的手段）等主要特徵，既與政治統治權的貫徹緊密相關，又反過來成為統治權的正當性基礎。

當然，作為 20 世紀前期意大利共產主義運動的領導人，葛蘭西還沒有來得及深入考慮現代社會在 1960 年代之後呈現出的極其多元分化的狀況。這種多元分化狀況在理論上使得尋找到一種高度共識的政治理念變為不可能，而任何羣體求取「政治上的承認」都具備正當性，如女性主義、同性戀、環保主義、各種宗教、各類亞文化羣體等等，都能夠合理地提出自身的訴求，且這些訴求之間不可避免地存在着衝突。為此，有必要在葛蘭西的文化理論基礎上，

增添一種保障「政治認同」的制度設置。這就是哈貝馬斯（Jurgen Habermas）倡導的「商談原則」。

哈貝馬斯既反對把秩序建立在個體的權利訴求基礎上（多元分化的事實使這種秩序變得極為脆弱），也不讚同用所謂共同體倫理等抽象的集體概念來壓制個體的多樣性（因為這導致非自由的狀況），而是主張，通過交往行為的實踐，一方面保障對於多樣個體的根本尊重，另一方面彌補多樣個體之間相互隔膜的缺陷。

這種交往（商談）行為的實踐，必須貫徹在法律制度中：法律對權利的保護應當建立在「真理共識」或者「理想的商談條件」下，法律從根本而言來源於生活世界的社會團結，而生活世界的非強制性溝通又賦予法律規範一種超越實在法或強制力保障的正當性。商談原則「一方面形成道德論辯，另一方面形成政治法律商談，這些商談以法律形式而建制化，並且僅僅從法律規範的角度出發才把道德問題包括在內。對公民的私人自主和公共自主同時予以確保的權利體系，在民主的立法程序和公平的法律運用過程中得到詮釋和闡發」。這種使「商談原則保障下的民主化法律」轉而成為保障「多元個體之間的自由平等商談」的制度機制的思路，值得我們在關於「文化安全」的思考中充分借鑒。

綜合葛蘭西與哈貝馬斯，本文主張，開放共享的文化安全的概念必須強調一種「多元基礎上整合」的文化理念：既需要百花齊放式的文化爭鳴，又需要一種主流文化理念的指引，而這種主流文化也同樣應該在與歷史傳統、政治意識形態、社會大眾一般信念的對話中呈現出靈活、包容的特性。

因此，文化安全概念至少應當具備如下內容：

（1）文化戰略的包容性，即通過與傳統文化、當代多元文化的

對話，構建主流文化理念，並且在建立主流文化的基礎上，承認和尊重不同屬性文化主體的正當地位，在制度上為這些多元文化的發展和闡釋提供保護；

（2）文化體制的層次性，即按照國家宏觀統籌、地方具體落實的原則，分層次地建立既有助於國家文化認同，又有助於培育地方多元特性文化生長的文化體制，在中央與地方文化體制之間形成互相彌合、相互促進的態勢；

（3）文化政策與傳播機制的多維性，即綜合使用多種類型的政策工具並且建設多種類型的傳播機制，或者創建具有引領功能的品牌文化產品，或者扶助頻危文化種類，或者打壓過於強勢或壓抑型的文化，總之維持多元文化得以良好發展、溝通、相互學習的生態環境。

三、以開放共享的文化安全理念
引領網絡強國建設

本文提出「以開放共享的網絡文化安全理念引領網絡強國建設」的策略思路，期望推動我國網絡和信息化事業走向開放、共治、共享，形成有益於社會主義文化強國和網絡強國建設的治理模式。

其一，在文化戰略上通過「多元基礎上的整合」方式推動主流文化理念的發展。

（1）推動網絡上有關中國經驗、四個自信、傳統復興、社會主義現代強國等重大話題的討論，同時通過吸引高級知識階層人士的參與，提升討論品質，在討論中逐步形成和鞏固有益於當前社會主義建設事業的「主流文化」理念；

（2）鼓勵開放式討論，但針對有爭議的近現代歷史事件和問題，需要一方面允許和鼓勵嚴肅、嚴謹的研究，另一方面又要求和協助將研究成果以及作為研究基礎的材料建成數據庫，以供互聯網上自由閱讀和公開甄別、說理；

（3）在嚴格信息安全和權利保障的基礎上，支持開源技術的研發，推動開源文化的建立和發展，形成「網絡創新共同體」的新型理念，為自主創新奠定堅實的知識和社會文化基礎。

其二，在文化體制上持續深化改革，形成分層級、多主體參與

的靈活體制。

（1）形成中央統一領導、地方探索創新的決策體制，尤其針對涉及當前重大經濟社會政治問題的事項，鼓勵地方政府因地制宜地探索、實施網絡文化建設方面的創新，最終推動中央拓展其決策思路。例如，引導廣東地區與港澳逐步實現網絡傳媒領域的互聯互通，促進不同文化理念的交流和互信；

（2）形成政府主導的網絡主流傳播平台與多種社會力量有序參與建設的網絡傳播平台良性競爭、有效互動的格局；

（3）整合既有的網絡執法機構，形成制度化的非法信息內容監控體制。

其三，在文化政策和文化傳播機制上鼓勵「多元共生」的局面形成。

（1）鼓勵官方主流媒體通過財政支持、拓展投資渠道等各種方法，創建多種形式、多種類型的優質文化品牌，以生動的文化形象傳遞主流文化信念；

（2）鼓勵網絡各類文化品牌的「自創生」發展，當然，與此同時嚴格監管其中可能出現的色情、暴力、違反公序良俗的傾向；

（3）及時回應網絡文化領域的變化，有效調整主流文化傳播在網絡文化建設方面的引領政策與引領機制。

總之，從葛蘭西和哈貝馬斯論述中提煉出來的「文化安全」的啟示，把網絡生活中的多元與整合、自由與監管、文化與政治等重大問題集中起來加以思考，督促我們去探索黨的領導與多元主體共同參與相兼備的新型網絡治理模式。

我們應當以更高的視野來引領和深化網絡建設事業。很清楚，在如何改革我國的信息網絡技術創新體制和網絡治理模式這個議題

上，美國式的自由監管體制不是有益的學習榜樣（例如，美國寬鬆的非法信息界定標準，即使歐盟各國也難以接受），當然也不能執着於既有的制度邏輯而拒絕變革。

那種有助於凝聚政治認同、倡導非強制性文化溝通的「文化安全」理念與策略，將會幫助我們，使我們的網絡生活體驗走向有管理的自治、負責任的自由、尊重個性的共享，以此形成堅實的、有助於自主創新的社會文化氛圍，全面推進網絡強國建設。

第十二章

區塊鏈技術與公共決策責任機制再造 *

* 本文系與上海交通大學國際與公共事務學院賈開副教授合著。

摘要

　　大數據使得公共政策更有條件實現科學性和高效率，但同時也加劇了決策的不確定性風險、控制風險、非民主化風險和碎片化風險。基於科層制自上而下的責任機制難以有效應對大數據時代的種種決策風險。本研究提出，利用區塊鏈技術，能夠推動決策責任機制的根本變革，形成多層協作、多頭互聯的公共責任機制，一方面確保公共決策能力通過信息技術得到大幅提升，另一方面克服海量數據造成的各種風險，強化公共決策的民主性以及決策者輔助普通人發展的責任。

　　在大數據時代，海量湧現（volume）、實時更新（velocity）、形態多樣（variety）、質性各異（veracity）的數據信息[1]使公共決策者有可能更緊密地追蹤和服務於普通公民的需求，但同時又引發種種難以通過傳統問責機制有效管控的決策風險。本文遵從「問題—對策」的研究思路，首先分析大數據時代公共決策面對的挑戰，然後討論區塊鏈技術路徑下公共決策責任機制變革的可能性。

1　WARD, JONATHAN STUART and ADAM BARKER. Undefined By Data: A Survey of Big Data Definitions, https://arxiv.org/pdf/1309.5821.pdf.

一、大數據時代公共決策面臨的挑戰

（一）大數據引發的諸種決策風險

大數據已在諸如城市交通、城市規劃和運營、公共安全、社會福利、應急管理等公共治理領域中得以廣泛應用，對於改善政策技術、提升政府能力、推進國家治理體系現代化起到了顯著作用。[2]但值得注意的是，大數據對於公共決策不僅僅只是正向影響，同時也潛藏着風險。

1. 大數據在提升決策科學性的同時，又將引發決策的不確定性。大數據極大地拓展了人類所能掌控的信息的邊界，然而相對於基礎層面海量湧現的數據而言，人們現階段能夠處理和認知的數據信息終究非常有限[3]，這就在事實上造成了公共決策的「認知悖論」：一方面，決策者有把握更精確、更精細地實施政策設計，但另一方面，沒有任何決策過程能夠宣稱自己可以窮盡所有知識或者算法。換言之，大數據雖然為科學決策提供了更可靠的依據，但是也加劇了決策的不確定性風險 —— 數據質量、算法和模型等任何元素存

2　黃璜、黃竹修 . 大數據與公共政策研究：概念、關係與視角 [J]. 中國行政 管理，2015（10）：25-30.

3　張楠 . 公共衍生大數據分析與政府決策過程重構：理論演進與研究展望 [J]. 中國行政管理，2015（10）：19-24.

在瑕疵，都可能造成有悖於決策目的的後果。不確定性風險的增加，相應產生了更大的監管困難。尤其是伴隨着機器學習、深度學習等人工智能技術的應用普及，決策者根本無法預測基於大規模數據獲取的人工智能的下一步行為。就此而言，IBM 的大數據工程師 James Kobielus 指出了「認知悖論」產生的深層原因：「大數據驅動的決策在客觀上要求決策自動化模型儘可能多地捕獲個人偏好或者品味，由此導致決策模型愈益複雜，決策過程也變得越來越不透明。任何決策都歸因於任何特定的變量。因此，儘管『數字』最終產生了確定的政策建議，但不同數字驅動的不同結果卻變得更難理解和解釋。」[4]

2. 大數據在加強決策可接受性的同時，又將賦予決策者更大的控制權。相比於通過抽取樣本獲得「小數據」的調查研究，大數據驅動的公共決策更能切近普通人多樣、具體的生活需求，因為大數據分析更有能力揭示生活的多方面的可能性。[5] 與此同時，大數據從挖掘、收集、管理到處理、利用，其又日益強烈地依賴於專家操作。這使得大數據在一端更緊密地與普通人的日常行為、生活狀態聯繫在一起，幫助決策者更深入了解普通人的需要，同時幫助所制定的決策更能為普通公民所接受；但在另一端又因為專業技能、知識和使用成本上的門檻而增大決策者脫離普通人感受的危險。2014 年 11 月，美國 Uber 的一位高層管理者曾威脅要曝光

4 KOBIELUS, JAMES. The Challenges of Transparent Accountability in Big Data Analytic, http://www.ibmbigdatahub.com/blog/challenges-transparent-accountability-big-data-analytics.
5 CUKIER, KENNETH. and Viktor Mayer-Schoenberger. The Rise of Big Data: How It's Changing the Way We Think About the World. Foreign Affairs. Vol. 92, No. 3 (MAY/JUNE 2013).

一位記者的私人數據，由此引發知識階層有關「如何防範數據技術支配人類生活」的熱烈討論，因為 Uber 的數據有能力全景式地描述出消費者的日常活動狀況。這一事件印證了馬里蘭大學計算新聞實驗室主任 Nicholas Diakopoulos 博士所揭示的風險：「無論是在企業界還是政府領域，由大型數據驅動的算法將成為社會上新的權力掮客。」[6] 換句話說，數據及其所驅動的決策過程並不必然帶來權力的共享和地位的平等，相反還可能為統治者或大企業提供更有效的控制工具。馬里蘭大學法學教授 Frank Pasquale 對此追問：我們上網的任何信息都會被記錄，問題是誰有權獲取這些數據，用作甚麼用途，使用多久？現有的信息自由法、個人信息保護法與國家保密法、商業秘密法經常相互牴觸，對這些關鍵問題形成不了有效回答。[7] 總之，大數據與每個人都相關，但大數據卻並不承諾是每個人的福祉。

3. 大數據在推動決策依據全面開放的同時，又將阻礙公眾的實質參與。大數據的使用成本和技術要求阻礙着普通公眾對大數據的應用，這個問題已經引起學術界的廣泛關注。哈佛大學甘迺迪政府學院研究員 Jennifer Shkabatur 曾指出，儘管奧巴馬 2009 年擔任美國總統時簽署的《開放政府備忘錄》開啟了政府開放數據的發展，且到 2012 年 10 月為止，聯邦機構已上線 40 萬數據集，但根據實

6　DIAKOPOULOS, NICHOLAS. Rage Against the Algorithms, https://engenhonetwork.wordpress.com/2013/10/05/rage-against-the-algorithms-by-nicholas-diakopoulos/.

7　PASQUALE, FRANK. The Black Box Society: The Secret Algorithms That Control Money and Information. Cambridge: Harvard University Press, 2006.

證研究卻可知，公眾對這些數據的使用非常有限。[8] Shkabatur 的研究表明，大數據時代雖然展現出一幅信息開放、數據自由獲取的場景，然而使用大數據所要求的技術、設備、成本和專業知識卻迫使公眾不得不更加依賴於大企業、政府和專家，由此也阻礙了公眾對公共決策過程的實質參與。

　　與技術和知識形成的壁壘相關，還有許多與大數據有關的法律問題未獲解決，由此形成了制度和法律上的壁壘，並同樣阻礙着普通公眾實質性地參與大數據的利用和發展。例如，個人對與自己有關的數據享有甚麼權利？普通個人能否以私人數據作為「資本」參與並分享大數據的研發和利用？當前的一般實踐是，擁有技術和資本能力的企業及政府才能作為大數據的使用者。如在醫藥行業中，已經普遍存在醫藥企業與個人簽訂合作研發協議的模式，前者提供技術而後者提供個人的病歷數據，由前者僱傭後者進行臨牀試驗。但這一合作模式仍然束縛了公眾參與決策的實質進程，更具變革性的做法則是，通過保障個人對於私人數據的權益而激勵病人們聯合起來並以數據為基礎去僱傭企業來實施協同研發。[9] 套用政治經濟學的一個說法，就是不僅要鼓勵「技術和資本僱傭數據」（以便推動研發），還需要打破制度壁壘，創造性地實現「數據僱傭技術和資本」（形成消費者驅動型的研發），這樣才能幫助普通人有更多機會主動藉助數據創建對於自身有益的項目。

8　SHKABATUR, JENNIFER. Transparency With(out) Accountability: Open Government in the United States. Yale Law & Policy Review. 31(1): 107-109, 2012.

9　EVANS, BARBARAJ. Barbarians at the Gate: Consumer-Driven Health Data Commons and the Transformation of Citizen Science. American Journal of Law and Medicine, Vol. 42, Issue 4, 2016.

4. 大數據在促成多中心決策模式的同時，又將造成整合的困難。在大數據時代，政府、非政府組織、企業、社會團體都會創建自己的數據網絡、數據庫、雲計算中心，並實施與自身業務有關的數據挖掘、連線分析、開發利用等操作，公共決策的多中心格局由此產生。然而，如同 Charles Sabel 等人的論述，多中心的決策格局需要形成一種多元整合的機制才能保證不同利益相關人能夠共同探索公共問題的解決之道。[10] 遺憾的是，目前階段還沒有形成圍繞大數據應用的多元整合機制，導致這一問題出現的因素有以下三個方面：

第一，數據互聯的技術和制度障礙仍然存在，如數據以及系統接口未曾實現標準化，各類信息系統之間難以進行對接。

第二，政府、企業、社會、個人等多元主體在大數據發展中的權利和責任尚未得到清晰界定，而政府雖然作為大數據戰略推動者，其內部存在的結構性問題仍未獲解決。例如，在我國，各部門和各地方政府消極應對數據信息公開要求的現象時有發生，導致在政務大數據開放領域「一邊促供給，一邊抑需求」。[11] 在美國，類似情況同樣以不同的形式存在着，如特朗普上台之後紐約州拒絕聯邦政府要求其公開非法移民數據的指令。我們這裏不評論具體事件，僅希望強調政府結構的複雜性制約着整合性公共決策機制的形成，這種潛在風險在大數據時代還會被無限放大。

---

10 SABEL, CHARLES F. and WILLIAM H. SIMON. The Duty of Responsible Administration and the Problem of PoliceAccountability. Yale Journal on Regulation. 33(1): 165-211, 2016.

11 翁列恩，李幼芸. 政務大數據的開放與共享：條件、障礙與基本準則研究 [J]. 經濟社會體制比較，2016(2): 113-122.

第三，數據資產化管理機制的探索依然相對滯後，致使數據價值難以在賬面上得到體現，由此阻礙了更進一步探討數據交換機制、更新機制和大規模開發利用機制的完善。總而言之，數據發展的種種碎片化狀態加劇了現實中存在的各類分裂，十分不利於形成大數據驅動下多元整合的公共決策格局。

需要指出的是，由於大數據及其在公共決策中的應用尚屬起步階段，上述風險和挑戰在現實生活中還沒有顯著呈現。但是，在一些個案中已經有所表露。例如，2010 年 5 月 6 日下午，美國道瓊斯工業指數在幾分鐘內下跌 1000 多點，市值損失 1 萬億美元，被稱為「瞬間崩盤」。根據美國證券交易委員會 6 個月之後公佈的調查報告，事件的過程是：市場中出現價格下跌的微弱信號，所有的高頻交易程序依據專用算法「理性地」執行止損決策，以瘋狂的速度平倉，從而導致難以遏止的股災。在這個事件中，各個電子系統和數據都沒有出現問題，但數據驅動的不確定性、後台操作的控制性和非民主性、多頭決策的碎片性卻呈幾何級地放大危險信號，使隱藏的決策風險加劇。[12]

（二）傳統公共決策責任機制的不足

公共決策過程是決策者在既定制度環境中處理決策依據的過程。較之過去被不斷更新的調查工具，大數據提供了豐富程度驚人的決策依據，但是如何確保決策者在新的環境下維護其民主責任

---

12 傑瑞・卡普蘭 . 人工智能時代 [M]. 北京：中信出版社，2016.

感，則成為需要回答的問題。[13] 傳統的公共決策責任機制不能推動決策者有效應對大數據下的種種風險。

傳統的公共決策責任機制建立在科層制基礎之上，強調決策過程對於既定規則的遵循，就其本質而言，既是一種縱向的責任機制（即以自上至下的「命令—控制」為核心），也是一種「向後看」的責任機制（即要求「現在」的決策行為符合「過去」的規定）。這種責任機制在大數據背景下的不適應性主要體現在以下四個方面：

其一，由於大數據不斷驅動決策的變更，因此無法以既定的規則和程序去規範決策者的行為。在機器學習、深度學習這些概念被廣泛應用於大數據產業之後（如人工智能的崛起），機器人在未預期的環境中處理問題的能力成為現實，由此導致這種不確定性變得更加顯著。

其二，由於大數據中隱藏着擴張控制權能的危險，因此無法通過加強科層體系內部自上而下的監督來確保決策者的公共責任。

其三，由於大數據應用成本的門檻阻礙了公眾的實質參與，因此現有制度中有關知情權、透明化、公民參與的保護性規定都可能在技術或資本壁壘面前失去效力。

其四，多元決策主體的事實存在，也決定了傳統的基於單一主體自上而下問責的機制不再適應時代發展的需求。

眾所周知，2008 年的美國次級房貸市場風險迅速演變為空前的全球金融危機，正是由於金融市場具有不確定因素叢生、參與者

13　SMITH, BRUCE L. and D. C. HAGUE. The Dilemma of Accountability in Modern Government: Independence versus Control. New York: Palgrave Macmillan, 1971.

眾多、風險交易鏈條拉長、風險持有期限縮短、委託代理關係複雜等特徵，導致各國的中央決策機構難以有效作出反應。在大數據挑戰公共決策的背景下，更有必要思考如何革新公共責任機制，促使決策者有動力和條件為克服種種風險、確保決策的民主性而投入智慧。

二、數據信息治理與責任機制： 已有研究的評述

　　一種激進的變革思路，是要求政府科層組織的徹底民主化，如著名未來學家阿爾文？託夫勒曾提出用臨事而制的組織形態（Ad Hoc）取代科層制，使「人與組織的無形的地理關係將越來越快地更換，……就像新遊牧民族從一個地方遷移到另一個地方一般，人也日甚一日地從一個組織結構轉到另一個組織結構。」[14] 在託夫勒看來，唯有這種臨時性的組織形態才有可能保證數據信息在官僚系統上下、內外自由流動，實現決策的扁平化和民主化。但是，這樣的激進變革在現實生活中不太可能出現，如同馬克斯？韋伯以來的社會理論家和政治學家觀察到的那樣：「官僚制一旦確立，即為社會組織中最難摧毀的一種。」[15] 程序化、專門化的科層組織具有降低處理公共事務成本的功能，故而是現代社會中不可或缺的公共制度設置。[16] 不過，託夫勒的思考也幫助研究者認識到，可以藉助新興信息技術重構決策機構：通過確保數據信息的共享來拓寬普通公

14　阿爾文・託夫勒：未來的衝擊 [M]. 蔡伸章，譯 . 北京：中信出版社，2006.

15　韋伯 . 支配社會學 [M]. 桂林：廣西師範大學出版社，2004.

16　DORF, MICHAEL C. After Bureaucracy. The University of Chicago Law Review, 2004, 71(3).

民參與公共決策的路徑，以此推動官僚制運行邏輯發生改變。[17] 這個認識是我們思考如何在大數據背景下重構公共決策責任機制的起點。

在實踐中，較有影響力的制度革新思路是，藉助數據信息開放來強化決策的民主責任：強制披露能夠披露的所有數據信息，通過把決策依據和過程全部曝光在陽光之下來督促決策者對公共利益負責。美國聯邦政府在 2009 年 1 月出台「開放政府指令」，承諾建立「史無前例的開放、負責的政府」，同年 3 月推出 data.gov 作為聯邦政府機構無條件披露數據、公眾免費獲取政府信息的統一平台，之後又制定一系列數據信息公開法案，都是數據信息披露的具體政策措施。但這種卓有影響的政策思路在理論基礎和實施效果上都存在可反思之處，例如有公共政策學家指出的，數據信息的披露本身就充斥着政治博弈，並不能「自然地」強化公共決策者的民主責任。[18] 而且，數據信息披露的政策舉措並不能克服前文提及的大數據使用成本高昂，存在技術和知識門檻的難題。

兩位法律學者針對全面披露政策的不足指出：需要「超越披露」。他們根據大量的實證案例指出，通過強制披露手段實現的數據信息全面公開其實沒有甚麼益處：普通人不會去閱讀冗長的「知情同意」條款，更少見因為關心某項公共決策而專門學習某種技能。換句話說，在大數據的環境中，試圖以增加普通公民信息量的

---

17 FOUNTAIN, JANE E. Prospects for Improving the Regulatory Process Using: E-RULEMAKING. Communications of the ACM. January 2003/Vol. 46. No. 1.

18 LORD, KRISTIN M. The Perils and Promise of Global Transparency: Why the Information Revolution May Not Lead to Security, Democracy, or Peace. New York: State University of New York Press, 2006.

方式來強化決策者的公共責任，是難以收取實效的。事實上，人們通常更需要「建議」而不是「信息」。這兩位教授提出，應回到傳統的侵權法、合同法等制度設計，通過重新強調生產者、廠家、銷售商、專家等對公眾負有的侵權責任、違約責任和誠信責任，來敦促各類社會精英一方面恪守職責，一方面共同監督公共決策。[19]

與超越披露的思路相反，Joel Gurin 在近期的大數據研究中，又重新強調了「大數據」變為「開放數據」的益處，但與單純地主張數據開放不同，Gurin 特別指出具備技術和資本能力的大企業利用大數據的動力和優勢。[20] 哈佛大學甘迺迪政府學院 Archon Fung 等的制度設計，為 Gurin 的主張提供了支持：Fung 提出以「有目標的披露」作為信息規則，即規定專門向某些有應用能力或者有特別需要的人羣定向披露某類信息，以便充分實現該類重要數據的社會價值，或者協助特定主體更有效地利用有用信息。[21]

還有學者直接探求提升普通公眾處理數據信息能力方面的制度創新。例如，曾出任奧巴馬白宮幕僚的哈佛大學法學院教授 Cass Sunstein 提出「助推」，主張政策採取「這樣一種選擇結構：它以可預見的方式改變人們的行為，但並不禁止任何選擇或者改變他們的經濟激勵。要稱為助推，所實施的干預必須是能夠輕鬆、簡便地加以避免的。助推不是命令。把水果放在眼力可見範圍以內是助推，

19 歐姆瑞・本・沙哈爾，卡爾・E. 施耐德. 過猶不及：強制披露的失敗 [M]. 北京：法律出版社，2015.

20 GURIN, JOEL. Big Data and Open Data: How Open Will the Future Be. A JOURNAL OF LAW AND POLICY. 10, 691-704 (2015).

21 FUNG, ARCHON, Mary Graham, and David Weil: Full Disclosure: The Perils and Promise of Transparency. Cambridge: Cambridge University Press, 2007.

禁止購買垃圾食品則不是。」[22] 在制度實踐中,「助推」理念體現在要求政府開放有關的元數據(meta-data),並且要求實現開放數據的可機讀性等規定裏。

上述研究思路都值得分析借鑒。首先,「超越披露」突出了普通人面對大數據和海量信息的無力感,寄希望於重新強化政府、企業和專家的責任,使這些有技術和資本能力的主體切實為民主決策服務;其次,「有目標的披露」突出了技術和資本能力在大數據發展過程中的主導作用;最後,「助推」則要求政府採取提升普通人認知能力的措施來幫助他們理性地作出判斷。本文認為,這些研究強調了一個問題:大數據的發展離不開政府和大企業的技術及資本能力,但卻絕不應把公共決策僅建立在技術和資本上。網絡監管專家 Jonathan G. S. Koppell 曾指出,網絡時代的公共責任機制應該既能夠促進公共決策滿足當前的社會發展需要,同時又能夠幫助普通公民利用網絡技術實現其自身的發展需求。[23] 我們需要考慮:第一,在數據信息治理上,通過在政府、專家和大企業等具有技術和資本能力的主體之間形成相互監督和相互推進的關係,確保數據的可信度;第二,在責任機制上,一方面確立多元主體共同推動大數據驅動的公共決策服務於公眾的責任,一方面形成幫助普通人儘可能多地參與大數據下的決策過程的公共責任,使不具備技術和資本能力的人有可能通過「幹中學」(learning by doing)而不斷提升認識和應

22 THALER, RICHARD H., CASS R. SUNSTEIN. Nudge: Improving Decisions About Health, Wealth, and Happiness. New Haven & London: Yale University Press, 2008: 6.

23 KOPPELL, JONATHAN G. S. Pathologies of Accountability: ICANN and the Challenge of "MultipleAccountabilities Disorder". Public Administration Review. 65(1): 94-108, 2005.

用大數據的能力。

　　那麼，如何在具體的公共決策責任機制中落實這種理念？本文討論一種新的制度創新思路：利用新的網絡信息技術來推動責任機制革新。電子貨幣「比特幣」（Bitcoin）從誕生之時起就激起了全球網絡玩家和從業人士的熱烈關注，而其基礎技術「區塊鏈」（blockchain）更是因為創造性地建造了非中心化、分佈式、「同行」（peers）參與和監督的共識型責任機制而受到企業戰略家、商業策略家和公共政策研究者的高度青睞，被認為足以啟發新經濟模式的全面革新和政府治理結構的根本變革。[24][25][26] 區塊鏈技術可以幫助實現具備前述理念的公共決策責任機制的變革。

24　SWAN, MELANIE. Blockchain: Blueprint for a New Economy. O'Reilly Media, 2015.

25　唐塔普斯科特，亞力克斯·塔普斯科特. 區塊鏈革命：比特幣底層技術如何 改變貨幣、商業和世界 [M]. 凱爾等，譯. 北京：中信出版社，2016.

26　MORABITO, VINCENZO. Business Innovation Through Blockchain: The B³ Perspective. Springer, 2017.

三、區塊鏈技術及其制度創新意義

　　簡單來說，區塊鏈就是一個「分佈式賬本」(a distributed ledger)，交易者可以在任意節點上直接且安全地進行點對點交易，而不必藉助任何中介或者依賴任何居高臨下的監控者或信用擔保者。整個區塊鏈由一系列包含交易信息的「區塊」連接而成，整個鏈條記錄了網上交易的全部信息。每個區塊包含了一個或多個交易數據集，該區塊根據上一個區塊的元數據進行隨機散列運算（哈希計算）而產生，並被自動加上時間戳。新生成的哈希值加上本區塊的交易數據共同構成下一個區塊的元數據，由此區塊相聯形成「區塊鏈」。對於每一個區塊而言，既是點對點式的接入節點，又擁有全景式的數據互聯（參見圖 12-1）。

圖 12-1　區塊鏈機制示意

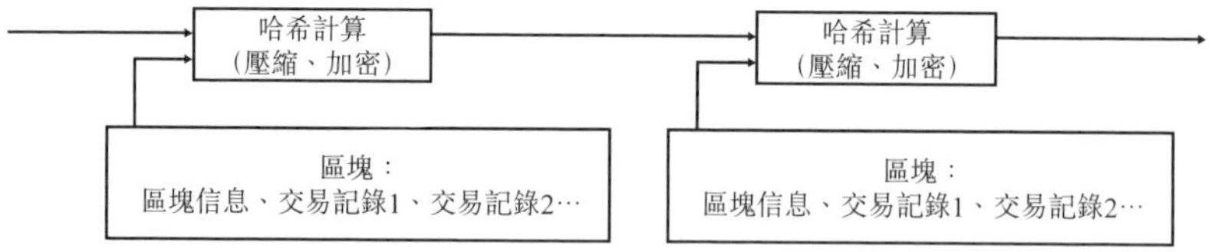

　　基於上述機制形成的區塊鏈，其核心特徵是所有交易信息都被存儲在鏈條之上，對於任何一個數據的篡改都必須同時修改該數據所在區塊之前所有區塊中存儲的數據，而這在理論上是不可能實現

的；同時，網絡中的任何參與者都可以存儲整條區塊鏈，從而形成了分佈式存儲，任何節點的崩潰都不會影響整個網絡的正常運行。上述兩個特徵——不可篡改性（或可追溯性）和分佈性（或點對點的全景性），確保了區塊鏈技術能實現去中心化下的信任機制。

當然，本文的思考並不表明區塊鏈技術已經臻於完善從而可以應用於任何領域。事實上，哈希算法一直處在被不斷修正和挑戰的過程中。然而，利用區塊鏈技術的安全性、高效率和低成本等方面的優勢，來變革傳統金融服務業、商業、文化產業、政府管理等領域的努力，在許多國家、許多行業中都已有所展現。尤其值得指出的是我國近期的實踐發展：中央政府於 2016 年 12 月 15 日印發的《「十三五」國家信息化規劃》首次將「區塊鏈」寫入國家層面發展規劃之中，指出當前的全球信息化發展形勢是「物聯網、雲計算、大數據、人工智能、機器深度學習、區塊鏈、生物基因工程等新技術驅動網絡空間從人人互聯向萬物互聯演進，數字化、網絡化、智能化服務將無處不在」。中國人民銀行於 2016 年 1 月份已經測試了基於區塊鏈的數字貨幣，並開始研究推行區塊鏈證券規則。廣東省佛山市更是推動區塊鏈技術運用到政務服務中，打造出全國首個區塊鏈政務應用創新平台，目前該市禪城區已發佈了雲務通、盤古健康平台、養老助殘信息化平台等一系列民生應用成果。總之，在公共治理中掌握和運用區塊鏈技術，是時代的需求，我國從中央到地方的制度創新探索，充分說明了這項技術對於公共領域制度創新所具有的積極意義。

無論如何，在大數據時代，公共決策者應該吸納有技術和資本能力的社會主體共同致力於公共事務，同時承擔協助普通人參與發展進程的責任。本文因此提出，應當充分藉助區塊鏈這類具有高度

開放性、高度互助性的信息技術工具，促使公共決策責任機制變革，一方面確保公共決策能力通過信息技術得到大幅提升，另一方面克服海量數據造成的各種風險，強化公共決策的民主性以及決策者輔助普通人發展的責任。

需要特別指出的是，比特幣作為區塊鏈到目前為止最大規模的成功應用，其政治思想基礎以及運行機制本身就集中體現了公共決策責任機制的這兩方面要求。一方面，比特幣誕生的時代背景根植於 2008 年全球金融危機，其針對的就是現代金融體系中貪婪、腐化的消極部分，其試圖通過去中心化的機制設計繞開銀行作為現代金融體系中介結構的職能，以實現點對點的直接交易並提升效率。由此觀之，建立在區塊鏈基礎上的比特幣通過技術革新，事實上（部分，即使不是全部地）替代了由中央銀行和商業銀行構成的傳統二元治理體系，從而消解了銀行在金融決策體系中的作用並因此克服了其決策風險。暫且不論這種「替代」可能帶來的新型風險，但至少證明了區塊鏈技術對於公共決策責任機制變革的革新潛力。另一方面，區塊鏈的去中心化特徵並不代表其本身將處於「無政府主義」的混亂狀態，正如比特幣在長達 9 年的運行歷史過程中所體現的那樣，獨特的共識機制使得每個個體的決策將最終體現為統一的公共決策，而自上而下的科層權威的缺失又使得這種公共決策具有了充分的民主基礎，這也同樣證明區塊鏈技術具備強化公共決策民主性的革新潛力。本文第四節將進一步探討區塊鏈技術驅動公共決策責任機制創新的路徑與可能性。

四、區塊鏈技術驅動的
公共決策責任機制創新

結合區塊鏈的技術特徵，以及公共決策責任機制創新的客觀要求，本文提出以下五點以探討區塊鏈技術路徑下基於大數據的公共決策責任機制變革的可能性。

第一，藉助區塊鏈技術因去中心化、不可篡改而便於回溯的特徵，構建一種「政府輔助之下政務服務平台自組織式運作」的公共決策責任機制。這要求，改變強制數據信息開放的做法，轉而構建數據平台、監督運行和糾紛處理的各方責任。如要求由各個主體 —— 包括政府各部門、社會組織、企業和公民個人等 —— 對所掌握的數據進行哈希運算（藉助第三方專門技術機構），並在區塊鏈中予以記錄。公共機構僅承擔區塊鏈平台搭建、維護和監督運營的職責。通過區塊鏈技術，每個數據集的訪問信息和利用信息都會被記錄和「封存」（即不可能刪除或更改），由此確保數據信息的安全性（因為所有人都可以看到誰訪問或添加了信息）和保護隱私（因為信息已通過統一的算法而去掉了個人的標記），並且由此為各個主體追蹤和追責使用數據的其他人提供了便利。行政強制機制以及司法機制僅在有關主體之間產生糾紛之時予以啟動，並根據區塊鏈上完善的數據記錄進行回溯從而做出裁決。由此，區塊鏈技術可以讓政務服務平台在不必實施中心化的、自上而下監控的條件下有效

運作起來。

　　第二，藉助區塊鏈技術的分佈性特徵，構建一種「推動宏觀決策與定製化服務相互促進」的公共責任機制。區塊鏈記錄的數據信息具有完整性、細緻性和動態性的特點，在區塊鏈技術實現的點對點式全景性特徵下，可以在規劃性的公共決策與針對不同人羣的具體公共服務措施之間形成分層，同時保證政策設計的宏觀性與具體服務措施的針對性。例如，可以根據宏觀數據確立福利政策的設置目標，然後在設計服務措施時，改變政府統一預設福利或服務標準、由服務對象自行申請的做法，轉而藉助區塊鏈技術為不同的人羣及個人提供個性化的公共服務安排。眾所周知，「預設標準—申請—審批」這種監管色彩過於濃厚的公共服務方式會產生大量的審核和監督工作，一方面導致公職人員的擴張，另一方面也由於需要防範潛在的虛假申請而導致政府與其服務對象之間形成「貓鼠關係」。區塊鏈技術確保了數據信息的可追溯性和真實性，這為定製化公共服務奠定了基礎，且由於區塊鏈形成的數據信息的開放性，政府在監管方面的投入也可以大為減少，從而提升公共服務效率、改善公共服務質量。

　　第三，藉助區塊鏈技術的多主體扁平化式參與特徵，構建一種「多元主體共同參與的扁平化決策」的公共責任機制。區塊鏈技術使不同的參與主體有能力和有動力維護自身數據信息的安全性和開放性，多元主體之間相互協作同時又相互制衡的關係保證了公共決策無需過度滲入社會事務的細節之中，而只需要在維護公共安全、社會秩序、發展規劃等重大領域做出判斷，由此形成正式問責機制與非正式問責機制相銜接的公共責任結構，幫助決策者從具體事務的管理中抽身出來，在一定程度上避免海量數據信息的干擾，保證

公共政策的相對穩定性；同時，促使基於區塊鏈全程開放數據而實施的公共決策工作也處於各類社會主體的全程監控之下，據此可保證公共政策的開放格局。

第四，藉助區塊鏈技術的協同開放性，構建一種旨在推動政府各相關機構「向前看」的責任機制。區塊鏈的開放性、安全性，激勵具有技術能力的企業和其他社會主體充分挖掘數據信息中蘊藏的商業價值和科技價值，而普通人在參與監督和追蹤這些數據應用工作的過程中同樣提升了其自身參與大數據發展的技能。與此相對應，政府承擔責任的方式，就不能囿於對既定規則的遵從，而是必須通過加強保護數據安全、數據權屬利益、隱私和交易秩序來促進普通公民增強面向未來事務的能力，以此確保：產生敦促政府、社會和普通公民基於大數據之上合作治理的實際效果，使公共決策以促進公共利益的實現為根本；在合作治理中強化共識，通過協同式發展實現多中心決策的整合。

第五，為確保區塊鏈平台的良性運作，強化政府打造公共平台的基礎責任。為推動在公共決策領域中對於區塊鏈技術的應用，政府必須承擔一些基礎建設方面的責任：通過綜合建設「總對總」「點對點」的網絡系統，一方面將人財物的治理全面納入數字化管理體系，另一方面推動政府克服其自身的結構性障礙，實現國家認證能力的整合和民主化。認證，指的是在數據與人或物之間建立對應關係。作為國家基礎能力之一的認證能力的建設，有助於全面實現國家治理體系和治理能力現代化；[27] 構建數據信息開放共享平台，依照區塊鏈技術運作要求，為多元主體參與大數據的開放與共享創設

---

27 歐樹軍：國家基礎能力的基礎 [M]. 北京：中國社會科學出版社，2013.

制度途徑並且配備技術輔助，同時制定協同共享與責任明晰的數據信息規則，激勵多元主體支持和推動大數據發展。強化區塊鏈的法律保護。目前屬於網絡自組織形式的區塊鏈主要依靠開源智能協議、加密算法和代碼等機制來保證運作，這些機制過於強調去中心化的監管，因而存在不穩定的風險。有必要建立健全與大數據和區塊鏈技術相適應的法律制度，以較具剛性的機制來輔助自組織平台運作，加強保護數據安全、隱私和數據交易秩序。最近，已有歐洲學者展開研究如何在歐盟《一般性數據保護規則（2016/679）》之下應用區塊鏈技術。[28] 推動同行評議機制的制度化建設。政府推動具有大數據處理能力的企業、社會團體、專家和其他政府部門組成評議小組，使區塊鏈技術中基於自願而形成的同行評議機制得以制度化，在各類個性化公共服務措施之間形成相互比較、相互學習的機制，督促公共服務的不斷完善（參見圖 12-2）。

圖 12-2　區塊鏈技術驅動公共決策責任機制創新路徑

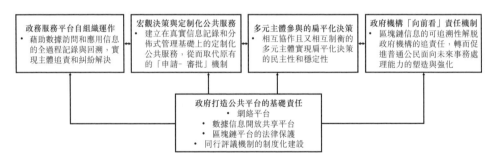

28　BERBERICH, MATTHIAS and MALGORZATASTEINER. Blockchain Technology and the GDPR-How to Reconcile Privacy and Distributed Ledgers. 2 Eur. Data Prot. L. Rev. 422-426 (2016).

綜上所述，通過區塊鏈技術，可以形成多層協作（即宏觀決策與定製化服務相銜接）、多頭互聯（即政府部門、企業和其他社會主體相聯合）的公共責任機制，在相當程度上推動公共決策克服大數據崛起所帶來的不確定性風險、控制風險、非民主化風險和碎片化風險。有理由展望：這種新型責任機制，將有效保障公共政策基於全面公開透明的大數據而制定，促使決策者在政策制定進程中處在政府其他各相關部門、企業和社會各界的全景式監督之下，同時更緊密地回應社會的需求和為不同羣體提供定制式服務，並且協助普通人獲得更多參與決策和發展的機會。

第十三章

大數據開放共享
管理機制設計

摘要

我國當前的分散化政務數據管理結構，一方面隱藏着阻礙數據開放共享和難以實施監督的缺點，另一方面又具有專業性和數據處理能力強的優點。各國實踐表明，利用分散化網點收集超大規模數據的模式，正突顯其重要性。因此，不宜簡單否定我國當前的數據管理結構，但需要思考如何克服其內在缺陷。流行的數據產權化管理思路不足以促進大數據發展。本文綜合運用財產規則和責任規則，建立一個有助於多元主體協同共享政務數據效益的「三—二—四」型數據管理機制，通過開放責任的設置和合法權益的保護來激勵不同主體共同參與推進政務大數據的可持續性開放共享。

信息技術的高速發展，使政府利用海量數據進行公共決策並且充分挖掘其經濟社會價值成為可能。2015 年 9 月 5 日，國務院發佈《關於印發促進大數據發展行動綱要的通知》(國發〔2015〕50 號)，制定了在 2017 年底前形成跨部門數據資源共享共用格局、2018 年底前建成國家政府數據統一開放平台的發展目標。2016 年 1 月 7 日，國家發改委印發《關於組織實施促進大數據發展重大工程的通知》(發改辦高技〔2016〕42 號)，確定「開展公共服務大數據應用」、「建立完善公共數據共享開放制度」等重點建設方向。政策層面的大力推進，創造了我國政務大數據開放與共享的基本條件。

但是，我國的政務大數據管理尚處在初期階段，存在着法律規範滯後、部門壁壘、供給與需求脫節等諸多結構性障礙。[1] 在多元主體的數據權益訴求之間，也潛藏着矛盾和衝突。如何藉助數據管理機制的創新，指引多元主體共同參與政務大數據建設，值得關注和研究。

1　翁列恩、李幼芸 . 政務大數據的開放與共享：條件、障礙與基本準則研究 [J]. 經濟社會體制比較，2016(2).

一、政務大數據的概念、
　　種類及管理結構特徵

　　政務大數據是黨政部門以及具有公共管理職能的其他企事業單位在履行職能過程中產生或者使用的數據信息，包括與政務部門存在狀態相關的數據，政務部門運作過程中產生的數據，政務部門實施管理過程中經過採集、加工或轉換而形成的數據，等等。

　　政務數據的主要來源有四類：第一類是各個部門和機構履行法定職能過程中形成的數據，稱之為「業務數據」，指業務辦理過程中採集和產生的數據；第二類是民意社情數據，指的是政府部門對社會企業個人對象進行統計調查獲得的數據；第三類是環境數據，即通過物理設備採集獲得的氣象、環境、影像等數據。[2] 除此三類之外，以分散形態存在於社會主體掌握中的數據也日益突顯其重要性。尤其是近年來，社會資本投入成立了大批科研機構、企業研究院、數據開發組織等，掌握着大量與政府公共決策有關的海量數據。這類數據可稱為「分散性公共數據」，政府可以通過政府採購或者合作開發等多種方式，獲得其使用權，用於公共決策的需要。四類數據在結構化程度、應用範圍上存在着差異（見表 13-1）。

2　穆勇 . 北京市政務大數據平台頂層設計框架及應用方案 [J]. 載 http://www. haokoo.com/internet/1840119.html.

表 13-1　政務數據資源種類

序號	種類	應用狀態
1	業務數據	一般經過政府部門的結構化處理，應用程度較廣
2	民意社情數據	一般經過政府部門的結構化處理，應用程度較廣
3	環境數據	結構化或半結構化程度較低，應用範圍正日益拓寬
4	分散性公共數據	通常經過企事業結構化處理，社會應用程度較廣

　　我國政務大數據管理結構上最顯著的特徵，是「多頭管理，對口負責」，即：中央與地方各級黨政部門和其他公共機構對自己掌握的數據負責管理，而在同一機構內部，通常設有專門的信息管理部門；會計、審計、數據資產價值評估機構參與管理過程，根據職能情況承擔一部分數據管理責任；不同的數據使用者在數據運維過程的不同階段中負責。這種多頭管理結構的優勢在於專業性強，可以充分利用各部門的專業條件對大數據進行專門化處理和管理；其缺點在於過於依賴部門的自由裁量，產生了部門壁壘等結構性障礙，一方面，不利於政務大數據的開放共享，另一方面，也造成難以對各部門履行數據管理責任的實際情況實施監督。2015 年的國務院《促進大數據發展行動綱要》提出「加快政府信息平台整合，消除信息孤島」的指示，同年，中共中央網絡安全和信息化領導小組辦公室發佈《關於加強黨政部門雲計算服務網絡安全管理的意見》（中網辦發文〔2015〕14 號），嚴格「增強風險意識、責任意識」的要求，正是針對數據管理結構上的這種缺點。

　　在當代社會，利用政務大數據的程度和範圍都在迅猛拓展。以往的政務數據管理往往強調建立統一的大型數據庫進行數據匯集和管理，然而在近年，利用分散化網點收集數據的趨勢正日益加強，這導致無法建立統一而集中的管理平台和數據庫。例如，美國2007 年食藥監管修正法案要求，藥品投入市場之後的安全性能監

測研究需採用一億人以上規模的醫療數據。食藥監管局為此設立了監測哨點及其分支網點，在 2011 年之前共收集了 6 千萬人的數據。相同的大規模醫藥監測研究，也出現在加拿大、歐盟和日本。這種海量數據的收集和利用，並不需要也不可能建設集中的數據庫進行管理。[3] 以此為比照，我國的分散化多頭管理結構還有優勢值得繼續發掘。不過，對於大力推動政務數據開放共享而言，急需探索數據管理機制上的創新，使分散化多頭管理結構能在統一開放、協同共享的要求下良性運作。

3　Barbara J. Evans, Much ADO About Data Ownership. *Harvard Journal of Law and Technology*, Vol.25, No.1, 2011, pp.99-100.

二、數據產權化進路及其缺陷

分散化多頭管理結構面臨着阻礙開放共享與難以實施監督這兩大問題，相似的狀況在美歐國家也有存在。一種流行的主張，是把數據信息當作財產來看待，通過產權管理的方法，在平衡數據所有者權益的前提下，推動開放利用。[4] 這個主張影響頗大，需要專門辨析。理論上，數據產權化進路又分為「私有產權化」和「公有產權化」這兩種不同的意見，在美國，兩種不同產權化進路的爭論集中在醫療數據資源管理這個具體問題上，相關討論對我們進一步思考政務數據資源管理機制很有啟發意義。

（一）數據資源私有產權化進路

在美國，行政部門掌握的醫療數據以及醫療機構數據庫的權屬問題，屬於州權力管轄範圍。但是，各州並沒有就相關問題制定法律。多年以來，病人的醫療數據受到《醫療保險交換及責任法案》（the Health Insurance Portability and Accountability Act）隱私條款（2002 年頒佈）的保護，同時，聯邦還出台了一系列規範以人作

---

4 Mel Hogan and Tamara Shepherd, Information Ownership and Materiality in an Age of Big Data Surveillance. *Journal of Information Policy*, Vol. 5, 2015.

為研究對象的科研活動的政策法令，給予相關的個人數據嚴格保護。不過，對於研發者來說，這種靜態的保護因不利於醫療數據資源的流通共享而阻礙了科學研究，並且使病人難以獲得更多的治療機會。因此，在 2009 年前後，許多評論家和州議員開始呼籲通過立法促進醫療數據的開放共享。

然而，除病人自身之外，實際生活中掌握病人數據信息的還有醫生、醫療機構、保險公司等多個主體。那麼，誰有權決定在甚麼範圍內使用其掌握的數據？

馬克・A. 霍爾（Mark A. Hall）提出一個數據資源私有化的觀點：醫療數據的所有權歸病人所有。據此，是否開放醫療數據、以甚麼方式開放（有償或是免費）、在甚麼範圍內開放，全是病人基於自身情況考慮的問題。同時，為了激勵對病患狀況的共同討論和科學研究，可以在個人同意的基礎上授權醫療機構和科研機構開放利用這些數據。霍爾專門指出，所謂病人的「同意」不必如同在市場交易過程中那樣是基於平等協商而產生的「明示同意」，只需要能證明病人有合理途徑了解科研機構和醫療機構使用其數據的目的，就可以推定為病人「同意」。當然，醫療機構和科研機構在利用和開放病人數據時，必須對數據進行「匿名化」處理。[5]

（二）數據資源公有產權化進路

馬可・A. 洛維（Marc A. Rodwin）提出一個公有產權化的數據

5　Mark A. Hall, Property, Privacy and the Pursuit of Integrated Electronic Medical Records. *IOWA Law Review*, Vol. 95, 2010.

管理方法：由於醫療數據資源對於整體社會福祉來說至關重要，醫療數據的所有權不能被認為屬於病人、醫療機構、保險企業等任何「私的主體」，而應是一種公有產權。各個不同主體應當把各自掌握的醫療數據交給一個專門設置的公共機構，由這個機構根據科學研究等公益目標來判斷是否開放，以及通過甚麼樣的方式在甚麼範圍內開放——例如，可以針對非營利的科研機構免費開放，針對營利的醫藥企業實施基於成本和預期收益的收費開放。同樣的，公共機構在開放醫療數據時，必須對數據進行匿名化處理。[6]

洛維觀點最重要的地方，是他對數據管理公共機構的設想。他認為，這個代為管理數據所有權的公共機構，應該是「可信任的」和「合格的」。具體而言，這個公共機構應該具備三個條件：第一，有嚴格的內部管理規範並且接受嚴格的審計監管，有能力防止管理人員濫用職權；第二，有完備的專業技術力量，能夠保證對所匯集的醫療數據進行專業化處理和管理；第三，有完整的開放制度，可以依法開放和根據申請進行開放。

（三）數據產權化進路的缺陷

上述數據產權化的管理思路不僅限於醫療數據，在其他許多領域的數據管理機制革新討論中也有出現，而且還對立法工作形成一定影響，如美國德克薩斯州 2010 年已經有州議員提出了數據產權立法的動議。隱私權就其極端形式而言也可視為一種財產權，反映

6　Marc A. Rodwin, Patient Data: Property, Privacy & the Public Interest. *American Journal of Law & Medicine*, Vol. 36, 2010.

了對數據資源排他的、獨佔的支配。本文認為，數據產權化進路雖然影響頗大，但是存在嚴重缺陷，並不適應大數據的基本特徵：

（1）私有產權化進路過於偏重保護病人的權益，沒有充分考慮醫療數據所具有的社會價值。有美國學者對一些科研機構收集醫療數據的情況進行研究，發現這些機構所掌握的數據如果是完全基於病人個體的同意，則會產生一個統計學上的「偏見」：自願開放數據的往往是一些普通病患狀況的病人，而對於科研工作來說更重要的異常病症的患者，一般卻不願開放其醫療數據，因此導致基於病人同意而收集的數據本身就隱含了一種偏差。[7] 實際上，預先確定了取樣範圍，這只是傳統的資料收集方法，與所謂「大數據」的特性不符。

（2）數據公有產權化進路面臨着成本過高，容易導致「無效率」的問題。在現代社會，專業分工的日益精細化、數據的海量湧現，都決定了不可能出現洛維設想的那種公共機構。例如，對海量數據進行標準化管理和匿名化處理，這樣的工作任務幾乎不能由任何單個機構獨立完成；而且，現代醫學門類眾多，要求一個公共機構配備整齊所有專業門類的技術人才，以便對數據進行專業化處理，也幾乎是不可能的事情。

（3）更進一步講，兩種數據產權化進路其實都隱含着一個「絕對產權」的預設，與大數據的特性不相符合。絕對產權是指，某個主體對某類社會資源享有排他性的支配權。但是，對於大數據而言，第一，數據收集處理和開放利用過程中涉及多元主體，其活動

7　Barbara J. Evans, Much ADO About Data Ownership. *Harvard Journal of Law and Technology*, Vol.25, No.1, 2011, p.76.

經常相互交匯，不易清晰區分；第二，數據開放利用是一個不斷增添材料、不斷投入資源的過程，最終形成的數據資源或者信息產品，是多步驟操作的結果。換言之，所謂大數據，是多個主體在多個操作步驟中疊加形成的，因此不宜賦予任何單個主體（無論是私人或是公共主體）排他性的財產權益。例如，病歷上所載的信息，究竟是患者所有的個人數據，還是醫生從事診斷活動的專業數據，抑或醫療機構所有的專業數據，根本是個無法理清的問題。在現實生活中，過於嚴格的產權保護已經阻礙了科學研究的進步，譬如美國專利法賦予基因序列發現者專利權保護，造成對後續發明的限制，已引起科學界的強烈指責。

　　總之，數據產權化進路對數據的開放共享會形成重大阻礙，不能根據這種思路來創新我國政務數據管理機制。

三、邁向協同共享：
創新政務大數據管理機制

（一）創新數據管理機制的思路

當前各地政府在教育、旅遊、交通、人口、工商註冊登記信息等領域，就政務數據社會化利用進行了許多有益的嘗試，出現以政府統一建立平台、各業務部門共同參與的模式。[8] 國務院 2016 年出台的《政務信息資源共享管理暫行辦法》（國發〔2016〕51 號）也規定各政務部門負責本部門與數據共享交換平台的聯通，並通過該平台實施開放與共享（第四條）。這是實踐探索出的有效管理方式。這裏的關鍵仍是如何解決前文指出的開放壁壘與難以實施監督這兩大難題。

本文已經分析，產權的管理方法不足以應對這兩大難題，因為它本身就隱含着阻礙開放共享的弊端。有必要探尋另一種解決之道：突破「誰有權排他性地享有數據權益」這個過於僵化的問題，而是通過數據管理機制上的創新，保證不同主體都能從大數據的開放共享中獲益。公共管理學研究揭示，綜合運用法律手段、行政管理手段和市場化機制，能夠創造出多元主體共同參與公共治理的格

8　北京開放政府信息資源「大數據」供社會化利用 [N]. 人民日報，2013-7-22.

局。[9]政務大數據開放涉及到中央、地方、不同部門、其他公共機構、普通公民、企業、其他社會團體等多元主體的利益，因此，正需要建立責任明晰和協同共享的數據管理機制，使不同主體既有依法依規實施開放的壓力，又有機會分享到大數據開放的效益，從而形成合力，共同推動政務大數據的可持續性開放與利用。

（二）創新數據管理機制的理論基礎

否定絕對產權，並不是否定權利人能享有其基本權益。法律經濟學研究已經指出，產權不具有絕對性質，而是一個「權利束」，包括了佔用、使用、收益等多項不同的權能，可以經過分解並賦予不同的主體，使他們在不干涉其他人享有其權益的條件下實現自身利益。1972年，美國著名法律家卡拉布雷西（Guido Calabresi）與梅拉梅德（A. Douglas Melamed）合作發表「財產規則、責任規則與禁止交易規則：有關魯昂大教堂的一個視角」一文，為進一步從事制度設計提供了有益的理論啟示。[10]

簡單地說，卡拉布雷西等認為，可以從「賦權」（entitlement）的角度來討論權利保護問題。首先，法律判斷權利主體是否能自由交換某些權益。例如公民的信仰自由、人格尊嚴等權益不得進行自由交換。這部分權益通過「禁止交易規則」加以保護 —— 放在大數

---

9   Charles F. Sabel and William H. Simon, Contextualizing Regimes: Institutionalization as a Response to the Limits of Interpretation and Policy Engineering. *Michigan Law Review*, Vol. 110, No. 7, May, 2012.

10 Guido Calabresi and A. Douglas Melamed, Property Rules, Liability Rules, and Inalienability: One View of The Cathedral. *Harvard Law Review*, Vol. 85, April, 1972.

據背景下，與個人隱私、國家秘密、公共安全緊密相關的數據同樣應受到「禁止交易規則」的保護，本文暫不討論這個方面的內容。其次，更重要的是，在法律允許權利主體自由交換的權益中，可以通過「財產規則」和「責任規則」這兩種不同的法律保護方法分別予以保護，其法律效果在於：財產規則保護下的權益只能基於權利主體的同意而進行交換，責任規則保護下的權益則能在非經權利主體同意的情況下，通過給予他合理的補償而實施強制交換。如表 13-2 所示，在「賦權」和「法律保護方法」的二元框架下，卡拉布雷西等的設計方案避免了單純賦予某一方主體絕對產權，而是保證不同主體的相關權益。

　　本文認為，上述設計方案的優點在於：通過財產規則和責任規則的綜合運用，可以為不同特性的社會資源創設出具有不同保護力度的機制。其一，財產規則（即規則 1 和規則 3）具有嚴格保護的功能，但不利於促進合作，因此適用於產權清晰、權屬明確、即使不藉助社會化開發手段亦能獲得良好利用的社會資源；其二，責任規則的保護方法（即規則 2 和規則 4）強調了權益的相對主義性質，對於社會效益較大的資源較為合適；其三，最重要的是，立法者可根據社會價值、公共利益等多種因素的綜合考慮，為不同社會資源制定不同的保護措施。就政務大數據而言，對於政務數據中權屬爭議比較大或者社會效益比較顯著的部分，依據責任規則來設計保護措施，一方面能夠推進政務數據資源的流動和利用，實現數據的社會價值，另一方面也設置合理的補償手段彌補相關權益人的損失。而且，根據責任規則，雖然是有實施「強制交換」的可能性，但同時還允許被強制的主體有申訴的機會，並保障其能夠獲得適當補償，這就不至於產生侵害被強制者合法權益的危險。

表 13-2　不同規則對權益的不同保護

賦權	法律保護方法	
	財產規則	責任規則
居民	規則 1 （賦予居民免受污染的權益，未經居民同意，不得對其實施污染）	規則 2 （賦予居民免受污染的權益，然而即使未經居民同意，也可由第三方判斷是否通過給予其補償的方式製造一定程度的污染）
企業	規則 3 （賦予企業發展生產的權益，未經企業同意，不得以任何理由干擾其正常的生產活動）	規則 4 （賦予企業發展生產的權益，然而即使未經企業同意，也可由第三方判斷是否通過給予補償的方式停止其生產活動）

（三）「三—二—四」型政務大數據管理機制

　　本文試圖綜合運用財產規則和責任規則，創新政務大數據管理機制。創新的目的在於，為多元主體參與大數據的開放與共享確立制度途徑，通過協同共享與責任明晰的保護規則激勵多元主體支持和推動政務大數據發展。本文設計「三—二—四」型數據管理機制，包括三項基本原則、兩個交換平台、四條保護規則。從功能上講，這個數據管理機制一方面充分尊重和藉助當前的分散化多頭管理結構，同時明確不同政務數據部門的開放責任和分享義務，另一方面考慮到企業等社會主體掌握的分散性公共數據的價值，因此在政府與社會和市場之間搭建較為順暢的數據交換渠道。具體管理機制設計如下：

1. 三項基本原則

　　第一項基本原則：政務數據資源的所有權歸全民所有，其產生

和運維管理過程主要依靠公共財政的支持。

第二項基本原則：政務部門、承擔公共管理職能的企事業單位，對其在其法定職責活動範圍內形成的政務數據，負責管理並且負責在統一的政務數據開放平台上依法開放。

第三項基本原則：政務數據資源的開放和利用必須堅持以促進社會效益、提升黨政部門公共決策能力、扶助具有重大社會價值的商業活動、或者幫助公民更有效行使其合法政治權利和經濟權利為目的。

2. 兩個交換平台

第一個平台：建立政務數據資源免費開放為原則的統一開放平台。

第二個平台：針對非免費開放的政務數據，建立政府與社會、企業之間進行數據交換的協商平台，包括設立協商不成情況下獲得救濟的制度途徑。

第一個平台處於表 13-3「規則 1」的保護範疇；第二個平台中的協商交易部分處於「規則 3」的保護範疇，協商不成的部分處於「規則 2」和「規則 4」的保護範疇。

3. 四條保護規則

這是「三—二—四」型數據管理機制的關鍵部分（詳細設計，見表 13-3）。規則 1 是第一、二項基本原則的體現和具體落實，確保政務數據「以開放為常態」；規則 2 是對規則 1 的救濟，也是判斷政府是否有合理理由不開放數據的制度途徑，保證企業、社會團體、普通公民能夠有充分的機會獲取政務數據；規則 3、規則 4 建立政府向社會主體獲取數據的制度通途，在交換過程中貫徹第三項基本原則。

四條規則的綜合運用，其一為政府、公民、企業和其他社會團體共享政務大數據的價值、實現各自的數據權益創造條件，其二明晰多元主體在開放與共享中的責任，確保政務大數據的社會價值和可持續發展。可以預期的是，保護不同主體共享政務數據開放效益能夠為克服開放壁壘的弊端形成壓力和動力，而明晰不同主體的開放責任，也能為推動和監督政務數據的持續開放創建制度條件。通過合法權益的保護與開放責任的設置，「三—二—四」型數據管理機制正是致力於為政務大數據的可持續性開放共享奠定基礎。

表 13-3　政務大數據保護規則

保護規則	規則內容	規則設計的依據
規則 1	在一般情況下，政務數據資源所有權歸全民所有，政府根據公益的目的，免費向社會開放。對於經濟社會價值特別重大、開發利用技術要求較高的數據，也可以設定相應的條件，針對特定公眾或企業予以開放。基於定向開放的數據所開發出的產品，開發者（科研機構、企業或其他服務商）僅能基於投入的開發成本和有限收益定價。	現行法律和行政法規已經確認了政務數據資源的公共性。例如，《中華人民共和國測繪法》第十一條規定：「基礎測繪是公益性事業」；第十四條規定：「縣級以上人民政府應當將基礎測繪納入本級國民經濟和社會發展年度計劃及財政預算」。又如《中華人民共和國政府信息公開條例》第二十七條規定：「行政機關依申請提供政府信息，除可以收取檢索、複製、郵寄等成本費用外，不得收取其他費用。行政機關不得通過其他組織、個人以有償服務方式提供政府信息。」

保護規則	規則內容	規則設計的依據
規則 2	公民、企業或其他社會團體認為某類政務數據資源具有較大社會效益和經濟效益，但政府不予開放，公民、企業或其他社會團體可以訴請上級政府或者法院要求政府予以開放。 公民、企業或其他社會團體必須支付相應的對價：（1）如果是以盈利為目的的開發再利用，支付基於該數據產品市場效益的對價；（2）如果是以非盈利為目的的開發再利用，支付基於該數據生產成本而確定的價格。 社會主體所支付的對價成為相關數據產品投入市場的基準價格。	《中華人民共和國政府信息公開條例》規定了信息公開範圍以及管理相對人的救濟機制。如該條例第三十三條第 1 款規定：「公民、法人或者其他組織認為行政機關不依法履行政府信息公開義務的，可以向上級行政機關、監察機關或者政府信息公開工作主管部門舉報。收到舉報的機關應當予以調查處理。」第 2 款規定：「公民、法人或者其他組織認為行政機關在政府信息公開工作中的具體行政行為侵犯其合法權益的，可以依法申請行政覆議或者提起行政訴訟。」
規則 3	公民、企業或其他社會團體在其日常運作過程中收集、開發的數據資源，對於政府履行公共管理職能僅有輔助性作用（即沒有直接作用）的，政府必須通過平等協商交易的方式獲取使用權。 對公共管理職能有重大作用的分散性公共數據，政府可依法實施徵用，但應該給予合理的補償。	例如，《中華人民共和國測繪法》第三十一條規定：「基礎測繪成果和國家投資完成的其他測繪成果，用於國家機關決策和社會公益性事業的，應當無償提供。前款規定之外的，依法實行有償使用制度；但是，政府及其有關部門和軍隊因防災、減災、國防建設等公共利益的需要，可以無償使用。」
規則 4	公民、企業或其他社會團體在其日常運作過程中收集、開發的數據資源，對於政府履行公共管理職能有輔助性作用的，如果雙方協商交易不成，則政府可以訴求法院，通過支付基於開發成本加有限預價的價格，獲得這類數據的使用權。	同上

致謝

　　中國是一本大書，無論在其中生活多久、觀察多少個領域，都難以自稱理解透了中國，本書僅是關於中國社會、關於中國共產黨體制的一些片段性思考。收入書內的多篇文章曾在國內外報刊雜誌及網絡平台上發表，作者對這些相關欄目的編輯表達深深謝意，沒有他們的催促和幫助，就沒有這些文章。收入本書時，各篇文章經過了一定的修訂。限於發表時的體例，一部分非常重要的參考文獻及資料並未一一註明來源，事後再難增補妥當，在此深表歉意。在寫作過程中，作者得到香港中文大學（深圳）校長講座教授、國際事務研究院院長鄭永年教授的悉心指導，並且得到華南理工大學公共政策研究院諸位同事提供的大量協助，一併致以衷心的謝意。同時，作者感謝清華大學公共管理學院崔之元教授，能在他指導下閱讀和思考，是難得的經歷。

　　思考和寫作的樂趣更多是來自學術共同體的砥礪，沒有那個「小圈子」的相互「吹捧」和激勵，很難維持對超出自身處境之外的思想探索的持續堅持。在此，衷心感謝無論困頓還是安逸，都不離不棄的那幾位學友。

　　最後，請允許我把這本小書獻給我的家人：母親余玉珍老太太、妻子劉芝秀女士和兩個可愛的女兒，卓霖和卓熹。